本书受到西南科技大学龙山学术文库（博士基金专项）的资助

胜任力污名及其干预

沈潘艳 著

中国社会科学出版社

图书在版编目(CIP)数据

胜任力污名及其干预/沈潘艳著. -- 北京：中国社会科学出版社，2025.6. -- ISBN 978-7-5227-5035-4

Ⅰ. G647.38

中国国家版本馆CIP数据核字第2025070QP4号

出 版 人	赵剑英
责任编辑	高　歌
责任校对	李　琳
责任印制	戴　宽
出　　版	中国社会科学出版社
社　　址	北京鼓楼西大街甲158号
邮　　编	100720
网　　址	http://www.csspw.cn
发 行 部	010-84083685
门 市 部	010-84029450
经　　销	新华书店及其他书店
印　　刷	北京明恒达印务有限公司
装　　订	廊坊市广阳区广增装订厂
版　　次	2025年6月第1版
印　　次	2025年6月第1次印刷
开　　本	710×1000　1/16
印　　张	14
插　　页	2
字　　数	204千字
定　　价	89.00元

凡购买中国社会科学出版社图书，如有质量问题请与本社营销中心联系调换

电话：010-84083683

版权所有　侵权必究

前　言

从参加工作至今，我一直在省属高校工作。刚工作那些年，大学生就业形势还比较好，学生的就业焦虑并不明显。大概从2010年左右开始，在我与学生日常的交流中，他们常常提到这样的话题：想要重新参加高考以期能考上一所985、211高校；自己不是985、211高校的学生，找工作或考研时会直接被拒；考研必须要考一所985、211高校；不想努力了，努力也改变不了自己省属高校学生的身份。面对同学们的困惑，我感到无奈，唯有安慰他们，鼓励他们要努力，告诉他们："是金子总会发光！"但我总有些不甘，总觉得自己应该做点什么。

带着这样一些问题，我开始关注"第一学历歧视"，尝试用心理学的方法来研究它，并最终将其作为我博士论文的研究课题。而今，受到"西南科技大学龙山学术文库（博士基金专项）出版资助"，特将此研究课题的成果整理出版为这本专著《胜任力污名及其干预》。

本书首先从第一学历歧视这一现场入手，探讨了第一学历歧视的起源、表现、成因、危害等，进而提出：第一学历歧视的本质在于人们对非名校学生存在胜任力污名，即认为非名校学生工作胜任力弱，而名校学生工作胜任力强。以胜任力污名为切入点，在文献综述的基础上，进而引出本书实证研究的内容。

实证研究一：胜任力污名的证据。人们对非名校学生是否存在胜任力公众污名？非名校学生是否对自身存在胜任力自我污名？这是本书首先要解决的一个问题。本书实证研究一以刻板印象为切入点，从外显和内隐两个层面分别寻找非名校学生胜任力污名的证据。最终发现：人们对非名校学生存在胜任力公众污名，非名校学生对自身存在胜任力自我污名。

实证研究二：胜任力自我污名对非名校学生的影响。非名校学生胜任力自我污名对其求职行为有什么影响？这是本书想要探讨的问题。为此，首先编制了胜任力自我污名问卷和胜任力自我污名应对方式问卷。在此基础上，通过对非名校学生进行大规模的问卷调查，探讨了胜任力自我污名对求职行为的影响，并进一步探讨求职自我效能感、污名应对方式、社会资本在其中的作用。

实证研究三：胜任力公众污名对非名校学生的影响。胜任力公众污名对非名校学生有什么影响？这是本书想要探讨的另一个大问题。为此，以非名校学生为被试，通过污名/反污名信息启动，分别探讨了胜任力公众污名/反污名信息对非名校学生注意偏向、群体情绪、群际信任的影响。

实证研究四：胜任力自我污名的干预。非名校学生存在胜任力自我污名，如何对其进行干预以帮助他们成长呢？这是本书探讨的另一个问题。为此，设计并实施胜任力自我污名的团体干预方案，通过实验组对照组前测后测的对比分析检验了该干预方案的有效性。

《胜任力污名及其干预》从第一学历歧视入手，寻找到了胜任力污名的证据，探讨了胜任力污名对非名校大学生的影响，提出并检验了针对胜任力自我污名的有效干预方案。

第一学历歧视虽然在短期内不可能彻底消除，但随着各种反就业歧视的法律法规的出台，就业市场得到了一定的整顿和规范，相信终有一天大学生们将不再被自己第一学历身份所困扰，相信真才实学最终才是就业市场上的必杀技。

前 言

本书适合关心关爱大学生成长成才的朋友们阅读,尤其适合心理学专业人士、非名校大学生、就业指导工作者、人力资源管理工作者阅读。

感谢陕西师范大学心理学院兰继军教授对本专著的指导和帮助,感谢中国社会科学出版社对本专著出版的大力支持。

目 录
CONTENTS

第一章 绪论 …………………………………………………………… 1
 第一节 研究缘起：从第一学历歧视到胜任力污名 ………… 1
 第二节 概念辨析与文献综述 ………………………………… 15
 第三节 研究内容 ……………………………………………… 37
 第四节 研究方案及研究意义 ………………………………… 41

第二章 胜任力污名的证据 ………………………………………… 48
 第一节 外显求职者胜任力名校刻板印象 …………………… 48
 第二节 内隐求职者胜任力名校刻板印象的 IAT …………… 55
 第三节 内隐求职者胜任力名校刻板印象的 SEB …………… 64

第三章 胜任力自我污名对求职行为的影响及其作用机制 ………… 75
 第一节 胜任力自我污名的结构探索与问卷编制 …………… 76
 第二节 胜任力污名应对方式的结构探索与问卷编制 ……… 85
 第三节 求职自我效能感的中介作用 ………………………… 93
 第四节 求职自我效能感的中介和污名应对方式的
     调节作用 ……………………………………………… 107
 第五节 求职自我效能感的中介和污名应对方式、
     社会资本的调节作用 ………………………………… 118

第四章 胜任力公众污名对被污名群体的影响 ········· 130
  第一节 胜任力学校污名/反污名信息对被污名群体
      注意偏向的影响 ········· 130
  第二节 胜任力学校污名/反污名信息对被污名群体
      情绪的影响 ········· 140
  第三节 胜任力学校污名/反污名信息对被污名群体
      群际信任的影响 ········· 151

第五章 胜任力自我污名的干预 ········· 166
  第一节 污名的干预 ········· 167
  第二节 非名校学生胜任力自我污名的干预研究 ········· 172

第六章 总体讨论与结论 ········· 182
  第一节 总体讨论 ········· 182
  第二节 本书的不足及未来研究展望 ········· 191
  第三节 研究结论 ········· 194

附 录 ········· 196

参考文献 ········· 209

第一章

绪论

第一节 研究缘起：从第一学历歧视到胜任力污名

党的二十大报告明确提出"就业是最基本的民生"。大学生就业不仅关乎他们个人的成长和发展，还关乎社会的稳定和发展，大学生就业问题也成为社会关注的热点问题。近些年大学生就业市场上的歧视。除了传统的性别歧视、户口歧视外，还出现了一种新的歧视——"第一学历歧视"。

一 第一学历歧视的起源与表现

第一学历歧视是指招聘单位要求应聘者为"985工程"或"211工程"高校（简称985高校、211高校）的毕业生，否则不予考虑。甚至有的985高校或211高校毕业的硕士或博士，都会因为第一学历不是985高校或211高校而被拒之门外，即遭遇"学历查三代"的尴尬[①]。

---

① 沈潘艳：《第一学历歧视背景下大学生就业的困境与出路——基于工作能力污名的视角》，《当代青年研究》2016年第6期。

• 胜任力污名及其干预 •

(一) 第一学历歧视的起源

在中国知网上以"第一学历""第一学历歧视"作为篇名进行搜索发现，涉及第一学历歧视的文章最早出现在 2003 年。在《弄不懂的"第一学历"》① 这篇文章中，首次提到了对"第一学历"的困惑。这篇文章中的第一学历主要是指高中毕业后参加全国高等学校统一招生考试被某一学校录取，经修业期满所取得的文凭，与之相区分的第二学历、第三学历为通过自学考试、函授、电大、成人高考、脱产进修等途径所取得的学历。2005 年，各网友在"天涯杂谈"上发帖——《第一学历的惨痛代价！研究生毕业又怎样？》②。在该帖子中，作者提到了他自己身边几个同学的案例：这几个同学虽博士或硕士毕业，但却因取得第一学历的学校不是部属高校或一类重点高校而在求职时遇到了巨大的阻力。

2006—2007 年两年间，陆续有硕士生、博士生吐槽在求职时遭遇了第一学历歧视问题。③ 2007 年 7 月，《中国青年报》社会调查中心与腾讯网新闻中心对 7331 名参与者（青年约占 95%）进行的一项调查显示，看重"第一学历"的现象广泛存在，在企业招聘、教师录用、公务员招考、留学申请甚至择偶时均有体现，但其中大型、知名企业招聘尤为严重。71.5% 的参与者认为，这类企业在招聘时格外看重应聘者的"第一学历"④。2007 年 12 月，《软件工程师》杂志专门做了一期专题报道：企业看重"第一学历"成了潜规则？在这期专题中，求职者回忆了被"潜规则"的经历⑤，阐述了第一学历成了求职者无法

---

① 《弄不懂的"第一学历"》，《中国文化报》2003 年 8 月 7 日第 3 版。
② 永远的罗曼罗兰：《第一学历的惨痛代价！研究生毕业又怎样？》，《中国大学生就业》2005 年第 8 期。
③ 孙勇、翁韬：《硕士生遭遇"第一学历之痛"》，《河南日报》2006 年 5 月 23 日第 5 版。
④ 朱孝春、李春莲：《一半青年认为看重"第一学历"是就业歧视》，《中国青年报》2007 年 7 月 23 日第 2 版。
⑤ 百里：《被"潜规则"的求职回忆录》，《软件工程师》2007 年第 12 期。

更改的痛①，有人认为企业招聘看重第一学历是市场规则②，有人认为这是责任缺位、学历当道的表现③，也有人发出到底是聘学历还是聘人才的疑问④。2012年，华中科技大学一位应届博士毕业生"hebaiyun"在校园论坛发帖——《谈本科非"211""985"的博士找工作问题》，痛陈部分招聘单位唯"出身论"的用人标准。该帖子称，寒窗苦读20余年，一路斩将过关终于戴上博士帽，却因本科"出身"非985、211高校而被用人单位拒之门外⑤。关于第一学历歧视的问题逐渐进入公众视野。第一学历歧视也从最初的歧视专科生和非全日制本科生，逐渐演变为歧视非重点高校以及非985、211高校的学生，歧视非"双一流"高校的学生。

与第一学历歧视同步出现的一个词是"学历查三代"，即博士或硕士在求职时不仅要审查最高学历，还要查其本科学历。如果本科学历不是重点高校或985、211高校，则会在求职时遭遇巨大的阻力⑥。

(二) 第一学历歧视的表现

在现实生活中，第一学历歧视主要表现为以下几种形式：第一，用人单位在其招聘条件中明确要求应聘者毕业院校为985、211高校。如湖南省发布的《2015年湖南省选调生选拔工作相关要求》中明文规定，长沙市、益阳市要求考生必须是985、211高校全日制应届本科及以上学历毕业生，株洲市、湘潭市、张家界市、娄底市、常德市、怀化市、永州市以及湘西土家族苗族自治州要求报考部分岗位的考生必须是

---

① 陈数文：《"第一学历"：求职者无法更改的痛》，《软件工程师》2007年第12期。
② 足迹：《看重学历是市场规则》，《软件工程师》2007年第12期。
③ 索而其已：《责任缺位，学历当道》，《软件工程师》2007年第12期。
④ 张旭泉：《是聘学历，还是聘人才》，《软件工程师》2007年第12期。
⑤ 沈潘艳：《第一学历歧视背景下大学生就业的困境与出路——基于工作能力污名的视角》，《当代青年研究》2016年第6期。
⑥ 曹福兴：《学历"查三代"的是是非非》，《中国大学生就业》2011年第14期；邓晖：《"学历查三代"的背后》，《光明日报》2013年5月9日第5版；邓崎凡：《"学历查三代"，另一种形式的"出身决定论"?》，《工人日报》2013年5月13日第1版。

985、211高校全日制应届本科及以上学历毕业生①。第二，毕业于985或211高校的学生将被优先录取。如一些用人单位会明确规定"同等条件下，优先考虑985、211高校的学生""985、211高校的毕业生可以直接进入第二轮面试"等。第三，用人单位只进入985、211高校招聘。2012年，一项针对国内前100强上市公司近三年内招聘信息的调查分析显示，超九成以上的上市公司都会进入985、211高校进行校园招聘，而进入非985或211高校招聘的单位不足10家②。几乎所有的国有企事业单位在招聘应届毕业生时都会列出与其专业对口的高校名单，其中211高校和985高校等重点高校占据了名单的绝大部分甚至全部③。第四，对于非985或211高校的毕业生设置更加苛刻的招录条件④。如一些用人单位在招聘条件中写出"在满足以上基本条件的前提下，非985、211高校的学生还需拥有××资格证"的字样。第五，给予985、211高校毕业生更优厚的政策和待遇。如海口为了鼓励企业引进紧缺专业人才实施购房补贴政策，对满足条件的985、211高校毕业生给予不超过2万元的住房货币化补贴资助⑤。

2013年，教育部发出《关于加强高校毕业生就业信息服务工作的通知》⑥，坚决反对任何形式的就业歧视，强调各地、各高校在组织校园招聘活动时，要加强对用人单位资质、招聘信息的核查，营造公平就业环境。凡是教育行政部门和高校举办的高校毕业生就业招聘活动，要

---

① 唐湘岳：《选拔人才，只唯"985""211"？》，《光明日报》2015年3月21日第1版。
② 赵雅儒：《中国百强企业校园招聘九成偏爱"985""211"》，《华西都市报》2012年12月13日第12版。
③ 丁笑炯：《基于用人单位的高校毕业生就业能力调查——以上海市为例》，《高等教育研究》2013年第1期。
④ 汪栋、董月娟：《博士生就业市场"第一学历歧视"问题研究》，《中国青年研究》2014年第5期。
⑤ 《高校毕业生，海口工作缴社保3年购新房最高补2万元》，海口教育网，http://www.hkwb.net/nrpd/content/2016-03/31/content_2884339.htm，2016年3月31日。
⑥ 邓晖：《教育部将治理就业歧视》，《光明日报》2013年4月18日第6版。

做到"三个严禁":严禁发布含有限定985高校、211高校等字样的招聘信息,严禁发布违反国家规定的有关性别、户籍、学历等歧视性条款的需求信息,严禁发布虚假和欺诈等非法就业信息。2020年,中共中央、国务院印发的《深化新时代教育评价改革总体方案》①明确要求,树立正确用人导向,党政机关、事业单位、国有企业要带头扭转"唯名校""唯学历"的用人导向,在招聘公告和实际操作中不得将毕业院校、国(境)外学习经历、学历方式等作为限制性条件。2022年《政府工作报告》②提出,坚决防止和纠正性别、年龄、学历等就业歧视,大力营造公平就业环境。2024年《政府工作报告》③再次提到,坚决纠正各类就业歧视。

随着各种反就业歧视法律法规的陆续出台,第一学历歧视以更加隐蔽的方式出现,甚至成为大学生求职中的"潜规则"。如用人单位不会在招聘条件中直接写出要求应聘人员为985、211高校的毕业生,也不直接提优先考虑985、211高校学生这样的话语,而是在招聘中使用"国内知名高校""国内外名校"等较为隐晦的字眼代替"985高校""双一流高校"等敏感字眼④;也有的用人单位在招聘时表面上不设置关卡,但在简历筛选时对普通院校的毕业生暗中设卡,或在面试中以其他理由淘汰非985、211高校的求职者⑤。

二 第一学历歧视的危害

时至今日,大学生在求职过程中遭遇第一学历歧视的情况还是经常

---

① 中华人民共和国教育部网站,http://www.moe.gov.cn/jyb_xxgk/moe_1777/moe_1778/202010/t20201013_494381.html?eqid=c14fb6220005e127000000066434b53f。
② 中国政府网,https://www.gov.cn/premier/2022-03/12/content_5678750.htm。
③ 中国政府网,https://www.gov.cn/gongbao/2024/issue_11246/202403/content_6941846.html。
④ 高国庆:《第一学历歧视,影响就业公平》,《人力资源》2023年第16期。
⑤ 吴铎思:《招聘企业暗中设限,就业歧视查无实据》,《工人日报》2013年6月2日第1版;罗筱晓:《"非重点"院校毕业生遭遇简历"门槛"》,《工人日报》2015年12月22日第6版。

出现①，有大学生吐槽第一学历成了他自己的"污点"②，称他自己为"困在'第一学历'的年轻人"③。2023年11月，《中国青年报》社会调查中心联合问卷网（wenjuan.com）对1000名受访者进行了关于"第一学历"的调查④。在本次受访者中，"第一学历"来自"双一流"高校的占25.7%，来自非"双一流"本科一批（简称一本）院校的占37.2%，来自本科二批（简称二本）院校的占22.9%，来自专科院校的占11.4%，其他为2.8%。调查显示，83.3%的受访者感觉"第一学历"的重要性在招聘中被过度放大了。交互分析发现，"第一学历"是专科院校的受访者对此表示认同的比例最高，为88.6%；之后是二本院校的受访者，为83.4%；来自"双一流"高校的受访者对此认同的比例最低，为79.8%。

(一) 对非985、211高校学生造成伤害

非985、211高校学生是第一学历歧视最直接的受害者，第一学历歧视给他们造成了诸多伤害。

1. 缺少公平竞争的机会

由于用人单位偏爱985、211高校的学生，原本稀缺的就业机会往往被985、211高校大学生所占据，致使非985、211高校学生连参与竞争的机会都没有。缺少公平竞争的机会成了非985、211高校大学生就业的最大困境。

首先，定向招聘让非985、211高校学生缺少应聘的机会。一些好的招聘单位往往会直接进入985、211高校选拔人才，而进入普通高校

---

① 陈曦：《"以出身论英雄"，学历歧视为何有禁不止?》，《工人日报》2023年6月12日第6版。
② 丁一、陈磊：《第一学历似乎成了我的"污点"》，《法治日报》2023年10月20日第4版。
③ 王雪儿、黄冲：《困在"第一学历"的年轻人：打破那面隐形的墙》，《中国青年报》2023年12月5日第11版。
④ 王志伟、李洁言：《超八成受访者感觉招聘中"第一学历"被过度强调》，《中国青年报》2023年11月21日第3版。

第一章 绪论

的寥寥无几。2012年,一项针对国内前100强上市公司近三年内招聘信息的调查分析显示,超九成以上的上市公司都会进入985、211高校进行校园招聘,而进入非985、211高校招聘的单位不足10家①。几乎所有的国有企事业单位在招聘应届毕业生时都会列出与其专业对口的高校名单,其中211高校和985高校等重点高校占据了名单的绝大部分甚至全部②。

其次,"院校出身"是很多招聘单位简历筛选时重要的隐形标准。有的招聘单位只收985、211高校学生的求职简历,普通高校学生连递交简历的机会都没有。多家单位人力资源部门工作人员坦言,应届生所属院校的等级在简历筛选环节会起到很大作用。不仅是校园招聘,即使是实习招聘,也都是首先挑出985、211高校学生的简历,其次才会在这些简历中选择专业对口的应聘者安排面试③。不少招聘单位在收简历时首先看高校,无论是985、211高校,还是省内重点高校,或者是一本、二本高校,"简历关"难过是二本、三本大学毕业生面临的求职之困④。

最后,招聘信息定向投放让普通高校学生可能连招聘信息都接触不到。越来越多的用人单位在招聘方式上已经由大肆铺开转到了定向投放。以工程岗位为例。公司可以通过某个重点高校建筑学院的就业老师,直接将招聘信息投放到班级群里。这也就意味着如果不是该校学生,求职者甚至连相关信息也接收不到⑤。如果不是985、211高校学生,就连最基本的参与公平竞争的机会都没有了。《新华每日电讯》曾

---

① 赵雅儒:《中国百强企业校园招聘九成偏爱"985""211"》,《华西都市报》2012年12月13日第12版。
② 丁笑炯:《基于用人单位的高校毕业生就业能力调查——以上海市为例》,《高等教育研究》2013年第1期。
③ 罗筱晓:《"非重点"院校毕业生遭遇简历"门槛"》,《工人日报》2015年12月22日第6版。
④ 程远州:《求职,请多给我们点机会》,《人民日报》2016年1月12日第9版。
⑤ 罗筱晓:《"非重点"院校毕业生遭遇简历"门槛"》,《工人日报》2015年12月22日第6版。

评论这一现象说:"如果不是985、211高校毕业生,对不起,你根本没有入围的资格。既然没有入围的资格,再多证书又有谁会在意?这些证书抵不过一纸学历、学位证书。对于应聘者来说,学校和学历是他们的敲门砖,当他们连敲门的资格都没有时,他们如何证明自己,如何表现自己?"①

2. 消极对待求职机会

非985、211高校大学生在求职时,遭遇过第一学历歧视或者预计他们自己可能会遭遇第一学历歧视,这会让他们在求职时变得消沉、悲观、无望。

首先,第一学历歧视让非985、211高校大学生对求职失去信心。非985、211高校大学生在求职时遭遇了第一学历歧视,屡次受挫会导致他们在求职时失去信心,认为他们自己就是很糟糕。由于担心会在求职时遭到拒绝,不少非985、211高校大学生在求职时应付了事,甚至主动放弃求职机会。不少非985、211高校大学生一说到找工作就灰心丧气,还没开始找工作就断定他们一定会失败;有的学生即使勉勉强强去参加了招聘会,也是畏畏缩缩,不积极主动推荐他们自己;有的学生因为对其自身信心不足,错过了不少求职机会。

其次,第一学历歧视让部分非985、211高校大学生在求职时失去诚信。由于非985、211高校学生在求职时会遭遇"简历关"这道门槛,这让有的学生不惜"铤而走险","注水"简历(伪造实习经历、学生干部经历和奖学金)以求得笔试面试的机会②。甚至有学生认为"简历不造假,十足一大傻"③。

非985、211高校大学生在求职时一方面缺少公平竞争的机会;另一方面却消极对待求职机会,这让他们在求职的道路上更加举步维艰。

---

① 乾羽:《学历歧视的背后是用人门槛的攀比》,《新华每日电讯》2015年5月11日第3版。
② 程远州:《求职,请多给我们点机会》,《人民日报》2016年1月12日第9版。
③ 针未尖:《谁解简历"吹牛"背后的求职焦虑》,《西宁晚报》2016年1月8日第B7版。

第一章 绪论

3. 缺乏努力奋斗的动力

虽然大学生求职一般是在大四才开始,但几乎所有的大学生一踏进大学校门就开始关心毕业以后的工作问题。低年级学生通过各种渠道了解到第一学历歧视,感受到人们对非985、211高校大学生存在的偏见。加上非985、211高校大学生这一身份从一进大学校门就固定了,没有改变的可能。于是,不少非985、211高校大学生感到前途一片渺茫,对未来灰心丧气,在日常的学习和生活中表现出学习动力不足、自暴自弃等不良行为。武汉大学教育科学学院教授程斯辉指出,校历歧视把人向上的追求与进取定格在求学的学校之身份上,无异于以人生的第一步且对未来无从知晓、无从把握的第一步来判定人的命运。时下,校历歧视正在把人向上奋斗、努力的热情慢慢地扼杀和冻结,许多毕业于非重点高校的学生无奈地哀叹道:选择只有一次,努力也是白搭[1]。

由于部分普通高校大学生在大学期间缺乏努力奋斗的动力,这可能导致他们荒废大学学业,在毕业时专业技能缺乏、综合素质不高、竞争力不强。而这又进一步加剧了他们求职的困难。

(二) 对基础教育造成伤害

第一学历歧视虽然发生在大学生求职时,但这一歧视会向下延伸,对基础教育造成巨大的伤害。第一学历歧视制造了基础教育的内卷,加重了学生的学业负担与家长的焦虑,严重影响了"双减"政策的推进[2]。

1. 加重了家长的教育焦虑

中国家长是非常注重子女教育的。第一学历歧视的存在直接导致了人们对名校的追求更加强烈,为了争夺有限的名校名额,学校、家长、学生三方展开了激烈的应试竞争,各种课外辅导班、学科类培训班屡禁

---

[1] 程斯辉:《校历歧视不断蔓延 社会危害大》,《中国教育报》2013年7月19日第6版。
[2] 熊丙奇:《如何治理"第一学历"歧视?》,《上海教育评估研究》2023年第6期。

不止，家长和孩子在这场竞争游戏中疲惫不堪、焦头烂额①。2021年7月，中共中央办公厅、国务院办公厅印发《关于进一步减轻义务教育阶段学生作业负担和校外培训负担的意见》。"双减"政策实施后，家长的教育焦虑程度有所缓解，但仍有不少家长在孩子的教育问题上感到焦虑②。广大家长教育焦虑的"痛点"主要集中于孩子的学习/成绩/升学等问题上③，即"孩子要是学习成绩不好，就上不了一个好初中，然后上不了好高中，最终会导致上不了好大学"。在影响家长教育焦虑的远端环境因素中，最重要的是教育环境，我国锦标赛式的应试教育体制、层出不穷的升学政策营造了激烈的同辈教育竞争氛围和应试倾向的学校氛围。因此家长格外关注升学政策，如重点院校名额分配等④。

2. 加重了中小学生的学业压力

不少学生为了能考入名校，被迫参加各种课外学科类培训班、进行高强度的学习，学业负担不断加重，甚至在学习成绩不理想时会遭遇训斥和打骂⑤。有调查显示，学业压力已成为初中生心理压力的主要来源⑥。在督促孩子学习的过程中，于是有了"虎妈""狼爸""鸡娃"等流行词汇⑦。为了能进名校，甚至出现了"新"高考复读生这一特殊群体。这类群体由希望上大学变为要上好大学：能上二本的希望通过复

---

① 李士萌：《"双减"两年后，"教育焦虑"尚未完全缓解》，《中国报道》2023年第11期。
② 黄冲、王志伟、姚奕鹏等：《"双减"实施后72.7%受访家长表示教育焦虑有所缓解》，《中国青年报》2021年9月16日第10版。
③ 董辉：《大都市家长的教育焦虑：忧心所向与忧虑几何？——基于上海等城市调查数据的分析与思考》，《首都师范大学学报》（社会科学版）2022年第5期。
④ 邓林园、唐逸文、王婧怡、李蓓蕾：《我国城市中小学生家长教育焦虑生成与维持机制的质性研究》，《教育学报》2024年第1期。
⑤ 刁生富、李香玲：《基础教育焦虑探讨》，《佛山科学技术学院学报》（社会科学版）2016年第6期。
⑥ 潘舒畅：《初中生的学业压力，有多大？》，《温州日报》2023年4月13日第6版。
⑦ 耿羽：《莫比乌斯环："鸡娃群"与教育焦虑》，《中国青年研究》2021年第11期；杨飒、韩若莱：《"鸡娃"背后，家长们究竟在担心什么》，《光明日报》2023年4月25日第13版。

读考上一本,能上一本的希望考上名校①。

3. 加剧了中小学生心理问题的出现

虽然第一学历歧视并不是导致中小学生出现心理问题的直接原因,但却是间接原因之一。现在的中小学生生活在教育焦虑环境中,加之学业压力过重等诸多不利因素,导致他们出现心理问题的情况不断增多。有研究者对2010—2020年心理健康问题检出率的相关文献进行元分析,结果发现:初中生心理健康问题呈现出逐年增多趋势,其中焦虑和自杀企图尤为明显②;小学生心理健康问题的检出率由高到低依次是睡眠问题、抑郁、焦虑,除此之外,检出的症状还包括了攻击行为、退缩、违纪行为、躯体化等③;高中生心理健康问题的检出率由高到低依次是抑郁、焦虑、睡眠问题、自我伤害,除此之外,自杀意念、躯体化、自杀计划和自杀企图等心理问题也均被检出④。

(三) 对用人单位造成伤害

第一学历歧视虽是由用人单位发起的,但这种歧视最终也会伤害到用人单位的人力资源建设⑤。当用人单位采用"第一学历"标准来招聘人才时,其实是将高学历等同于高能力,这样一种简单粗暴的选人、用人标准,虽然可能在一定程度上提高了招聘效率,但却可能出现选错人、用错人的严重后果。毕竟,大学生毕业于985、211高校还是非985、211高校,主要是由四年前的高考分数决定的,这并不能代表其大学毕业时的工作能力。湘潭大学公共管理学院副教授齐绍平认为,不

---

① 诸葛亚寒、李晨赫:《"新"高考复读生》,《中国青年报》2015年8月17日第9版。
② 张亚利、靳娟娟、俞国良:《2010—2020 中国内地初中生心理健康问题检出率的元分析》,《心理科学进展》2022年第5期。
③ 黄潇潇、张亚利、俞国良:《2010—2020 中国内地小学生心理健康问题检出率的元分析》,《心理科学进展》2022年第5期。
④ 于晓琪、张亚利、俞国良:《2010—2020 中国内地高中生心理健康问题检出率的元分析》,《心理科学进展》2022年第5期。
⑤ 熊丙奇:《如何治理"第一学历"歧视?》,《上海教育评估研究》2023年第6期。

能说985、211高校的学生就比非985、211高校的学生优秀①。"学生在进入大学后的可变因素有很多，如果仅仅依靠中学毕业时的高考成绩，就把学生接受高等教育后的未来固化下来，既不科学，也不负责。"②

三 第一学历歧视的成因

（一）高校毕业生增多，用人单位调高学历门槛

我国高等教育自1999年扩招以来，其规模不断扩大，高校毕业生人数也随之逐年增加，2020年为874万人，2021年为909万人，2022年为1076万人③，2023年为1158万人④，2024年预计达1176万人⑤。"最难就业季"似乎成为大学生就业的常态，几乎每年都被称为"史上最难就业年"。

随着高校毕业生人数的增多，用人单位也相应地调高了招聘要求。第一学历歧视的出现与高校毕业生的增多有着较为一致的时间线。

20世纪90年代初，用人单位一般要求应聘人员具有专科或本科学历即可；20世纪90年代末，用人单位对应聘人员的学历要求则升高到本科生甚至研究生；这之后用人单位的用人标准也一路飙升，有的单位直接要求应聘人员具有研究生以上学历，有的单位要求看第一学历。2024年，国家公务员考试招录的学历门槛明显提升，高学历人才需求量加大。招录对象要求全部为大专及以上学历，在整体招录扩大的情况下，要求大专学历为起点的岗位逐年减少，大专生可以报考的岗位仅有56个，比2023年少了106个。与此形成鲜明对比的是，要求硕博高学

---

① 唐湘岳、张灿强:《院校歧视"任性"违背社会公平》,《光明日报》2015年3月24日第1版。
② 姚晓丹:《选英雄莫问出处，降人才不拘一格》,《光明日报》2015年4月2日第6版。
③ 赵婀娜、丁雅诵、吴月:《千方百计帮助高校毕业生就业》,《人民日报》2022年6月15日第1版。
④ 周详:《助力高校毕业生走稳就业路》,《人民日报》2023年6月12日第5版。
⑤ 中国政府网,https://www.gov.cn/gongbao/2024/issue_11246/202403/content_6941846.html。

第一章 绪论

历人才的岗位数量和计划人数大幅度增加,如要求硕士研究生及以上学历的岗位达到 2046 个,比 2023 年增加了 814 个,共计 3756 人,比 2023 年多了 1654 人;要求博士学历的岗位为 24 个,比上年多出 14 个,共计 31 人①。

(二)教育行政部门贴标签

985、211 高校源于高等教育的"985 工程"和"211 工程"。1995 年 11 月,经国务院批准,原国家计委、原国家教委和财政部联合下发了《"211 工程"总体建设规划》,"211 工程"正式启动。"211 工程"是指面向 21 世纪、重点建设 100 所左右的高等学校和一批重点学科的建设工程。1998 年 5 月 4 日,时任国家主席的江泽民在庆祝北京大学 100 周年大会上宣告:"为了实现现代化,我国要有若干所具有世界先进水平的一流大学。"中国教育部决定在实施《面向 21 世纪教育振兴行动计划》中,重点支持部分高等学校创建世界一流大学和高水平大学,并以江泽民同志在北京大学 100 周年校庆的讲话时间(1998 年 5 月)将其命名为"985 工程"。

实施"985 工程"和"211 工程",其原本的目的是加快建设一流大学、一流学科,为了更好地促进高等教育的发展。但在实施过程中,却存在给建设学校贴标签的问题,985 建设高校变为 985 高校,211 建设高校变成 211 高校。由于"985 工程""211 工程"存在的身份固化、竞争缺失问题,国家已经启动了"双一流"高校建设。但在"双一流"高校建设中,同样出现了给学校贴标签的问题,于是第二轮"双一流"高校建设不再区分"一流大学""一流学科",然而"一流大学"的标签已经贴上②。一旦这些标签被贴上,第一学历歧视产生也就不足为奇了。

---

① 李桂杰:《2024 年国考:报名人数攀升,学历门槛提高》,《中国青年报》2023 年 10 月 23 日第 3 版。
② 熊丙奇:《如何治理"第一学历"歧视?》,《上海教育评估研究》2023 年第 6 期。

（三）部分院校教育教学质量下滑，学生综合能力不足

用人单位看重第一学历，在一定程度上也反映出对部分高等院校教育质量的不信任、不认可。不少大学生为了摆脱第一学历的限制，成为"考研大军"中的一员。据统计，从2015年起考研报名人数逐年递增，从2015年的164.9万人上涨到2023年的474万人。虽然2024年考研报名人数比2023年下降了36万人，但仍有438万人①，甚至有的学校有的班级出现了全员考研的情况②。随着考研人数的不断增多，"考研高考化"现象也慢慢出现了，这一现象在普通本科院校中更为突出③。有些普通本科院校将组织学生考研作为重要的办学目标，以读研率、保研率作为"竞争力指标"④。于是一些非考研科目被边缘化甚至被删除，考研应试性的培养模式代替了促进学生全面发展的培养模式。有的学生早早（甚至刚进入大学）就开始准备考研，他们将大学阶段看作"高中延续、考研预科"。为了考上研究生，他们上课不专心，甚至以要复习考研为由堂而皇之地逃课；只学习考研的科目，拼命背书、刷题；参加各种考研培训班。不少学生为了考研，选择"二战""三战""脱产备考"等。这样造成的后果是：即使学生考上了研究生，甚至考上了名校研究生，但其整体能力与素质却堪忧。这也是用人单位不看其硕士、博士文凭而要看其本科文凭的原因之一。

四　第一学历歧视的本质：胜任力污名

非985、211高校的学生之所以在职场上受到歧视，说到底是因为非985、211高校的学生存在着胜任力污名，即认为非985、211高校学生工作能力弱，而985、211高校学生工作能力强。

---

① 凌子怡、杨洁、樊未晨：《2024年考研报名人数递增8年后首降，原因何在？》，《中国青年报》2023年11月24日第6版。
② 纪驭亚、姜晓蓉：《考研热背后的冷思考》，《浙江日报》2022年12月24日第3版。
③ 倪思洁：《"考研高考化"这道题难住了谁》，《中国科学报》2023年3月28日第4版。
④ 周丽萍：《"考研高考化"与"人才红利期"》，《四川日报》2023年4月10日第11版。

第一章　绪论

污名是一种标志或标签，表明被标记者具有不受社会欢迎的负面属性，导致其个人价值受损，社会身份被贬抑，其本质就是对被污名者持消极态度，由刻板印象、偏见和歧视三要素组成[①]。社会大众对非985、211高校大学生工作胜任力的刻板印象通常包括专业技能欠缺、工作不认真、没有创新精神、缺乏团队合作意识等。有偏见的人会赞同这些负性的刻板印象，对非985、211高校大学生产生这样的偏见："对，非985、211高校大学生工作胜任力就是差。"这种偏见继而导致第一学历歧视行为的发生："拒绝非985、211高校大学生。"

第二节　概念辨析与文献综述

第一学历歧视的本质是人们对非985、211高校的学生存在胜任力污名，即认为非985、211高校学生工作能力弱，而985、211高校学生工作能力强。文献综述将从污名和胜任力两个方面展开。

一　污名

污名（stigma）一词来源于古希腊，是由"sti"和"mark"两个词组合而成。在古希腊语中"sti"一词表示"（用尖锐的物体）刺扎"，因而会产生mark，最后这种身上的mark就成了stigma。因此，在古希腊污名是指刺入或烙在人身上的某种标记，以此来表明其道德上是坏的或具有不受欢迎的特征。如罪犯、奴隶、叛徒身上的标记，目的在于让人们能够容易地辨认出他们是道德或身份低下的人。而今，"污名"一词有了更加广泛的含义。

（一）污名的含义

研究者对污名有不同的观点和定义，可分为静态特征说和动态过程

[①] L. H. Yang, A. Kleinman, G. B. Link, et al., Culture and Stigma: Adding Moral Experience to Stigma Theory, *Social Scienceand Medicine*, 2007, No. 7, pp. 1524-1535.

说。静态特征说从污名的结果角度对污名进行定义,认为污名是一种标志或标签,一旦某个个体或群体被贴上了这种标签,就表明其具有不受社会欢迎的一些负面属性或特征,会导致其个人价值、名誉受损,社会地位和身份被贬低。Jones 等人将污名看作属性与刻板印象之间的关系,将其定义为将个体与不受欢迎的特征(刻板印象)相联系的标志(属性)[1]。Jones 等人进一步区分了污名的六个维度:(1)隐藏性(concealability),即污名的特征可隐藏的程度,如面部畸形、肥胖等特征的隐藏性低,同性恋的隐藏性高;(2)标记的变化过程(course of the mark),即污名标记随时间变化的方式及最终的结果,如有的污名标记(如肤色、性别、某种身份特征)是几乎不可改变的,有的污名标记(如身患某种疾病)是可以变弱或完全消失的;(3)破坏性(disruptiveness),即污名特征干扰人际关系互动的程度,如口吃、肤色如果严重干扰了人际关系,则其破坏性就越大;(4)美感(aesthetics qualities),即污名特征在多大程度上使个体变得丑陋,让他人厌烦或不安,如与轻度的面部毁容相比,严重的面部毁容的美感度低;(5)起源性(origin),即污名是怎样获得的,谁负有责任,如肤色、性别、先天残疾是天生的,而感染艾滋病是后天获得的;(6)危险性(peril),即污名特征会给他人带来危险的程度,如身患高传染性、致命性疾病的危险性就高于单纯的肥胖。Stanfford 和 Scott(1986)认为,污名是个体与社会群体规范相违背的属性。Crocker 等人认为,被污名化的个体拥有(或被认为拥有)某些属性或特征,并在特定的社会情境下传递受损的社会身份[2]。张宝山和俞国良认为,污名是个体或群体被社会贴上的含有侮辱性、贬低性的标签[3]。

---

[1] E. Jones, A. Farina, A. Hastorf, H. Markus, D. T. Miller, R. Scott, *Social Stigma: The Psychology of Marked Relationships*, New York: Freeman, 1984.
[2] J. Crocker and B. Major, "Social Stigma and Self-esteem: The Self-protective Properties of Stigma", *Psychological Review*, 1989, Vol. 96, No. 4, pp. 608-630.
[3] 张宝山、俞国良:《污名现象及其心理效应》,《心理科学进展》2007 年第 6 期。

• 第一章　绪论 •

动态过程说从污名产生的过程进行定义，认为污名是具有某些特征的个体或群体经历贴标签（labeling）、刻板化（stereotyping）、偏见（prejudice）和歧视（discrimination）的过程。Link 和 Phelan 认为，污名是由贴标签、刻板化、社会隔离、地位损失和社会歧视构成的一个系列过程[①]。Corrigan 认为，污名包括认知（主要表现为刻板印象）、情感（主要表现为偏见）和行为（主要表现为歧视）三个方面的过程[②]。具体而言，人们首先对被污名群体存在负性刻板印象，如没有能力、丑陋、危险、野蛮等；在情感上对被污名群体产生偏见，如赞同负性刻板印象，并对被污名群体产生消极的情绪反应，如恐惧、嫌弃、愤怒等；在行为上歧视被污名群体，如排斥、回避、拒绝等。Yang 认为，污名是对个体的歧视，是在个体对负性刻板印象的内化及社会制度的歧视共同作用下形成的[③]。根据污名的动态过程说，污名化过程包括施加污名者（stigmatizer）和被污名群体（stigmatized groups）。社会优势群体通常是污名化现象的制造者，社会弱势群体则是污名化的被动接受者，社会优势群体借此来表达对某些特定弱势群体的刻板印象、偏见和歧视[④]。

（二）污名的分类

研究者从不同角度对污名进行了分类。Goffman 从内容上将污名分为身体污名（abominations of the body）、个人特质污名（blemishes of individual character）和种族身份污名（tribal identities）[⑤]。身体污名是针

---

① B. G. Link and J. C. Phelan, "Conceptualizing Stigma", *Annual Review of Sociology*, 2001, Vol. 27, No. 4, pp. 363-385.
② P. W. Corrigan, "How Stigma Interferes with Mental Health Care", *American Psychologist*, 2004, Vol. 59, No. 7, pp. 614-625.
③ L. H. Yang, "Application of Mental Illness Stigma Theory to Chinese Societies: Synthesis and New Directions", *Singapore Medical Journal*, 2007, Vol. 48, No. 11, pp. 977-985.
④ 陶鹏：《公众污名、自我污名和媒介污名：虚拟社会泛污名化现象的三维解读》，《广东行政学院学报》2014 年第 1 期。
⑤ ［美］欧文·戈夫曼：《污名——受损身份管理札记》，宋立宏译，商务印书馆 2009 年版，第 26 页。

对个体身体特征的污名，如生理缺陷、肢体残疾等；个人特质污名是针对个体具有的一些特点的污名，如患有心理疾病、失业、酗酒、抽烟等；种族身份污名是针对个体的种族特点、身份特点的污名，如民族、性别、宗教信仰等。Herek 和 Mitnick 从原因上将污名区分为工具性污名（instrumental stigma）和象征性污名（symbolic stigma）①。污名从本质上讲是对被污名群体的一种负性的消极的态度②。在现实生活中，人们往往不太愿意承认他们自己对某个群体负性的、消极的态度。随着内隐社会认知（implicit social cognition）概念的提出③，内隐污名概念也应运而生。从测量方法的角度而言，污名又可区分为外显污名（explicit stigma）和内隐污名（implicit stigma）。外显污名是个体可觉察、可内省的对被污名群体的负性态度；内隐污名是隐藏的，个体难以精确识别的对被污名群体的负性态度。Corrigan 从施污者的角度将污名区分为公众污名（public stigma）和自我污名（self stigma）④。公众污名是指一般公众根据污名对被污名群体成员做出的反应。自我污名是指被污名群体成员将污名化态度指向他们自己而产生的反应。

(三) 污名的研究领域

1. 疾病污名

早期污名的研究主要集中于某些疾病的污名，如精神疾病⑤、艾滋病⑥等。研究发现，大多数人对心理疾病患者持有刻板化信念，如认为

---

① G. M. Herek and L. Mitnick, "AIDS and Stigma: A Conceptual Frame Work and Research Agenda", *AIDS and Public Policy Journal*, 1998, Vol. 13, No. 1, pp. 36-47.
② 张宝山、俞国良：《污名现象及其心理效应》，《心理科学进展》2007 年第 6 期。
③ A. G. Greenwald and M. R. Banaji, "Implicit Social Cognition: Attitudes, Self-esteem, and Stereotypes", *Psychological Review*, 1995, Vol. 102, No. 1, pp. 4-27.
④ P. W. Corrigan, "How Stigma Interferes with Mental Health Care", *American Psychologist*, 2004, Vol. 59, No. 7, pp. 614-625.
⑤ P. W. Corrigan, A. Kerr, L. Knudsen, "The Stigma of Mental Illness: Explanatory Models and Methods for Change", *Applied and Preventive Psychology*, 2005, Vol. 11, No. 3, pp. 179-190.
⑥ 杨翌、张孔来、李泽荣、王克荣、阎会文、赵宇腾等：《艾滋病病毒感染者生活质量与相关耻辱的关系》，《中国公共卫生》2005 年第 6 期。

• 第一章　绪论 •

心理疾病患者是危险的、没有能力的、个性软弱的①，心理疾病患者普遍蒙受污名，只是程度不同而已。陈晓惠等采用刻板解释偏差方法研究发现，大学生为群体普遍存在内隐心理疾病污名，非心理学专业大学生比心理学专业大学生内隐污名程度深②。杨金花等采用内隐联想测验发现，大学生对艾滋病患者存在内隐污名③。近些年来，随着肥胖人口的增加，研究者开始关注对肥胖者的体重污名。研究发现，肥胖者通常被认为懒惰、没有动力、无能、马虎、缺乏自律和意志力④。在美国，体重污名的发生率在10年时间里增加了66%，甚至超过美国国内的种族歧视⑤。吴钟芳研究发现，体重超重的初中女生具有体重自我污名，且这种自我污名对其学校适应、应对方式均有消极影响⑥。

2. 性别污名

性别污名也是研究者关注的一大热点问题，这一领域涉及的研究内容较多。职业性别刻板印象具有普遍性⑦。有关性别学科/职业刻板印象的研究发现，人们对女性普遍存在一些负性的刻板印象，认为女性不适合学习或从事与数学、物理、化学、工程、科学等相关学科或职业⑧，女

---

① P. H. Lysaker, L. W. Davis, D. M. Warman, A. Strasburger, N. Beattie, "Stigma, Social Function and Symptoms in Schizophrenia and Schizoaffective Disorder: Associations across 6 Months", *Psychiatry Research*, 2007, Vol. 149, No. 1, pp. 89–95.
② 陈晓惠、方明、余益兵：《大学生内隐心理疾病污名的刻板解释偏差研究》，《中国临床心理学杂志》2012年第6期。
③ 杨金花、王沛、袁斌：《学生内隐艾滋病污名研究——来自IAT的证据》，《中国临床心理学杂志》2011年第3期。
④ R. M. Puhl and C. A. Heuer, "The Stigma of Obesity: A Review and Update", *Obesity*, 2009, Vol. 17, No. 5, pp. 941–964.
⑤ R. M. Puhl and K. M. King, "Weight Discrimination and Bullying", *Best Practice & Research Clinical Endocrinology & Metabolism*, 2013, Vol. 27, No. 2, pp. 117–127.
⑥ 吴钟芳：《初中女生超重自我污名、应对方式与学校适应的研究》，硕士学位论文，杭州师范大学，2012年。
⑦ L. Miller and R. Hayward, "New Jobs, Old Occupational Stereotypes: Gender and Jobs in the New Economy", *Journal of Education and Work*, 2006, Vol. 19, No. 1, pp. 67–93.
⑧ D. L. Oswald and R. D. Harvey, "A Q-Methodological Study of Women's Subjective Perspectives on Mathematics", *Sex Roles*, 2003, Vol. 49, No. 3–4, pp. 133–142.

性不适合完成空间方面的任务（如心理旋转任务）①。如于泳红最早采用内隐联想测验发现了男性与专业技术性职业、女性与服务业性职业存在密切联系②。男性倾向于选择增加阶级差异的职业，女性倾向于选择减少阶级差异的职业③。即使在广告中也存在明显的性别刻板印象，人们普遍认为男性更适合为科学和进步代言，而女性更适合的工作环境是家庭，她们的主要任务是照顾家庭④。此外，情绪的性别刻板印象研究表明，在19种情绪中有14种存在性别刻板印象⑤，人们倾向于把女性与微笑、高兴等情绪相联系，把男性与愤怒、生气等情绪相联系⑥。

3. 种族污名

对有色人种或特有民族的污名也是研究者关注的重点。研究发现，人们对特定种族如黑人、非洲裔族群、犹太人等具有污名化的倾向，如认为犹太人是精明的⑦，认为非裔美国人智力落后⑧，认为黑人是懒惰的，不讲卫生⑨。此外，还认为犹太人能干但不热情，黑人热情

---

① 刘颖异、丁凤琴：《大学生性别空间刻板印象的行为效应》，《中国健康心理学杂志》2012年第5期。
② 于泳红：《大学生内隐职业偏见和内隐职业性别刻板印象研究》，《心理科学》2003年第4期。
③ 乔志宏、郑静璐、宋慧婷、蒋盈：《阶层差异职业性别隔离的影响机制——基于社会支配倾向视角》，《心理学报》2014年第5期。
④ 王沛、孙连荣：《广告中性别刻板印象信息的内隐效应》，《心理科学》2007年第3期。
⑤ E. A. Plant, J. S. Hyde, D. Keltner, P. G. Devine, "The Gender Stereotyping of Emotions", *Psychology of Women Quarterly*, 2000, Vol. 24, No. 1, pp. 81-92.
⑥ C. Brechet, "Children's Gender Stereotypes through Drawings of Emotional Faces: Do Boys Draw Angrier Faces Than Girls?", *Sex Roles*, 2013, Vol. 68, No. 5-6, pp. 378-389; 张娟、程刚、王智、张大均：《大学生性别情绪刻板印象的内隐和外显研究》，《心理发展与教育》2015年第6期。
⑦ C. M. Steele and J. Aronson, "Stereotype Threat and the Intellectual Test Performance of African Americans", *Journal of Personality and Social Psychology*, 1995, Vol. 69, No. 5, pp. 797-811.
⑧ J. Aronson, C. B. Fried, C. Good, "Reducing the Effects of Stereotype Threat on African American College Students by Shaping Theories of Intelligence", *Journal of Experimental Social Psychology*, 2002, Vol. 38, No. 2, pp. 113-125.
⑨ M. T. Williams, E. Turkheimer, E. Magee, T. Guterbock, "The Effects of Race and Racial Priming on Self-report of Contamination Anxiety", *Personality and Individual Differences*, 2008, Vol. 44, No. 3, pp. 746-757.

但不能干①。Greenwald 等利用内隐联想测验研究发现，黑人姓氏更多地与坏的属性联系在一起，白人姓氏更多地与好的属性联系在一起，人们对黑人存在内隐污名②。

4. 地域污名

对于不同地域的人，人们总会有一定的刻板印象，甚至对某一地域的人群存在偏见和歧视，这就是关于地域污名的研究。如人们对不同城市的美国人具有不同的刻板印象，认为纽约人比较习惯于谈论金融及高等教育方面的话题，芝加哥人倾向于讨论网上约会及诚实正直的另一半等。研究发现，香港大学生对内地人消极评价多于积极评价，在香港大学生眼中，内地人不礼貌、爱面子、低素质、自私等③。大学生认为上海人存在一些与小市民精神有关的负性人格特质，如虚伪小气、自私、刻薄、势利、冷漠、高傲、虚荣、胆小、崇洋媚外、排外等④。在网络上，东北人不再是"活雷锋"，不再性格直爽，取而代之的是嗓门大、脾气暴躁等刻板印象⑤。此外，研究还发现，在新闻报道时存在着显著的地域偏见。相比其他地域，对于地处经济发展水平较高，或制度建设较为完善，或社会信任程度较高的地域的上市公司，媒体会给予更多的正面报道⑥。

5. 年龄污名

随着老龄化社会的到来，对老年人污名的研究也日渐得到重视。老

---

① B. Bettelheim and M. Janowitz, *Dynamics of Prejudice*, New York: Harper, 1950.
② A. G. Greenwald, D. E. McGhee, J. L. Schwartz, "Measuring Individual Differences in Implicit Cognition: The Implicit Association Test", *Journal of Personality and Social Psychology*, 1998, Vol. 74, No. 6, pp. 1464–1480.
③ 赵卫星、郑希付:《香港与内地大学生地域刻板印象比较》,《华南师范大学学报》（社会科学版）2016 年第 2 期。
④ 李春凯、杨立状、罗娇等:《上海人刻板印象的结构及其动态变化》,《宁波大学学报》（人文社科版）2009 年第 1 期。
⑤ 王琳:《社交媒体中地域污名现象分析——以东北人形象为例》,《新闻研究导刊》2019 年第 1 期。
⑥ 游家兴、陈志锋、肖曾昱等:《财经媒体地域偏见实证研究》,《经济研究》2018 年第 4 期。

化刻板印象就是对老年人污名的一种表现形式。所谓老化刻板印象指的是人们对老年群体所持有的积极或消极的观念和预期①。研究发现,在内隐层面上,大学生对老年人存在明显的消极刻板印象和态度②。老年人通常被认为是高热情、低能力(健忘、痴呆)、虚弱的、无望的群体③,他们能够被喜欢但不值得敬佩④。在关爱老人的公益海报设计中,老年人多以负面消极的形象而非正面积极和健康阳光的形象出现⑤,甚至在大众媒介中,部分老年人被妖魔化报道为无知、不讲理、碰瓷、诈骗等⑥。

6. 身份污名

具有某种特殊身份的个体或某个弱势群体也容易被污名化。随着社会的发展,国内研究者开始关注对农民工、流动儿童/农民工子女、城管等群体的污名。如建筑业农民工常被认为没文化、无法胜任复杂工作、愚昧无知、肮脏下流、粗俗等⑦。流动儿童/农民工子女常被认为

---

① B. Levy, O. Ashman, I. Dror, "To Be or not to Be: The Effects of Aging Stereotypes on the Will to Live", *Omega: Journal of Death and Dying*, 2000, Vol. 40, No. 3, pp. 409-420.

② 任娜、佐斌、汪国驹等:《美德情境下年轻人对老年人的内隐态度》,《中国临床心理学杂志》2012年第2期。

③ A. J. C. Cuddy, M. I. Norton, S. T. Fiske, "This Old Stereotype: The Pervasiveness and Persistence of the Elderly Stereotype", *Journal of Social Issues*, 2005, Vol. 61, No. 2, pp. 267-285;佐斌、张阳阳、赵菊等:《刻板印象内容模型:理论假设及研究》,《心理科学进展》2006年第1期。

④ A. J. C. Cuddy, S. T. Fiske, P. Glick, "Warmth and Competence as Universal Dimensions of Social Perception: The Stereotype Content Model and the Bias Map", *Advances in Experimental Social Psychology*, 2008, Vol. 40, No. 7, pp. 61-149.

⑤ 景军、李敏敏:《刻板印象与老年歧视:一项有关公益海报设计的研究》,《思想战线》2017年第3期。

⑥ 陈曦:《刻板印象理论视野下老年群体"妖魔化"报道成因探析》,《新闻论坛》2018年第4期。

⑦ 刘力、程千:《主流媒体话语表征中农民工阶层的形象意义》,《求索》2010年第1期;赵德雷:《内化的污名与低劣之位——建筑装饰业农民工底层地位的"合法性"》,《青年研究》2014年第2期;管健:《身份污名的建构与社会表征——以天津N辖域的农民工为例》,《青年研究》2006年第3期。

是乡巴佬、打工者子女等①,他们能明显地体验被歧视②。人们对城管具有明显的内隐污名,绝大部分人对城管抱有负性的、消极的态度③,城管形象被定义为打人、欺压小贩等④。

(四) 污名的影响

1. 对自我认知的影响

当个体长期遭遇社会对其的污名,往往会认同这一污名,认为他自己确实具有某些不被社会所欢迎和接纳的特征,从而出现自我污名。高自我污名者具有一系列关于自我的消极认知偏差,如负性的自我概念、低自尊、低自我认同等。Corrigan 等人的研究表明,心理疾病患者会认同关于其自身是"疯子""软弱无能"的观点,从而形成对其自己的消极自我概念⑤。对体重污名的研究发现,超重和肥胖个体知觉到的体重歧视会减少自我身份认同⑥,对体重污名情境的担忧会导致身份认同危机⑦。个体被污名的程度越高,自尊水平越低。一项有关体重污

---

① 范兴华、陈锋菊、唐文萍等:《流动儿童歧视知觉、自尊与抑郁的动态关系:模型检验》,《中国临床心理学杂志》2016 年第 1 期;吴莹:《群体污名意识的建构过程——农民工子女"被歧视感"的质性研究》,《青年研究》2011 年第 4 期。
② 张岩、杜岸政、周炎根:《流动儿童歧视知觉和城市适应的关系:社会支持和认同整合的多重中介效应》,《中国特殊教育》2017 年第 8 期。
③ 杨小雨:《城管污名研究——以上海市为例》,硕士学位论文,华东师范大学,2018 年,第 2 页。
④ 汤天甜、李杰:《传播偏向、群体极化与风险放大——城管污名化的路径研究》,《西南交通大学学报》(社会科学版) 2016 年第 5 期。
⑤ P. W. Corrigan, A. C. Watson, L. Barr, "The Self-stigma of Mental Illness: Implications for Self-esteem and Self-efficacy", *Journal of Social and Clinical Psychology*, 2006, Vol. 25, No. 8, pp. 875-884; P. W. Corrigan and A. C. Watson, "The Paradox of Self-stigma and Mental Illness", *Clinical Psychology: Science and Practice*, 2002, Vol. 9, No. 1, pp. 35-53.
⑥ M. H. Schafer and K. F. Ferraro, "The Stigma of Obesity: Does Perceived Weight Discrimination Affect Identity and Physical Health?", *Social Psychology Quarterly*, 2011, Vol. 74, No. 1, pp. 76-97.
⑦ B. Major, D. Eliezer, H. Rieck, "The Psychological Weight of Weight Stigma", *Social Psychological and Personality Science*, 2012, Vol. 3, No. 6, pp. 651-658.

名与自尊的研究发现，自我污名是自尊的关键性预测因素①。

2. 对情绪的影响

污名会让被污名群体产生诸多负性情绪问题，如抑郁、焦虑、过度紧张、沮丧、不安全感、孤独感等②。如对超重和肥胖症个体的体重污名会让其产生抑郁、沮丧、不安全感③。一项全美调查数据表明，超重和肥胖学生知觉到的体重污名与其孤独感呈正相关④，高心理疾病自我污名的患者最具代表性的负面情绪是低自尊和低自我效能感，并伴随着羞耻感、负罪感、挫败感、丢面子等诸多负面情绪⑤。心理疾病患者自我污名对患者的抑郁状态有显著预测力⑥。高自我污名的孤儿更易出现焦虑、孤独、抑郁、恐怖等负面社交情绪⑦。当个体感知到社会对其的污名时，很容易产生相对剥夺感，导致焦虑等负性情绪的唤醒⑧。

3. 对行为的影响

被污名个体常常会出现行为表现下降。研究发现，受到种族污名的

---

① D. Graham and A. Edwards, "The Psychological Burden of Obesity: The Potential Harmful Impact of Health Promotion and Education Programmes Targeting Obese Individuals", *Journal of the Institute of Health Education*, 2013, Vol. 51, No. 3, pp. 124-133.

② M. Shih, D. T. Sanchez, G. C. Ho, "Costs and Benefits of Switching among Multiple Social Identities", *The Psychology of Social and Cultural Diversity*, 2010, No. 7, pp. 62-83.

③ R. P. Blackstone, "Prejudice, Discrimination, and the Preferred Approach to the Patient with Obesity", *Obesity*, 2016, No. 8, pp. 22-39; L. E. Durso, J. D. Latner, K. Hayashi, "Perceived Discrimination is Associated with Binge Eating in a Community Sample of Non-overweight, Overweight, and Obese Adults", *Obes Facts*, 2012, Vol. 5, No. 6, pp. 869-880.

④ S. M. Phelan, D. J. Burgess, M. W. Yeazel, W. L. Hellerstedt, J. M. Griffin, R. M. Van, "Impact of Weight Bias and Stigma on Quality of Care and Outcomes for Patients with Obesity", *Obesity Reviews an Official Journal of the International Association for the Study of Obesity*, 2015, Vol. 16, No. 4, pp. 319-326.

⑤ P. W. Corrigan and A. C. Watson, "The Paradox of Self-stigma and Mental Illness", *Clinical Psychology: Science and Practice*, 2002, Vol. 9, No. 1, pp. 35-53.

⑥ 李强、高文珺、龙鲸等：《心理疾病患者自我污名及影响初探》，《中国临床心理学杂志》2010年第3期。

⑦ 王江洋、杨薇、申继亮：《12—18岁福利院孤儿身份拒绝敏感性的测量及发展特点》，《中国特殊教育》2012年第6期。

⑧ 熊猛、叶一舵：《相对剥夺感：概念、测量、影响因素及作用》，《心理科学进展》2016年第3期。

• 第一章 绪论 •

影响,黑人学生在标准化测试上的表现比白人学生要差①;在性别污名的威胁下,女性司机会表现出更差的模拟驾驶行为②。学习困难学生在受到刻板印象威胁后,其工作记忆容量减少,在心理旋转任务中表现更差,成就动机水平较低,回避失败动机较高③。与不受老年刻板印象威胁(健忘、痴呆等)的老年人相比,遭受刻板印象威胁的老年人在自由回忆测验中的成绩更差④,会出现更多驾驶错误尤其是超速违规行为⑤。被污名群体在社会交往中会采用退缩、回避等消极应对策略⑥。心理疾病患者自我污名对患者的社交回避、康复信心有显著预测力⑦。艾滋病患者会特别忌讳可能暴露他自己艾滋病身份的行为,放弃治疗,在社交方面表现出退缩行为⑧。刑满释放人员会内化罪犯这一标签,产生自我污名意识和自我污名情绪,实施自我污名行为⑨。自我污名会导致

---

① C. M. Steele and J. Aronson, "Stereotype Threat and the Intellectual Test Performance of African Americans", *Journal of Personality and Social Psychology*, 1995, Vol. 69, No. 5, pp. 797–811.
② M. Angelica, M. Cadinua, M. Anne, "Women Drive Better if not Stereotyped", *Accident Analysis & Prevention*, 2015, Vol. 85, pp. 199–206.
③ 王琦、俞国良:《刻板印象威胁对学习困难中学生成就动机的影响》,《心理发展与教育》2017 年第 4 期。
④ T. M. Hess, C. Auman, S. J. Colcombe, T. A. Rahhal, "The Impact of Stereotype Threat on Age Differences in Memory Performance", *The Journals of Gerontology Series B: Psychological Sciences and Social Sciences*, 2003, Vol. 58, No. 1, pp. 3–11.
⑤ M. Joanisse, S. Gagnon, M. Voloaca, "The Impact of Stereotype Threat on the Simulated Driving Performance of Older Drivers", *Accident Analysis and Prevention*, 2013, Vol. 50, No. 1, pp. 530–538.
⑥ R. Vauth, B. Kleim, M. Wirtz, P. W. Corrigan, "Self-efficacy and Empowerment as Outcomes of Self-stigmatizing and Coping in Schizophrenia", *Psychiatry Research*, 2007, Vol. 150, No. 1, pp. 71–80.
⑦ 李强、高文珺、龙鲸等:《心理疾病患者自我污名及影响初探》,《中国临床心理学杂志》2010 年第 3 期。
⑧ J. R. Naidoo, L. R. Uys, M. Greeff, W. L. Holzemer, L. Makoae, P. Dlamini, et al., "Urban and Rural Differences in HIV/AIDS Stigma in Five African Countries", *African Journal of Aids Research*, 2007, Vol. 6, No. 1, pp. 17–23.
⑨ 崔永康、郑国贤、邱格屏等:《罪犯标签:香港年轻男性刑释人员的受歧视感和自我污名》,《青少年犯罪问题》2016 年第 5 期。

刑满释放人员预期他自己会遭遇排斥和歧视，而这进一步导致其隐匿自己的身份信息，这又可能增加他们再次犯罪的可能性①。在生活中，被污名个体会放弃努力、自暴自弃。遭遇到数学性别刻板印象威胁的女性会在一个非常难的测验中放弃数学问题，而选择与词汇有关的问题②。体重污名与超重、肥胖个体的运动回避相关③，与暴食行为也高度相关④。遭遇污名的艾滋孤儿会更多地出现违反校纪校规等偏差行为⑤。

4. 对群际关系的影响

污名会增加被污名群体对他们自己所属群体的认同或者远离这一群体。在现实生活中，被污名群体在社会中的地位较低，往往属于低地位群体或弱势群体。当他们遭遇到污名，感受到来自社会优势群体的威胁时，往往会通过接近或者更加认同他们的群体来应对这种威胁，即出现内群体偏爱⑥。当消极元刻板印象被激活后，被污名个体会产生群际焦虑，增强对外群体成员的敌意，降低其与外群体成员的交往兴趣⑦。被污名个体会感知到他人不喜欢自己，对此他们也会对他人报以消极评

---

① J. V. Olphen, M. J. Eliason, N. Freudenberg, M. Barnes, "Nowhere to Go: How Stigma Limits the Options of Female Drug Users after Release from Jail", *Substance Abuse Treatment Prevention & Policy*, 2009, Vol. 4, No. 1, pp. 10-20.

② P. G. Davies, S. J. Spencer, D. M. Quinn, R. Gerhardstein, "Consuming Images: How Television Commercials that Elicit Stereotype Threat Can Restrain Women Academically and Professionally", *Personality and Social Psychology Bulletin*, 2000, Vol. 28, No. 12, pp. 1615-1628.

③ L. R. Vartanian and J. M. Smyth, "Primum Non Nocere: Obesity Stigma and Public Health", *Journal of Bioethical Inquiry*, 2013, Vol. 10, No. 1, pp. 49-57.

④ L. E. Durso, J. D. Latner, K. Hayashi, "Perceived Discrimination is Associated with Binge Eating in a Community Sample of Non-overweight, Overweight, and Obese Adults", *Obes Facts*, 2012, Vol. 5, No. 6, pp. 869-880.

⑤ 杨生勇、杨洪芹：《"污名"和"去污"：农村艾滋孤儿受损身份的生成和消解——基于J镇艾滋孤儿社会化过程的历史性考察》，《中国青年研究》2013年第7期。

⑥ H. Tajfel, "Experiments in Ingroup Discrimination", *Scientific American*, 1970, Vol. 223, No. 5, pp. 96-102.

⑦ G. Finchilescu, "Intergroup Anxiety in Interracial Interaction: The Role of Prejudice and Meta Stereotypes", *Journal of Social Issues*, 2010, Vol. 66, No. 2, pp. 334-351.

价,从而造成群际接触减少、群际关系紧张等①。管健等对外来务工人员的研究发现,相较于女性,男性外来务工人员感受到的刻板印象威胁较强,其与城市人的接触数量和接触质量也较低,更倾向于不良的人际互动,进而表现出更多攻击行为或退缩行为②。徐璐璐等对贫困生的研究发现,受到消极元刻板印象威胁的贫困生具有更高的群际焦虑水平以及更低的群际关系水平,激活贫困大学生消极元刻板印象会对群际关系产生威胁效应③。被污名群体也会想要通过接近优势群体、远离本群体来规避他们自己的污名身份。低地位群体成员对内群体抱有矛盾和冲突的态度,对外群体反而有着较积极的态度④。弱势群体成员中不仅存在内群体偏爱,还存在外群体偏爱⑤。

二 胜任力

"胜任力"这一概念常常与其他概念混淆使用。在管理领域,"胜任力"常与"胜任特征""胜任能力""能力""竞争力"等词语混用;在教育领域,"胜任力"常与"素养""素质""能力"等词语混用。在英文中,"competence""ability/abilities""capacity/capacities""skill/skills""capability/capabilites""competency/competencies"等词汇也常

---

① J. R. H. Wakefield, N. Hopkins, R. M. Greenwood, "Thanks, But No Thanks Women's Avoidance of Help-seeking in the Context of a Dependency-related Stereotype", *Psychology of Women Quarterly*, 2012, Vol. 36, No. 4, pp. 423-431.

② 管健、王源、艾丽菲热·吾甫尔:《外来务工人员主观社会阶层、刻板印象威胁及认同管理策略:基于性别差异的视角》,《心理学探新》2017年第5期。

③ 徐璐璐、吴佩佩、贺雯:《贫困大学生元刻板印象威胁对群际关系的影响:群际焦虑的中介和自尊的调节作用》,《心理发展与教育》2018年第4期。

④ J. T. Jost, B. W. Pelham, M. R. Carvallo, "Non-conscious Forms of System Justification: Implicit and Behavioral Preferences for Higher Status Groups", *Journal of Experimental Social Psychology*, 2002, Vol. 38, No. 6, pp. 586-602.

⑤ J. Jost, "Out Group Favoritism and the Theory of System Justification: An Experimental Paradigm for Investigating the Effects of Socioeconomic Success on Stereotype Content", *Future Directions in Social Cognition*, 2001, Vol. 26, pp. 89-117.

常混用①。

(一) 胜任力的含义

McClelland 首次提出胜任力概念,将其描述为"胜任力是能够区分特定工作岗位绩效优异者与一般者的个人特征,其是与工作、工作绩效或生活成就直接相联系的知识、技能、能力、特质或动机",并用胜任力指标来代替传统的智力测验②。Boyatzis 认为,胜任力是个体取得优异绩效的潜在特征,包含动机、特质、技能、自我形象、社会角色、知识等③。Spencer 认为,胜任力是那些能够将表现优异者与表现平平者区分开来的、个人潜在的、深层次的特征,包括知识、技能、动机、特质和自我概念等④。Parry 认为,胜任力与工作绩效相关,可以对其进行测量,也可以通过训练加以提高和改善⑤。仲理峰和时勘将胜任力定义为"能把某个职位中表现优异者和表现平平者区别开来的个体潜在的、较为持久的行为特征。这些特征可以是认知的、意志的、态度的、情感的、动力的或倾向性的等"⑥。胜任力除了包含知识、技能、能力等方面的特征外,有学者还明确提出了胜任力中应该包含品德的因素。如王登峰等认为,我国党政领导干部的胜任特征反映了明显的"德"和"才"的特点⑦。此外,不同胜任力模型中的服务动机、廉洁与诚实、责任心、主动性、自信、自我控制、进取心、团队合作等就属于或者部

---

① 储昭卫:《新全球背景下研究型大学本科生全球胜任力培养模式研究》,博士学位论文,浙江大学,2023 年。
② D. C. McClelland, "Testing for Competence Rather than Intelligence", *American Psychologist*, 1973, Vol. 28, No. 1, pp. 1-24.
③ R. E. Boyatzis, *The Competent Manager: A Model for Effective Performance*, New York: John Wiley & Sons, Inc., 1982.
④ Jr. L. M. Spencer and S. M. Spencer, *Competence at Work: Models for Superior Performance*, New York: John Wiley & Sons, Inc., 1993.
⑤ S. R. Parry, "The Quest for Competeneies", *Training*, 1996, Vol. 33, No. 7, pp. 50-58.
⑥ 仲理峰、时勘:《胜任特征研究的新进展》,《南开管理评论》2003 年第 2 期。
⑦ 王登峰、苏彦捷、崔红等:《工作绩效的结构及其与胜任特征的关系》,《心理科学》2007 年第 4 期。

第一章 绪论

分属于品德的范畴①。汪英晖总结了胜任力的四个特征：综合性、潜在性、预测性和可测性②。所谓综合性是指胜任力是一个包含若干个体特征（如知识、技能、能力、动机、态度等）的综合体；所谓潜在性是指胜任力体系中所包含的大多数要素是个体潜在的、持久的特征；所谓预测性是指胜任力能预测个体在工作中的行为表现和绩效结果，也就是说，高胜任力者在工作中的行为表现和工作绩效更好。所谓可测性是指胜任力所包含的各项特征都是可以进行测量和评价的。综合以上定义，可以发现胜任力的一些基本特征：胜任力是导致高工作绩效的个人特征的综合；胜任力与具体工作岗位、工作任务、工作环境相关联；胜任力能够将工作绩效优异者与一般者区分开来；胜任力是可以观察和测量的，只要采用的方法科学合理，就可以对个体的胜任力进行评估；胜任力不是固定不变的，具有动态性，是可以通过一定的训练提高的。

（二）胜任力与工作场景中其他因素的关系

根据胜任力的含义可以知晓，胜任力是一种体现在工作场景中的能力。因此，胜任力与工作场景中的其他诸多因素存在着密切的关系。

大量研究结果显示，胜任力能够有效预测员工的工作绩效③，职业胜任力会正向影响工作绩效④（Khera, Harvey & Callan, 2014）。因此胜任力被当作人事评价的核心内容，也是用人单位招聘员工的重要标准⑤。Mclagan认为，胜任力可以促进个人及组织的绩效，并建议将胜任力模型作为招聘、选拔、培训、个人发展、职业发展和领导者接班计

---

① 梅继霞：《公务员品德胜任力的结构及对工作绩效的影响》，《中国行政管理》2017年第1期。
② 汪英晖：《我国大学生创业胜任力研究》，博士学位论文，北京科技大学，2018年。
③ D. C. McClelland, "Testing for Competence Rather than Intelligence", *American Psychologist*, 1973, Vol. 28, No. 1, pp. 1–24.
④ M. L. K. Khera, A. J. Harvey, M. J. Callan, "Beliefs in a Just World, Subjective Well-being and Attitudes towards Refugees among Refugee Workers", *Social Justice Research*, 2014, Vol. 27, No. 4, pp. 432–443.
⑤ 王登峰、苏彦捷、崔红等：《工作绩效的结构及其与胜任特征的关系》，《心理科学》2007年第4期。

划的有效工具①。个体胜任力与工作绩效存在较高程度的正相关关系，且凭借个体的成就动机和技能这两种胜任力特征可以预测员工的工作绩效②。董晓林等通过对高校行政管理人员的访谈和问卷调查发现，胜任力对工作绩效（任务绩效、人际促进、工作奉献）有程度不同的预测作用③。梅继霞对公务员品德胜任力的研究发现，品德胜任力对工作绩效有显著的影响；品德胜任力中敬业奉献、工作作风与个人品质对工作绩效的表现有显著的正向预测作用④。

胜任力与工作满意度呈正相关，胜任力越强的个体，其工作满意度越高，离职倾向越低⑤，在工作中幸福感越强⑥，胜任力能正向预测工作满意度⑦。高胜任力会导致高绩效，高绩效工作系统与工作自主性、上下级关系、薪酬满意度和工作安全感呈正相关，这些都间接增进了员工的幸福感⑧。

---

① P. A. Mclagan, "Competency Models", *Training and Development Journal*, 1980, Vol. 34, No. 12, pp. 22–26.
② H. Junaidah and W. Saodah, "Competence, Performance and Trainability of Older Workers of Higher Educational Institutions in Malaysia", *Employee Relations*, 2013, Vol. 36, No. 1, pp. 82–106.
③ 董晓林、马连杰：《高校行政管理人员胜任力与工作绩效的关系》，《高等教育研究》2013年第10期。
④ 梅继霞：《公务员品德胜任力的结构及对工作绩效的影响》，《中国行政管理》2017年第1期。
⑤ H. Kong, "Relationships among Work-family Supportive Supervisors, Career Competencies, and Job Involvement", *International Journal of Hospitality Management*, 2013, Vol. 33, No. 1, pp. 304–309; W. H. Ko, "The Relationships among Professional Competence, Job Satisfaction and Career Development Confidence for Chefs in Taiwan", *International Journal of Hospitality Management*, 2012, Vol. 31, No. 3, pp. 1004–1011.
⑥ 张兴贵、陈玮瑜：《超越绩效：人力资源管理视野中的员工幸福感研究》，《西北师大学报》（社会科学版）2017年第5期。
⑦ 申正付、韩布新、杨秀木等：《胜任力对全科医生工作满意度的影响：工作绩效和组织认同的链式中介作用》，《中国临床心理学杂志》2018年第5期；叶宝娟、郑清、董圣鸿等：《胜任力对农村小学校长工作满意度的影响：领导效能与职业认同的中介作用》，《心理发展与教育》2017年第3期。
⑧ H. Ramsay, D. Scholarios, B. Harley, "Employees and High-performance Work Systems: Testing inside the Black Box", *British Journal of Industrial Relations*, 2000, Vol. 38, No. 4, pp. 501–531.

• 第一章　绪论 •

胜任力水平越高，职业倦怠就越低①。当个体对其自身的工作胜任力产生怀疑时，就会增加个体对工作的感知性压力，形成职业倦怠。胜任力可以提升职业幸福感，缓解职业压力对职业倦怠的影响②。此外，研究还发现，胜任力是职业韧性与职业倦怠之间的中介变量，胜任力和工作满意度在职业韧性与职业倦怠之间起链式中介作用③。

（三）胜任力的研究领域

胜任力往往是与具体的工作岗位、工作任务相关联的，胜任力的研究一般都是结合具体的工作岗位、工作任务构建出对应的胜任力特征。因此人力资源管理的一项基础工作是职务分析，职务分析的重大进展在于基于胜任力的职务分析④，也就是说，结合岗位进行胜任力分析，分析出某种职业或某个岗位所必须具备的胜任力有哪些，从而达到"人员—职位—组织"的匹配。

1. 教育领域的胜任力研究

教育领域的胜任力研究一直是研究者关注的重点，这一领域的研究主要集中在各级各类学校教师胜任力和校长胜任力这两个方面。在幼儿园教师胜任力方面，董圣鸿等构建了幼儿教师胜任力模型，该模型包含基准性胜任特征和鉴别性胜任特征⑤。基准性胜任特征即个人特质，包含热情、尊重他人、耐心等九项子特征；鉴别性胜任特征包括沟通与交往、专业知识与技能、自我意象、追求卓越、成就能力五个维度共34

---

① 韩磊、姜能志、王鹏等：《应对效能、工作压力与教师职业枯竭的关系》，《心理与行为研究》2007 年第 1 期。
② 王钢、苏志强、张大均：《幼儿教师胜任力和职业压力对职业幸福感的影响：职业认同和职业倦怠的作用》，《心理发展与教育》2017 年第 5 期。
③ 叶宝娟、方小婷、董圣鸿等：《职业韧性对农村小学校长职业倦怠的影响：胜任力和工作满意度的链式中介作用》，《中国临床心理学杂志》2017 年第 3 期。
④ E. F. Mckenna and N. Beech, *The Essence of Human Resource Management*, Prentice Hall International (UK) Ltd., 1995.
⑤ 董圣鸿、胡小燕、余琳燕等：《幼儿教师胜任力研究：基于 BEI 技术的模型构建》，《心理学探新》2016 年第 5 期。

项子特征。翟西宝等研究发现，幼儿教师胜任力包含教学知识与技能、自我持续进步、对事业及自身的价值观、工作的分析适应能力、对幼儿及组织的热爱五个维度①。在中小学教师胜任力方面，徐建平等运用行为事件访谈技术构建了中小学教师胜任力模型②。该模型认为，教师胜任力包括鉴别性特征和基准性特征。鉴别性特征有进取心、责任感、理解他人、自我控制等11项，基准性特征有组织管理能力、正直诚实、创造性、宽容性等11项。李晔等构建了基于长期绩效的中小学教师胜任模型，该模型认为，能对学生产生长久积极影响的教师具有主动性、他人关系建立、学生服务导向、培养他人、团队合作、分析性思考、责任心、尊重他人等14项胜任特征③。在高校教师胜任力方面，何齐宗等建构了高校教师的教学胜任力模型，该模型认为，高校教师教学胜任力包含知识素养、教学能力、职业品格、人格特质四个一级指标，包含教育知识、学科知识、教学设计、职业态度、人际特征等11个二级指标④。此外，还有研究者探讨了聋校教师的胜任力特征，结果发现，聋校教师的鉴别性胜任特征包括以生为本导向、组织管理能力、自我激励、人际沟通能力、专业知识与技能等11项内容⑤。在校长胜任力方面，刘丽萍等认为，一名具有魅力的校长应该具有良好的思想道德修养、较高的专业技术水平、较强的教育科研能力、先进的现代信息素养⑥。应俊峰等将名校长的素质特征划分为专业道德、专业知识、专业能力、自我专业发展意识等几个方面⑦。

---

① 翟西宝、张贞齐：《幼儿教师胜任力特征探析》，《人力资源管理》2015年第10期。
② 徐建平、张厚粲：《中小学教师胜任力模型：一项行为事件访谈研究》，《教育研究》2006年第1期。
③ 李晔、李哲、鲁铱等：《基于长期绩效的中小学教师胜任力模型》，《教育研究与实验》2016年第2期。
④ 何齐宗、熊思鹏：《高校教师教学胜任力模型构建研究》，《高等教育研究》2015年第7期。
⑤ 兰继军、许广玺：《聋校优秀教师的胜任力特征》，《当代教师教育》2011年第4期。
⑥ 刘丽萍、王保华：《魅力型校长：特质、成长环境和使命》，《教育科学研究》2003年第6期。
⑦ 应俊峰、王洪斌、胡伶：《名校长素质特征的研究》，《教育发展研究》2004年第12期。

2. 管理领域的胜任力研究

管理者应该具备什么样的胜任力,也是研究者关注的热点。Spencer 认为,管理人员的通用胜任特征有团队协作、影响力、发展他人、技术专长等 12 项[①]。Boyatzis 认为,管理人员应具备目标和行动管理、领导、人力资源管理、指导下级技能、特殊知识、自我控制六个方面的胜任力[②]。王重鸣等研究发现,管理者胜任力特征结构由管理素质和管理技能两个维度构成[③]。时勘等对通信行业高层管理者研究后认为,高层管理者的胜任特征模型包括影响力、组织承诺、信息寻求、团队领导、人际洞察力、客户服务意识、发展他人等[④]。姚翔等研究发现,IT 企业项目管理者的胜任力包含个性魅力、应变能力、大局观、人际关系处理能力、品格五个特征[⑤]。仲理峰等认为,中国家族企业高层管理者的胜任特征模型包括威权导向、主动性、捕捉机遇、信息寻求、仁慈关怀、自我控制、自信、自主学习、影响他人等 11 项胜任特征[⑥]。

3. 医学领域的胜任力研究

不少研究者还关注了医学领域的胜任力研究。申正付等认为,全科医生的胜任力包含基本公共卫生服务能力、临床基本能力、非医学知识学习能力、职业道德能力等九个维度[⑦]。王鹏鹏等认为,住院医师需要具备医学知识、患者诊治、人际沟通能力、职业素养等六项核心

---

① Jr. L. M. Spencer and S. M. Spencer, *Competence at Work: Models for Superior Performance*, New York: John Wiley & Sons, Inc., 1993.
② R. E. Boyatzis, *The Competent Manager: A Model for Effective Performance*, New York: John Wiley & Sons, Inc., 1982.
③ 王重鸣、陈民科:《管理胜任力特征分析:结构方程模型检验》,《心理科学》2002 年第 5 期。
④ 时勘、王继承、李超平:《企业高层管理者胜任特征模型评价的研究》,《心理学报》2002 年第 3 期。
⑤ 姚翔、王垒、陈建红:《项目管理者胜任力模型》,《心理科学》2004 年第 6 期。
⑥ 仲理峰、时勘:《家族企业高层管理者胜任特征模型》,《心理学报》2004 年第 1 期。
⑦ 申正付、韩布新、杨秀木等:《胜任力对全科医生工作满意度的影响:工作绩效和组织认同的链式中介作用》,《中国临床心理学杂志》2018 年第 5 期。

胜任力①。王静构建了医院护理人员胜任力模型，该模型由一般指标（年龄、工作年限等）、基本胜任力（知识与专科技能）、核心胜任力（社会能力与个人特质）、鉴别胜任力（动机维度）组成②。李倩雯构建了护士胜任力模型，认为护士胜任力包含工作态度、人际沟通、自我管理、专业学习和专业技能五个维度③。徐鑫蕊等构建的卫生信息人才岗位胜任力包含职业精神、社交能力、学习创新能力、业务能力、计算机技术、学科基础知识六个维度④。

4. 其他领域的胜任力研究

除了教育领域、管理领域、医学领域外，还有一些研究者关注了其他领域的胜任力特征。如赵西萍等分析了软件工程师潜在胜任力特征，认为其包含思维能力、团队协作等五项特征⑤；王永刚等分析了航空安全员胜任力特征，认为其包含知识、个人特质、价值观念、能力四个一级指标以及法律法规、保安意识、分析判断能力等23个二级指标⑥；戴鑫等分析了创新创业初期成功者的胜任力特征，认为其包含知识、技能、社会角色、自我概念等六类胜任力特征⑦。

（四）胜任力评价中的污名现象

客观、正确地评价个体的胜任力是人员选拔、人事测评的关键。但

---

① 王鹏鹏、仰曙芬、韩冰等：《以胜任力为导向住院医师培训课程体系的构建》，《中国高等医学教育》2017年第5期。
② 王静：《基于胜任力模型的南京某医院护理人员招聘体系构建与应用》，硕士学位论文，东南大学，2017年。
③ 李倩雯：《综合医院护士胜任力与工作绩效的关系研究》，硕士学位论文，华中师范大学，2015年。
④ 徐鑫蕊、高山砚、常青等：《卫生信息人才岗位胜任力模型构建研究》，《中国卫生统计》2019年第1期。
⑤ 赵西萍、周密、李剑等：《软件工程师潜在胜任力特征实证研究》，《科研管理》2007年第5期。
⑥ 王永刚、盛炳楠、徐超：《航空安全员胜任力特征实证研究》，《中国安全科学学报》2017年第1期。
⑦ 戴鑫、覃巧用、杨雪等：《创新创业初期成功者的胜任力特征及影响因素——基于2015年"福布斯中国30位30岁以下创业者"的分析》，《教育研究》2016年第12期。

• 第一章　绪论 •

在对个体胜任力进行评价时，却会出现各种污名现象，主要表现为胜任力的性别刻板印象、容貌刻板印象以及年龄刻板印象。

被评价者的性别会影响到对其胜任力的评价，这主要表现为低估女性的工作胜任力。人们往往对女性存在负性的刻板印象、偏见和歧视，如性别学科/职业刻板印象认为，女性不适合科研、技术、工程和数学这四个领域的工作[1]。事实上，性别学科/职业刻板印象的本质就是认为女性在某些学科/职业上的胜任力不如男性。此外，有研究发现，人们通常认为男性更适合创业[2]，男性在领导胜任力方面强于女性[3]，女性缺乏创新能力[4]。

被评价者的容貌也会影响到对其胜任力的评价，即出现容貌刻板印象。受到"美即是好"效应[5]的影响，那些拥有高容貌吸引力的个体通常被认为具有一些积极的人格品质如聪明、自信、善良、真诚[6]，被认为工作胜任力更强，更容易获得就业机会[7]，在应聘中更受欢迎，且薪

---

[1] C. Good, J. Aronson, J. A. Harder, "Problems in the Pipeline: Stereotype Threat and Women's Achievement in High-level Math Courses", *Journal of Applied Developmental Psychology*, 2008, Vol. 29, No. 1, pp. 17-28.

[2] 谢觉萍、王云峰：《创业女性机会识别与创业过程管理多案例研究》，《科技进步与对策》2016年第4期。

[3] R. J. Ely, H. Ibarra, D. M. Kolb, "Taking Gender into Account: Theory and Design for Women's Leadership Development Programs", *Academy of Management Learning and Education*, 2011, Vol. 10, No. 3, pp. 474-493.

[4] A. H. Eagly, S. J. Karau, "Role Congruity Theory of Prejudice toward Female Leaders", *Psychological Review*, 2002, Vol. 109, No. 3, pp. 573-598.

[5] K. Dion, E. Berscheid, E. Walster, "What is Beautiful is Good", *Journal of Personality and Social Psychology*, 1972, Vol. 24, No. 3, pp. 285-290.

[6] J. Andreoni and R. Petrie, "Beauty, Gender and Stereotypes: Evidence from Laboratory Experiments", *Journal of Economic Psychology*, 2008, Vol. 29, No. 1, pp. 73-93.

[7] W. C. Tsai, T. C. Huang, H. H. Yu, "Investigating the Unique Predictability and Boundary Conditions of Applicant Physical Attractiveness and Non-verbal Behaviours on Interviewer Evaluations in Job Interviews", *Journal of Occupational and Organizational Psychology*, 2012, Vol. 85, No. 1, pp. 60-79.

水会更高①。大公司首席执行官比小公司首席执行官看起来更能干也更具有亲和力②，大公司高管看起来更具胜任力、亲和力与吸引力，有着成熟脸孔的高管有着更高的胜任力分值③。除了面部特征外，身高也会影响对胜任力的评价。研究发现，身材矮小者的能力往往被低估，尤其是在需要付出体力的工作任务中，他们常常被认为工作胜任力较弱④。身材高挑者更容易获得就业机会，且在绩效评价、薪水、职业晋升等方面更占优势⑤，甚至出现"身高溢价"效应⑥。

被评价者的年龄也是影响其胜任力评价的因素之一，即出现年龄刻板印象。人们通常认为，年龄与胜任力是有联系的，年轻人往往被认为是有能力的、反应敏捷的，其工作胜任力更强；而年长者往往被认为能力不足，胜任力不强⑦，招聘人员更偏爱年轻的求职者⑧。此外，胜任力的年龄刻板印象还表现为人们认为对于某些工作而言，处于某个年龄段的人的胜任力更强，应该由该年龄段的人来承担⑨，这在金融、销

---

① M. L. Van Leeuwen and C. N. Macrae, "Is Beautiful Always Good? Implicit Benefits of Facial Attractiveness", *Social Cognition*, 2005, Vol. 22, No. 6, pp. 637–649.

② J. R. Graham, C. R. Harvey, M. Puri, "A Corporate Beauty Contest", *Managemen Science*, 2016, Vol. 63, No. 9, pp. 2273–3145.

③ 胡援成、刘元秀、吴飞等：《高管薪酬、业绩与胜任力识别：一项行为金融实验——来自我国2012年沪深两市的经验证据》，《经济学》（季刊）2017年第3期。

④ 杨小莉、刘潇肖、白宝玉：《身高的心理效应及其内在机制》，《心理科学进展》2017年第5期。

⑤ 江求川、张克中：《中国劳动力市场中的"美貌经济学"：身材重要吗？》，《经济学》（季刊）2013年第3期。

⑥ 顾天竹：《美貌溢价：劳动力市场歧视是主因吗？——基于中国劳动力动态调查数据的实证研究》，《财经研究》2018年第2期。

⑦ A. J. C. Cuddy, M. I. Norton, S. T. Fiske, "This Old Stereotype: The Pervasiveness and Persistence of the Elderly Stereotype", *Journal of Social Issues*, 2005, Vol. 61, No. 2, pp. 267–285; 佐斌、张阳阳、赵菊等：《刻板印象内容模型：理论假设及研究》，《心理科学进展》2006年第1期。

⑧ D. Abrams, H. J. Swift, L. Drury, "Old and Unemployable? How Age-based Stereotypes Affect Willingness to Hire Job Candidates", *Journal of Social Issues*, 2016, Vol. 72, No. 1, pp. 105–121.

⑨ E. L. Perry, C. T. Kulik, A. C. Bourhis, "Moderating Effects of Personal and Contextual Factors in Age Discrimination", *Journal of Applied Psychology*, 1997, Vol. 81, No. 6, pp. 628–647.

• 第一章　绪论 •

售、保险、IT 等行业中表现得最为明显①。

第三节　研究内容

对已有相关理论和实证研究进行回顾和整理分析后发现，有关第一学历歧视的研究主要集中探讨其表现形式、危害以及法律、政策方面的应对措施，少有从心理学角度进行的系统研究。

一　已有研究的不足

目前污名呈现出污名对象日渐增多，污名内容日渐延伸，污名动机日渐复杂，污名方式日渐多样，污名风险日渐扩大的泛污名化趋势②。污名的研究主要集中于一些较为传统的领域，如疾病污名、性别污名、身份污名、年龄污名等。此外，胜任力领域的研究主要集中于探讨具体工作岗位、工作任务应该具备的胜任力特质以及胜任力与工作场景中其他变量的关系，且胜任力评价中的污名现象多集中于性别污名、容貌污名及年龄污名上，目前还未见针对胜任力学校污名的相关研究。

二　本书拟解决的问题

为了叙述方便，结合我国高校的办学层次以及当今大学生就业的现实形势，本书将985、211高校简称为名校，将非985、211高校简称为非名校。

---

① E. L. Perry and L. M. Finkelstein, "Toward a Broader View of Age Discrimination in Employment-related Decisions: A Joint Consideration of Organizational Factors and Cognitive Processes", *Human Resource Management Review*, 1999, Vol. 9, No. 1, pp. 21–49；龚会、唐瓷：《IT行业技术员工年龄与创新行为——年龄刻板印象的影响作用》，《四川教育学院学报》2012年第3期。
② 陶鹏：《公众污名、自我污名和媒介污名：虚拟社会泛污名化现象的三维解读》，《广东行政学院学报》2014年第1期。

• 胜任力污名及其干预 •

(一) 胜任力学校污名的证据

用人单位之所以偏爱名校的学生,可能是因为它们对非名校的学生存在胜任力污名,即认为非名校的学生工作能力差,难以胜任工作。鉴于此,本书将首先探讨胜任力学校污名的证据,即对非名校学生是否真的存在胜任力污名。由于受社会赞许性效应的影响,人们往往不愿意承认他们对某个社会群体抱有消极或有偏差的态度和信念,并且因为这类态度和信念可能并不能被人们有意识地觉知到,有时也难以准确地予以报告[1]。在污名研究中,突破外显污名的局限,关注内隐污名就成为现今研究的趋势。此外,污名可以分为公众污名和自我污名[2]。本部分主要采用外显评价、内隐联想测验、刻板解释偏差等方法,以名校大学生和非名校大学生为被试,从外显和内隐两个角度分别探讨胜任力公众污名和自我污名,并分析污名的性别和年级差异。在此基础上,将被试是否为名校的学生作为自变量,进一步考察被试是否存在内群体偏爱或外群体偏爱。

(二) 非名校学生胜任力自我污名对求职行为的影响及其作用机制

当个体感受到社会公众对他的污名态度后,会将这种污名态度转向其自身,从而产生自我污名[3]。非名校的学生遭遇"第一学历歧视",感受到社会公众对其胜任力的污名态度后,会产生自我污名。当个体遭遇污名后,总会采用一些方式来应对污名。目前还没有专门针对非名校学生胜任力自我污名的问卷以及胜任力学校污名应对方式的问卷。本部分将依据自我污名以及污名应对方式的相关理论,遵循量表编制的基本

---

[1] A. G. Greenwald and M. R. Banaji, "Implicit Social Cognition: Attitudes, Self-esteem, and Stereotypes", *Psychological Review*, 1995, Vol. 102, No. 1, pp. 4-27.
[2] P. W. Corrigan, "How Stigma Interferes with Mental Health Care", *American Psychologist*, 2004, Vol. 59, No. 7, pp. 614-625.
[3] P. W. Corrigan, "How Stigma Interferes with Mental Health Care", *American Psychologist*, 2004, Vol. 59, No. 7, pp. 614-625.

第一章 绪论

方法和原理,编制符合心理测量学标准的"非名校学生胜任力自我污名问卷"和"胜任力学校污名应对方式问卷",为后续研究做好准备。

求职是一个人职业生涯的开始,积极有效的求职行为能提高成功就业的可能性。求职行为是预测就业的重要因素①。非名校学生胜任力自我污名是求职者对其自身的一种负性态度,即认为自己能力不行,难以胜任工作。个性特征、求职期待、自尊、动机、社会支持等个体特征方面的因素②会对求职行为产生影响。目前还没有研究专门探讨非名校学生胜任力自我污名对求职行为的影响。此外,求职自我效能感会影响个体的求职行为,是预测求职行为的重要变量③。污名应对方式在污名导致的压力与行为反应之间起着调节作用④。在我国传统社会结构下,求职主要依靠强关系网络,求职即求人情⑤。本部分主要采用问卷调查的方法,以非名校的大四学生为被试,通过大规模的调查,探讨非名校学生胜任力自我污名对求职行为的影响。在此基础上,进一步探讨求职自我效能感的中介作用,以及污名应对方式和社会资本的调节作用。

(三) 非名校学生胜任力公众污名对被污名群体的影响

由于被污名群体被认为具有不受欢迎的属性、特征、品质或行为,从而易遭受诸多不公平待遇。污名信息对被污名群体会产生诸多负面影

---

① 冯彩玲、时勘、张丽华:《高校毕业生求职行为的影响机制研究》,《心理科学》2011年第1期。
② R. Kanfer, C. R. Wanberg, T. M. Kantrowitz, "Job Search and Employment: A Personality-motivational Analysis and Meta-analytic Review", *Journal of Applied Psychology*, 2001, Vol. 86, No. 5, pp. 837-855.
③ Z. Song, C. Wanberg, X. Niu, Y. Xie, "Action-state Orientation and the Theory of Planned Behavior: A Study of Job Search in China", *Journal of Vocational Behavior*, 2006, Vol. 68, No. 3, pp. 490-503.
④ S. Noh and V. Kaspar, "Perceived Discrimination and Depression: Moderating Effects of Coping, Acculturation, and Ethnic Support", *American Journal of Public Health*, 2003, Vol. 93, No. 2, pp. 232-238.
⑤ 翟学伟:《社会流动与关系信任——也论关系强度与农民工的求职策略》,《社会学研究》2003年第1期。

响，如自尊降低①，产生焦虑、抑郁等负面情绪②，在社会交往中采用退缩、回避等消极应对策略③等。本部分主要采用污名信息启动的实验方法，以非名校大学生为被试，探讨非名校大学生胜任力公众污名/反污名信息对被污名群体注意偏向、情绪及群际信任的影响。

（四）非名校大学生胜任力自我污名的干预

污名会对被污名群体产生诸多负面影响，因此有必要对污名进行干预。团体辅导是自我污名干预的常用形式④，通过教育提供有关污名特征的科学知识、应对污名的方式⑤、提供反刻板印象榜样和信息⑥等均是有效的污名干预技术。本部分将采用实验组对照组前测后测实验设计，以非名校大学生胜任力自我污名较为严重者为被试，通过团体辅导的形式，综合运用叙事技术、重拾自信技术以及教育、反刻板印象信息（榜样）等干预技术，对非名校大学生胜任力自我污名进行干预。

---

① D. Graham and A. Edwards, "The Psychological Burden of Obesity: The Potential Harmful Impact of Health Promotion and Education Programmes Targeting Obese Individuals", *Journal of the Institute of Health Education*, 2013, Vol. 51, No. 3, pp. 124-133.

② M. Shih, D. T. Sanchez, G. C. Ho, "Costs and Benefits of Switching among Multiple Social Identities", *The Psychology of Social and Cultural Diversity*, 2010, No. 7, pp. 62 – 83; R. P. Blackstone, "Prejudice, Discrimination, and the Preferred Approach to the Patient with Obesity", *Obesity*, 2016, No. 8, pp. 22-39.

③ R. Vauth, B. Kleim, M. Wirtz, P. W. Corrigan, "Self-efficacy and Empowerment as Outcomes of Self - stigmatizing and Coping in Schizophrenia", *Psychiatry Research*, 2007, Vol. 150, No. 1, pp. 71-80.

④ K. M. T. Fung, H. W. H. Tsang, W. M. Cheung, "Randomized Controlled Trial of the Self-stigma Reduction Program among Individuals with Schizophrenia", *Psychiatry Research*, 2011, Vol. 189, No. 2, pp. 208-214.

⑤ J. H. Hammer and D. L. Vogel, "Men's Help Seeking for Depression: The Efficacy of a Male-sensitive Brochure about Counseling", *The Counseling Psychologist*, 2010, Vol. 38, No. 2, pp. 296-313.

⑥ 连淑芳:《内隐刻板印象中反刻板印象信息的干预研究》,《心理学探新》2013 年第 6 期；宋淑娟、刘华山:《反刻板印象信息对减弱数学—性别刻板印象威胁效应的作用》,《中国临床心理学杂志》2014 年第 3 期；王美芳、杨峰、顾吉等:《反刻板印象对内隐性别刻板印象的影响：情绪的调节作用》,《中国临床心理学杂志》2015 年第 3 期；C. Columb and E. A. Plant, "Revisiting the Obama Effect: Exposure to Obama Reduces Implicit Prejudice", *Journal of Experimental Social Psychology*, 2011, Vol. 47, No. 2, pp. 499-501.

第一章 绪论

第四节 研究方案及研究意义

通过以上的分析和思考，本书的基本构想是：以第一学历歧视作为切入点，在考察胜任力学校污名证据的基础上，编制出非名校学生胜任力自我污名问卷和胜任力学校污名应对方式问卷，并进一步分析非名校学生胜任力自我污名对求职行为的影响及其作用机制。此外，探讨非名校学生胜任力公众污名信息/反污名信息对被污名群体认知、情绪和行为的影响，并进一步探讨非名校学生胜任力自我污名的干预措施。

一 研究方案

（一）研究一：胜任力学校污名的证据

大学生是就业场上的主角，他们对于名校求职者和非名校求职者是否存在胜任力刻板印象呢？在大学生眼中，是否也觉得名校求职者胜任力较强，而非名校求职者胜任力较弱呢？本书将以大学生为被试，从外显和内隐两个层面对求职者胜任力的学校污名进行研究。其中，在内隐求职者胜任力学校污名的研究中，将同时采用内隐联想测验和刻板解释偏差两种方法。在现实生活中，由于非名校求职者在就业时往往会遭遇"第一学历歧视"，他们是就业场上弱势群体/低地位群体。考虑到这一点，本书将把被试是否为名校大学生作为自变量之一，以考察名校大学生是否存在内群体偏爱，而非名校大学生是否存在外群体偏爱。具体而言，本部分包含三个子研究：

子研究1：胜任力学校污名——来自外显测验的证据。本书将从外显污名的角度，采用直接测量的方法，具体探讨以下问题：大学生对求职者是否存在外显胜任力学校污名？非名校大学生是否存在外显胜任力自我污名？名校大学生是否存在外显内群体偏爱？非名校大学生是否存在外显外群体偏爱？

子研究 2：胜任力学校污名——来自内隐联想测验的证据。本书将从内隐污名的角度，采用内隐联想测验方法，具体探讨以下问题：大学生对求职者是否存在内隐胜任力学校污名？非名校大学生是否存在内隐胜任力自我污名？名校大学生是否存在内隐内群体偏爱？非名校大学生是否存在内隐外群体偏爱？

子研究 3：胜任力学校污名——来自刻板解释偏差的证据。本书将从内隐污名的角度，采用刻板解释偏差方法，具体探讨以下问题：大学生对求职者是否存在内隐胜任力学校污名？非名校大学生是否存在内隐胜任力自我污名？名校大学生是否存在内隐内群体偏爱？非名校大学生是否存在内隐外群体偏爱？

（二）研究二：非名校学生胜任力自我污名对其求职行为的影响及其作用机制

非名校学生胜任力自我污名包含哪些维度？用什么工具来测量非名校学生的胜任力自我污名？此外，非名校学生是如何应对胜任力学校污名的？胜任力学校污名应对方式包含哪些维度？本书将依据自我污名以及污名应对方式的相关理论，遵循量表编制的基本方法和原理，编制符合心理测量学标准的"非名校学生胜任力自我污名问卷"和"胜任力学校污名应对方式问卷"，为后续研究做好准备。

大四正是大学生求职的关键时期，非名校学生胜任力自我污名会对其求职行为产生哪些影响呢？求职自我效能感、胜任力学校污名应对方式、社会资本在其中起到什么样的作用呢？本书将以非名校大四学生为被试，通过大规模的调查，探讨非名校学生胜任力自我污名对其求职行为的影响。在此基础上，进一步探讨求职自我效能感的中介作用，以及胜任力学校污名应对方式和社会资本的调节作用。具体而言，本部分包含五个子研究：

子研究 1：非名校学生胜任力自我污名问卷编制。本书将参考自我污名的相关量表，通过开放式调查，首先构建出非名校学生胜任力自我

第一章 绪论

污名的理论结构；其次，在问卷调查的基础上，通过项目分析和初步的因素分析，编制出非名校学生胜任力自我污名初始问卷；最后，在问卷调查的基础上，通过探索性因素分析和验证性因素分析，编制出非名校学生胜任力自我污名正式问卷。

子研究2：胜任力学校污名应对方式问卷编制。本书将参考应付方式的相关量表，通过开放式调查，首先构建出胜任力学校污名应对方式的理论结构；其次，在问卷调查的基础上，通过项目分析和初步的因素分析，编制出胜任力学校污名应对方式初始问卷；最后，在问卷调查的基础上，通过探索性因素分析和验证性因素分析，编制出胜任力学校污名应对方式正式问卷。

子研究3：非名校学生胜任力自我污名对其求职行为的影响：求职自我效能感的中介作用。本书将采用"非名校学生胜任力自我污名问卷""求职行为问卷""求职自我效能感问卷"进行调查，通过结构方差模型分析，考察非名校学生胜任力自我污名对其求职行为的影响作用，并揭示求职自我效能感的中介作用。

子研究4：非名校学生胜任力自我污名对其求职行为的影响：求职自我效能感的中介和污名应对方式的调节作用。本书将在子研究1的基础上，继续采用"胜任力学校污名应对方式问卷"进行调查，通过调节作用分析，考察非名校学生胜任力自我污名对其求职行为的影响作用，并在探讨求职自我效能感的中介作用的基础上，进一步分析胜任力学校污名应对方式的调节作用。

子研究5：非名校学生胜任力自我污名对其求职行为的影响：求职自我效能感的中介和污名应对方式、社会资本的调节作用。本书将在子研究1和子研究2的基础上，继续采用"社会资本问卷"进行调查，通过调节作用分析，考察非名校学生胜任力自我污名对其求职行为的影响作用，并在探讨求职自我效能感的中介作用的基础上，进一步分析胜任力学校污名应对方式与社会资本的调节作用。

(三) 研究三：非名校学生胜任力公众污名对被污名群体的影响

非名校学生胜任力公众污名信息会对被污名群体产生诸多负面影响。当被污名群体面对胜任力学校污名/反污名信息时，他们的认知会有什么特点呢？情绪会有什么变化呢？对内群体/外群体的信任如何呢？本书将以非名校大学生（被污名群体）为被试，以胜任力学校污名为切入点，通过实验室实验，探讨胜任力学校污名/反污名信息对被污名群体认知、情绪及行为的影响。具体而言，本部分包含三个子研究：

子研究1：胜任力学校污名/反污名信息对被污名群体注意偏向的影响。本书将从注意偏向的角度，采用情绪stroop实验方法，比较考察在污名信息启动、反污名信息启动、中性信息启动条件下，三个实验组被试的注意偏向特点。具体探讨以下问题：在污名/反污名/中性信息启动条件下，被污名群体的注意有何特征？他们是否会对某些信息具有注意偏向？

子研究2：胜任力学校污名/反污名信息对被污名群体情绪的影响。本书将从情绪诱发的角度，采用情绪形容词自评的方法，考察在污名信息启动、反污名信息启动条件下，两个实验组被试的情绪差异。具体探讨以下问题：污名信息是否会引发被污名群体负性情绪体验？具体会引发哪些负性情绪体验？反污名信息是否会引发被污名群体正性的情绪体验？具体会引发哪些正性情绪体验？

子研究3：胜任力学校污名/反污名信息对被污名群体群际信任的影响。本书将从群际信任的角度，采用信任博弈任务方法，考察在污名信息启动、反污名信息启动、中性信息启动条件下，三个实验组被试对内外群体的信任。具体探讨以下问题：污名信息是否会让被污名群体对内群体的信任增加、对外群体的信任降低？反污名信息是否会让被污名群体对外群体的信任增加？

(四) 研究四：非名校学生胜任力自我污名的干预

污名会对被污名群体产生诸多负面影响，因此有必要对污名进行干

• 第一章 绪论 •

预。哪些干预措施能有效降低非名校学生胜任力自我污名？在干预前后，被污名群体的胜任力自我污名会发生哪些变化？本书将采用实验组对照组前测后测实验设计，以非名校学生胜任力自我污名较为严重者为被试，通过团体辅导的形式，综合运用叙事技术、重拾自信技术以及教育、反刻板印象信息（榜样）等干预技术，对非名校学生胜任力自我污名进行干预。具体探讨以下问题：找到自信、提升自我的活动能否降低刻板印象认同？积极接纳训练能否降低自我污名体验？价值观训练能否降低预见污名？

本书的总体研究框架如图1-1所示。

```
影响胜任力学校污名：证据、                研究一                 ┌─ 子研究1：胜任力学校污名——来自外显测验的证据
                                    胜任力学校污名       ─┼─ 子研究2：胜任力学校污名——来自内隐联想测验的证据
                                        的证据            └─ 子研究3：胜任力学校污名——来自刻板解释偏差的证据

                                                           ┌─ 子研究1：非名校学生胜任力自我污名问卷编制
                                                           │
                                                           ├─ 子研究2：胜任力学校污名应对方式问卷编制
                                      研究二               │
                                  非名校学生胜任力        ├─ 子研究3：非名校学生胜任力自我污名对其求职行为的影响：
                                  自我污名对其求职         │     求职自我效能感的中介作用
                                   行为的影响及其         │
                                     作用机制             ├─ 子研究4：非名校学生胜任力自我污名对其求职行为的影响：
                                                           │     求职自我效能感的中介和污名应对方式的调节作用
                                                           │
                                                           └─ 子研究5：非名校学生胜任力自我污名对其求职行为的影响：
                                                                 求职自我效能感的中介和污名应对方式、社会资本
                                                                 的调节作用

                                                           ┌─ 子研究1：胜任力学校污名/反污名信息对被污名群体注意
                                      研究三               │     偏向的影响
                                  非名校学生胜任力        │
                                  公众污名对被污名群      ├─ 子研究2：胜任力学校污名/反污名信息对被污名群体情绪
                                      体的影响             │     的影响
                                                           │
                                                           └─ 子研究3：胜任力学校污名/反污名信息对被污名群体群际
                                                                 信任的影响

                                      研究四
                                  非名校学生胜任力
                                  自我污名的干预
```

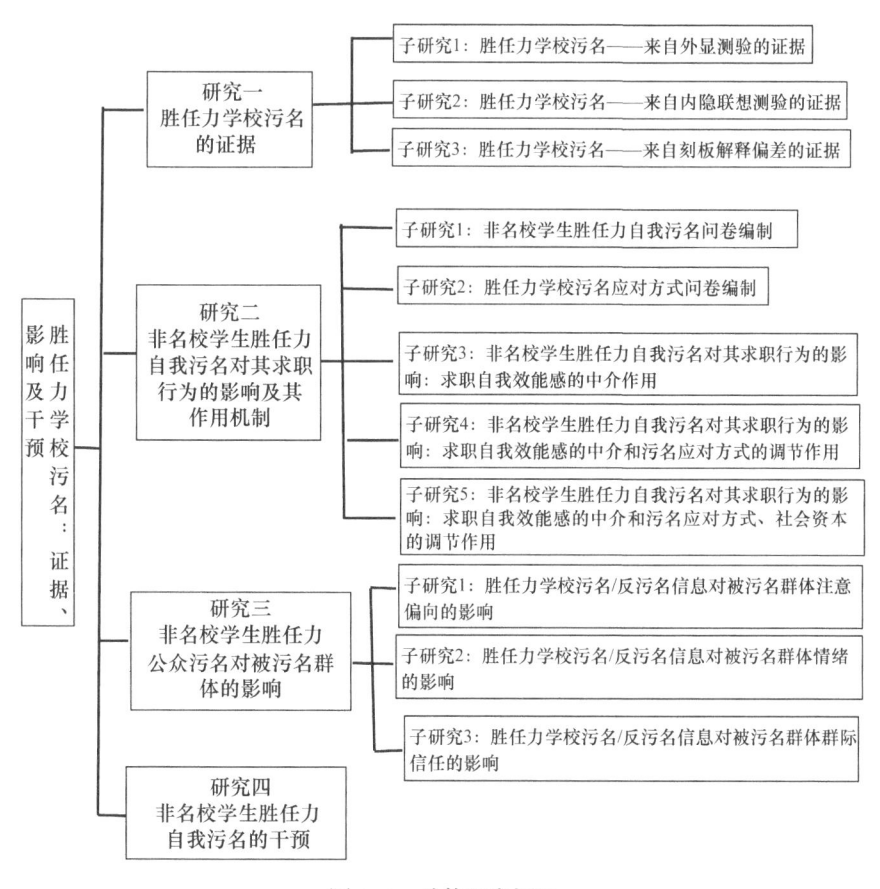

图1-1 总体研究框架

二 研究意义

从理论意义上讲,本书对胜任力学校污名的证据、非名校学生胜任力自我污名对其求职行为的影响及其作用机制、非名校学生胜任力公众污名/反污名信息对被污名群体的影响、非名校学生胜任力自我污名的干预等的研究,能拓宽污名研究的范围,丰富第一学历歧视背景下大学生求职的理论研究。

从实践意义上讲,本书以第一学历歧视为切入点进行的胜任力学校污名证据的研究,可以让社会公众(尤其是用人单位)、非名校大学生意识到他们自己的污名态度,为消除或降低胜任力学校污名打下基础。本书编制的"非名校学生胜任力自我污名问卷"及"胜任力学校污名应对方式问卷"可以为后续相关研究提供测量学工具。本书关于非名校学生胜任力自我污名对求职行为的影响及其作用机制的研究,可以更加清晰地探讨非名校学生胜任力自我污名是如何影响非名校学生的求职行为的,其中有哪些因素在起作用,起着什么样的作用,其成果可以为学校就业指导部门帮助大学生就业提供一定的参考依据。本书关于非名校学生胜任力公众污名/反污名信息对被污名群体的影响,可以更加具体地探讨胜任力学校污名对被污名群体认知、情绪、人际信任的影响,其成果可以更加清晰地展示出污名的危害性。尤其是有关胜任力学校污名/反污名信息对被污名群体群际信任的影响的研究成果可以为用人单位增强组织凝聚力、融洽团队人际关系等提供参考依据。本书关于非名校学生胜任力自我污名的干预研究,探讨了非名校学生胜任力自我污名的干预措施,可以为学校心理咨询中心、就业指导部门帮助非名校学生应对胜任力自我污名,帮助大学生成长、成才提供一定的参考依据。

2017年12月,教育部党组颁布《高校思想政治工作质量提升工程实施纲要》,提出了"心理育人"并将其纳入高校思想政治工作"十大育人体系"中。2018年7月,教育部党组颁布了《高等学校学生心理

第一章 绪论

健康教育指导纲要》,提出育心与育德相结合。总体而言,本书关注非名校大学生在就业过程中所遇到的实际心理问题,有利于稳定大学生青年群体,这一研究成果可以为高校心理健康教育实现心理育人、育心与育德相结合提供一定的理论依据和实践参考。

第二章

胜任力污名的证据

第一学历歧视的本质是人们对非名校学生存在胜任力污名,即认为非名校学生工作能力弱,而名校学生工作能力强。这种对非名校学生的胜任力污名是否真的存在?有何证据?这是本书首先要解决的问题。

污名包含刻板印象、偏见和歧视①。污名的发生往往开始于刻板印象。具体而言,人们首先对被污名群体存在负性刻板印象,如没有能力、丑陋、危险、野蛮等;在情感上对被污名群体产生偏见,如赞同负性刻板印象,并对被污名群体产生消极的情绪反应,如恐惧、嫌弃、愤怒等;在行为上歧视被污名群体,如排斥、回避、拒绝等。为了找寻第一学历歧视的证据,探讨人们对非名校求职者是否存在胜任力污名,这里首先探讨人们对非名校求职者是否存在胜任力的负性刻板印象。

第一节 外显求职者胜任力名校刻板印象

胜任力名校刻板印象是否真的存在?人们是否愿意公开承认这一刻板印象?本书将从外显层面入手,对求职者工作能力的名校刻板印象进

---

① P. W. Corrigan, "How Stigma Interferes with Mental Health Care", *American Psychologist*, 2004, Vol. 59, No. 7, pp. 614-625.

• 第二章 胜任力污名的证据 •

行研究，寻找外显求职者名校刻板印象的证据。

一 引言

刻板印象是对某一社会群体属性或特征的认知表征[1]。从研究内容上看，目前刻板印象的研究主要集中于种族/民族刻板印象[2]、年龄刻板印象[3]、地域刻板印象[4]、性别刻板印象[5]，以及职业性别刻板印象[6]、数学性别刻板印象[7]、学科性别刻板印象上，还未见针对非名校大学生胜任力刻板印象的相关研究。

根据有无意识成分的参与，刻板印象可以分为外显刻板印象和内隐刻板印象两个层次。外显刻板印象有意识成分的参与，关注的是意识水平的态度。在研究方法上，外显刻板印象通常采用自陈式量表法、问卷法等直接测量的方法，即直接询问被试对某个群体的态度。

此外，关于刻板印象的另一研究焦点是"内群体偏爱"（in-group favoritism）。所谓内群体偏爱是指人们倾向于对所属群体表现出更友好的行为和态度，而对外群体则表现出敌意[8]。研究发现，人们存在显著

---

[1] 连淑芳：《想象对大学生内隐刻板印象的影响研究》，《心理科学》2006年第3期。

[2] A. G. Greenwald and M. R. Banaji, "Implicit Social Cognition: Attitudes, Self-esteem, and Stereotypes", *Psychological Review*, 1995, Vol. 102, No. 1, pp. 4-27; 党宝宝、万明钢：《基于族群面孔分类的内隐民族刻板印象激活与抑制作用》，《西北师大学报》（社会科学版）2017年第2期。

[3] 潘文静、温芳芳、佐斌：《老年刻板印象威胁及其研究操纵》，《心理科学进展》2018年第9期；李启明、陈志霞、徐海燕：《双元孝道、祖孙关系与老人刻板印象的关系》，《心理发展与教育》2016年第4期。

[4] 赵卫星、郑希付：《香港与内地大学生地域刻板印象比较》，《华南师范大学学报》（社会科学版）2016年第2期。

[5] 吕行、钟年：《性别刻板印象的人际传播特点研究——基于社会认同理论或社会支配理论?》，《心理科学》2016年第1期。

[6] 于泳红：《大学生内隐职业偏见和内隐职业性别刻板印象研究》，《心理科学》2003年第4期。

[7] 宋淑娟、刘华山：《数学——性别刻板印象对女生的威胁效应：场认知风格的调节作用》，《心理与行为研究》2015年第3期。

[8] E. Fehr, H. Bernhard, B. Rockenbach, "Egalitarianism in Young Children", *Nature*, 2008, Vol. 454, No. 7208, pp. 1079-1083.

外显内群体偏爱①。近年来，有研究者从弱势群体/低地位群体角度出发，发现弱势群体/低地位群体成员常常对内群体成员抱有矛盾和冲突的态度，对外群体成员反而有着较为积极的态度，即表现出"外群体偏爱"（out-group favoritism）②。在现实中，非名校学生在就业时往往会遭遇第一学历歧视，他们可以说是就业场上的弱势群体。考虑到这一点，本书将把被试是否为名校学生作为自变量之一，在考察外显求职者胜任力名校刻板印象证据的基础上，进一步考察名校学生是否存在内群体偏爱，而非名校学生是否存在外群体偏爱。

二 方法

（一）被试

采用方便取样法，在某211高校和某省属高校两所大学中整群抽取大二和大四各一个班的学生参加外显刻板印象研究。在每个班级中，随机发放"名校求职者简历"和"非名校求职者简历"。最终，评价"名校求职者简历"的名校学生有73人（男生37人，女生36人；大二36人，大四37人）、非名校学生42人（男生20人，女生22人；大二20人，大四22人）；评价"非名校求职者简历"的名校学生有73人（男生35人，女生38人；大二38人，大四35人）、非名校学生41人（男生21人，女生20人；大二20人，大四21人）。

（二）外显胜任力的测量材料

"名校求职者简历"和"非名校求职者简历"各一份。这两份求职

---

① M. Sherif, O. J. Harvey, W. R. Hood, C. W. Sherif, J. White, "The Robbers Cave Experiment: Intergroup Conflict and Cooperation", Classics in the History of Psychology, 1961, No. 7, pp. 151-195.

② J. T. Jost, B. W. Pelham, M. R. Carvallo, "Non-conscious Forms of System Justification: Implicit and Behavioral Preferences for Higher Status Groups", Journal of Experimental Social Psychology, 2002, Vol. 38, No. 6, pp. 586-602.

第二章 胜任力污名的证据

简历除了求职者毕业院校这一信息外,其余信息均完全相同。在"名校求职者简历"中求职者毕业院校为某985高校,代表求职者为名校毕业生;在"非名校求职者简历"中求职者毕业院校为某省属高校,代表求职者为非名校毕业生。为了突出毕业院校这一重要信息,除了在求职简历表格中有毕业院校这一栏目外,还将学校名称以水印的方式呈现在整张求职简历上。

研究发现,容貌会影响人们对求职者胜任力的判断[①]。此外,性别也会影响人们对求职者胜任力的判断[②]。因此在求职简历中不出现求职者性别、照片等信息。整份求职简历的信息均描述一名普通大学生可能具备的一些基本能力,如英语过六级、计算机过二级、大学期间一直参加青年志愿者活动、吃苦耐劳等。为了避免主人公名字中所隐含的性别信息,将主人公的名字也仅仅描述为"小王"。

在正式实验之前,请10位高校老师和10位企业人力资源部门的工作人员分别对两份求职简历进行评估,请他们就求职简历的代表性进行1—5级评分,分数越高,表示该求职简历越能代表普通大学生的基本能力。结果发现,名校求职者简历的评分为4.28±0.59分,非名校求职者简历的评分为4.57±0.47分,表明这两份简历均能代表普通大学生的基本能力。因此,将这两份简历作为正式实验的材料。详细的外显胜任力的测量材料见附录1。

[①] W. C. Tsai, T. C. Huang, H. H. Yu, "Investigating the Unique Predictability and Boundary Conditions of Applicant Physical Attractiveness and Non-verbal Behaviours on Interviewer Evaluations in Job Interviews", *Journal of Occupational and Organizational Psychology*, 2012, Vol. 85, No. 1, pp. 60-79;胡援成、刘元秀、吴飞等:《高管薪酬、业绩与胜任力识别:一项行为金融实验——来自我国2012年沪深两市的经验证据》,《经济学》(季刊) 2017年第3期。

[②] 谢觉萍、王云峰:《创业女性机会识别与创业过程管理多案例研究》,《科技进步与对策》2016年第4期;R. J. Ely, H. Ibarra, D. M. Kolb, "Taking Gender into Account: Theory and Design for Women's Leadership Development Programs", *Academy of Management Learning and Education*, 2011, Vol. 10, No. 3, pp. 474-493.

(三) 施测程序

随机发放求职者简历给被试,要求被试根据求职简历中的信息对求职者的胜任力进行评分,满分为 10 分,分数越高,表示此人的胜任力越强。

(四) 实验设计

本实验采用 2×2 的被试间实验设计。其中自变量 A 为被试学校,分为名校和非名校两个水平;自变量 B 为求职者学校,分为名校和非名校两个水平。两个自变量均为被试间设计。因变量为外显评分的分值,即被试给出的分数。

三 结果

(一) 外显评分的总体情况

首先分析了被试学校和求职者学校对外显评分的影响。双因素方差分析结果如表 2-1 所示。表 2-1 显示,被试学校的主效应不显著 $[F_{(1,225)} = 2.706, p = 0.055 > 0.05]$,求职者学校的主效应不显著 $[F_{(1,225)} = 0.013, p = 0.908 > 0.05]$,两因素的交互作用也不显著 $[F_{(1,225)} = 0.147, p = 0.702 > 0.05]$。外显评分的描述性统计如表 2-2 所示。

表 2-1　　　　　　　　　外显评分的双因素方差分析

	SS	df	MS	F
A 因素（被试学校）主效应	5.432	1	5.432	2.706
B 因素（求职者学校）主效应	0.027	1	0.027	0.013
A×B 交互作用	0.295	1	0.295	0.147

第二章 胜任力污名的证据

表 2-2　　外显评分的描述性统计

		M	SD
名校大学生	名校求职者	6.64	1.30
	非名校求职者	6.54	1.74
非名校大学生	名校求职者	6.94	1.22
	非名校求职者	6.99	1.13

以上结果表明,名校大学生和非名校大学生对于求职者的态度较为一致,他们均认为名校求职者和非名校求职者的胜任力相差无几,名校求职者的胜任力并不比非名校求职者高。

(二) 外显评分的性别和年级差异

分别对外显评分进行性别和年级差异检验,结果如表 2-3、表 2-4 所示。

表 2-3　　外显评分的性别差异检验

被试	求职者	男生		女生		
		M	SD	M	SD	
名校大学生	名校求职者	6.86	1.42	6.40	1.14	1.524
	非名校求职者	6.89	1.72	6.21	1.71	1.701
非名校大学生	名校求职者	7.28	1.48	6.63	0.83	1.767
	非名校求职者	7.26	1.04	6.70	1.17	1.621

表 2-4　　外显评分的年级差异检验

被试	求职者	大二		大四		t
		M	SD	M	SD	
名校大学生	名校求职者	7.60	0.68	5.70	1.05	9.134***
	非名校求职者	7.85	0.51	5.11	1.45	10.914***

续表

被试	求职者	大二		大四		t
		M	SD	M	SD	
非名校大学生	名校求职者	7.62	0.48	6.32	1.36	4.044***
	非名校求职者	7.53	0.50	6.48	1.33	3.316***

说明：*** 表示 $p<0.001$。

结果显示，无论是名校大学生还是非名校大学生，无论其评价的是名校求职者还是非名校求职者，外显评分均不存在显著的性别差异（均为 $p>0.05$）；存在显著的年级差异，大四学生的评分显著低于大二学生的评分（均为 $p<0.001$）。

四 讨论

本书研究结果显示，在外显层面上，无论是名校大学生还是非名校大学生，他们均认为名校求职者和非名校求职者的胜任力相差无几，名校求职者的胜任力并不比非名校求职者高。由于受社会赞许性效应的影响，我们往往不愿意承认对于某个社会群体存在负性刻板印象。大学生也是如此，他们不愿意认为名校求职者胜任力比非名校求职者胜任力强。从污名的角度来看，名校大学生对非名校求职者不存在外显胜任力的公众污名，非名校大学生对其自身胜任力不存在外显自我污名。

对外显评分进行年级和性别差异分析的结果显示，无论是名校大学生还是非名校大学生，无论其评价的是名校求职者还是非名校求职者，外显评分均不存在显著的性别差异，但存在显著的年级差异，大四学生的评分显著低于大二学生的评分。这一结果说明，与大四学生相比，大二学生对求职者的评分更宽松一些。这可能是因为我们设计的求职简历所描述的仅仅是一名普通大学生可能具备的一些基本能力，大二学生还没开始求职，他们可能会觉得拥有这些能力应该属于优秀的学生；但大四的学生已经开始或即将开始求职，对于残酷的就业市场已经有了一定的体验，在他们眼中仅仅具备大学生可能具备的基本能力是远远不够的。此外，本书同时也发现，被试学校的主效应接近显著性水平（$p=0.055$），与名校大学生相比，非名校大学生对求职者的评分更高一些。也就是说，非名校大学生认为的非常优秀的求职者，在名校大学生眼中可能仅仅属于良好或一般的求职者。这反映出非名校大学生的评分标准比名校大学生更加宽松一些。

第二节　内隐求职者胜任力名校刻板印象的 IAT

外显测验的结果表明，名校大学生和非名校大学生均认为名校求职者和非名校求职者的工作能力相差无几，大学生对求职者不存在工作能力外显名校刻板印象。也许是受社会赞许性效应的影响，大学生不愿意公开承认他们自己对非名校学生的负性刻板印象。因此有必要从内隐层面继续探讨胜任力名校刻板印象。本书将从内隐层面入手，采用内隐联想测验范式对求职者工作能力的名校刻板印象进行研究，寻找内隐求职者名校刻板印象的证据。

一　引言

根据有无意识成分的参与，刻板印象可以分为外显刻板印象和内隐刻板印象两个层次。外显刻板印象有意识成分的参与，关注的是意识水平的态度。但事实上，人们的外显态度与内隐态度有时候并非一致，相对来说内隐态度更加可靠真实[1]，且在预测人们未来的真实行为方面更加准确[2]。受社会赞许性效应的影响，人们往往不愿意公开坦白承认他们对某个社会群体抱有消极的、负性的态度。此外，刻板印象通常以休

---

[1] 吴明证：《态度强度对内隐——外显态度关系的调节作用研究》，《心理科学》2005年第2期。
[2] 张宝山、俞国良：《污名现象及其心理效应》，《心理科学进展》2007年第6期。

眠状态存储在长时记忆中①，人们有时很难有意识地觉知到其存在，也难以对其进行准确的言语报告②。因此突破外显刻板印象的局限，关注内隐刻板印象就成为现今研究的趋势。

内隐联想测验（Implicit Association Test，IAT）是研究内隐刻板印象的实验范式之一③。内隐联想测验以反应时作为因变量，通过分类任务来测量人们对概念词和属性词之间连接的自动化程度。当概念词和属性词相容时，这两类词语的关系与个体的内隐刻板印象一致，个体的辨别分类多为自动化加工，因而反应时短，错误率低；当概念词和属性词不相容时，这两类词语的关系与个体的内隐刻板印象发生冲突，个体的辨别分类需要进行有意识的、复杂的加工，因而反应时长，错误率高。内隐联想测验具有较为固定的实验操作程序，稳定性和可靠性高。

本书将采用内隐联想测验探讨内隐层面的胜任力名校刻板印象，且继续将被试是否为名校学生作为自变量之一，以考察名校学生是否存在内群体偏爱，而非名校学生是否存在外群体偏爱。

二 方法

（一）被试

采用方便取样法，分别从某211高校和某省属高校两所大学中整群抽取大二和大四各一个班级的学生参加内隐IAT实验。删除IAT实验中错误率超过20%的被试后，得到有效被试106人，其中名校学生44人（男生19人，女生25人；大二23人，大四21人）、非名校学生62人

---

① 杨亚平、徐强、朱婷婷等：《不同热情—能力社会群体刻板印象激活效应的行为模式：基于刻板印象内容模型》，《心理学报》2019年第10期。
② A. G. Greenwald and M. R. Banaji, "Implicit Social Cognition: Attitudes, Self-esteem, and Stereotypes", *Psychological Review*, 1995, Vol. 102, No. 1, pp. 4–27.
③ A. G. Greenwald, D. E. McGhee, J. L. Schwartz, "Measuring Individual Differences in Implicit Cognition: the Implicit Association Test", *Journal of Personality and Social Psychology*, 1998, Vol. 74, No. 6, pp. 1464–1480.

(男生30人,女生32人;大二29人,大四33人)。所有被试均自愿参加实验,对电脑操作比较熟悉,视力或矫正视力正常。

(二)实验材料

IAT测验中包含两个维度的文字材料:概念词和属性词。

名校—非名校的概念词选择依据如下:第一步,在教育部网站公布的985、211高校以及非985、211高校名单中,挑选出20所985或211高校作为名校概念词,20所非985、211高校作为非名校概念词。为了避免学校名称中出现有关学校学科特色的信息,所选取的高校名称均为四个字,即"××大学",而不选取诸如"××师范大学""××理工大学""××交通大学"等学校。第二步,随机选取大学生30人(非正式实验的被试),请他们就这些高校的著名程度进行1—5级评分,分数越高,表示该高校越著名,属于名校;分数越低,表示该高校越不著名,属于非名校。第三步,计算每所高校的平均得分,分别选取得分最高和得分最低的10所高校作为本实验中名校和非名校的概念词。配对样本t检验结果显示,名校得分高于非名校$[(4.38\pm0.36)$ vs. (2.61 ± 0.19),$t=25.29$,$p<0.001]$。最终,选取的名校有复旦大学、北京大学等10所学校;非名校有宁波大学、昆明大学等10所学校。详细的概念词见附录2。

从人力资源管理的角度来看,胜任力具体包括知识、技能、动机、态度等内容[1]。此外,创新能力以及工作成果也是考察一个人胜任力的重要方面。因此,将胜任力概括为工作技能(含专业知识)、工作态度、工作创新和工作成效四个方面。属性词的选取将从这四个方面入手。为了与概念词中所选取的大学名称相对应,决定选取四字成语作为本实验的属性词。第一步,查阅成语词典,分别选取与胜任力四个方面有关的成语各20个(积极词10个、消极词10个)。第二步,随机选取

---

[1] 张兰霞、闵琳琳、方永瑞:《基于胜任力的人力资源管理模式》,《东北大学学报》(社会科学版)2006年第1期。

大学生 30 人（非正式实验被试），请他们就这些成语所代表的胜任力强弱进行 1—5 级评分，分数越高，表示该成语代表胜任力越强，反之胜任力越弱。第三步，计算每个成语的平均得分，分别选取在胜任力四个方面得分最高的五个成语作为积极词，得分最低的五个成语作为消极词。配对样本 t 检验结果显示，积极词的得分显著高于消极词[（4.33±0.35）vs.（2.53±0.29），$t=23.77$，$p<0.001$]。最终选取的积极词有足智多谋、标新立异等 20 个成语；消极词有敷衍了事、故步自封等 20 个成语。详细的属性词见附录 2。

（三）实验程序

IAT 测验程序采用美国 Inquisit 专业化软件编制，整个实验在 14 寸宽屏笔记本电脑上完成。通过指导语告知被试这是一个分类判断任务，即对呈现在电脑屏幕中央的词语进行归类，能归为左上角类的按"E"键反应，能归为右上角类的按"I"键反应，要求被试尽快做出反应。为了提示被试集中注意力，在每次判断开始之前，屏幕正中先呈现一个"+"，1000ms 后根据实验所处的不同阶段呈现属性词或概念词，要求被试做出相应的分类判断，在被试做出按键反应后刺激才会消失。如果被试反应错误，屏幕上会出现一个红色的"×"，提醒被试做出正确反应。电脑自动记录被试每一次按键的反应时及正误，反应时精确到毫秒。整个实验共包括七部分（见表 2-5），在结果中考察第四部分与第七部分之间的差异。

表 2-5　　　　　　　　　　IAT 实验程序示例

步骤	实验次数	任务	呈现材料	
			左上角类别	右上角类别
1	20	概念词辨别	名校	非名校
2	20	属性词辨别	积极词	消极词

第二章 胜任力污名的证据

续表

步骤	实验次数	任务	呈现材料	
			左上角类别	右上角类别
3	20	相容联合任务（练习）	名校/积极词	非名校/消极词
4	40	相容联合任务（测试）	名校/积极词	非名校/消极词
5	20	相反属性词辨别	消极词	积极词
6	20	不相容联合任务（练习）	名校/消极词	非名校/积极词
7	40	不相容联合任务（测试）	名校/消极词	非名校/积极词

（四）实验设计

本实验采用2×2的混合实验设计。其中，一个自变量A为被试的学校，分为名校和非名校两个水平，该自变量为被试间设计；另一自变量B为概念词与属性词联合的相容性，分为相容和不相容两个水平，该自变量为被试内设计。概念词和属性词相容是指名校概念词与积极词配对，非名校概念词与消极词配对；不相容是指非名校概念词与积极词配对，名校概念词与消极词配对。因变量为被试做出相应反应的反应时（ms）以及正确率。

三 结果

（一）相容和不相容任务的反应时

根据Greenwald等人的方法对数据进行处理。首先将每个被试所有的反应时记录导入Microsoft Excel进行修正，剔除错误率超过20%的被试，反应时超过3000ms的记为3000ms，低于300ms的记为300ms。接着将修正后的反应时进行对数转换，然后计算第七部分（不相容部分）的平均反应时与第四部分（相容阶段）的平均反应时，相减后得出最后的 IAT 值[①]。

首先分析了被试学校和概念词与属性词的相容性对反应时的影响。经双因素方差分析发现，概念词与属性词的相容性主效应显著 $[F_{(1,104)} = 347.135, p = 0.000<0.001]$，被试学校主效应不显著 $[F_{(1,104)} = 0.030, p = 0.586>0.05]$，两因素的交互作用不显著 $[F_{(1,104)} = 0.033, p = 0.320>0.05]$。双因素方差分析结果如表 2-6 所示。由于概念词与属性词的相容性主效应显著，因此进一步对概念词与属性词的相容性进行两两比较，结果显示，两两配对检验均十分显著，不相容条件下的反应时显著高于相容条件下的反应时（均为 $p<0.001$）。被试相容和不相容任务的反应时比较如表 2-7 所示。

表 2-6　　　　　　　　IAT 测验的双因素方差分析

	SS	df	MS	F
A 因素（被试学校）主效应	1056.147	1	1056.147	0.030
B 因素（相容性）主效应	12220856.625	1	12220856.625	347.135***
A×B 交互作用	1161.762	1	1161.762	0.033

说明：*** 表示 $p<0.001$。

表 2-7　　　　　　　被试相容和不相容任务的反应时比较

被试	项目	相容任务		不相容任务		t
		M	SD	M	SD	
名校大学生	工作技能	923.6	223.87	1325.9	298.86	-10.92***
	工作态度	924.7	235.94	1327.4	360.50	-8.77***

---

① A. G. Greenwald, D. E. McGhee, J. L. Schwartz, "Measuring Individual Differences in Implicit Cognition: The Implicit Association Test", *Journal of Personality and Social Psychology*, 1998, Vol. 74, No. 6, pp. 1464–1480; B. A. Nosek, A. G. Greenwald, M. R. Banaji, "Understanding and Using the Implicit Association Test: II. Method Variables and Construct Validity", *Personality and Social Psychology Bulletin*, 2005, Vol. 31, No. 2, pp. 166–180.

第二章 胜任力污名的证据

续表

被试	项目	相容任务 M	相容任务 SD	不相容任务 M	不相容任务 SD	t
名校大学生	工作创新	912.5	240.07	1308.4	364.78	-9.33***
	工作成效	958.7	293.74	1385.4	382.67	-9.38***
	总胜任力	929.9	183.68	1336.8	286.57	-12.04***
非名校大学生	工作技能	965.7	266.10	1348.8	317.80	-7.25***
	工作态度	987.8	228.73	1341.8	328.35	-7.55***
	工作创新	919.0	264.38	1309.1	318.44	-10.53***
	工作成效	963.6	286.53	1348.5	328.40	-10.41***
	总胜任力	959.0	174.42	1337.1	266.72	-10.57***

说明：*** 表示 $p<0.001$。

以上结果说明，在内隐层面上，名校大学生和非名校大学生对于求职者的态度较为一致，他们均认为名校求职者在工作技能、工作态度、工作创新、工作成效以及总胜任力五个方面都更强，非名校求职者在以上五个方面都更弱，大学生对求职者存在工作能力内隐名校刻板印象。从群体偏爱的角度来看，名校大学生存在内群体偏爱，非名校大学生存在外群体偏爱。

对名校大学生和非名校大学生的工作技能、工作态度、工作创新、工作成效以及总工作能力五个方面的 IAT 效应值分别进行独立样本 t 检验，结果发现，名校大学生与非名校大学生在以上五个方面均没有显著性差异 [$t_{(104)} = 0.273$，$p = 0.785 > 0.05$；$t_{(104)} = 0.719$，$p = 0.474 > 0.05$；$t_{(104)} = 0.103$，$p = 0.918 > 0.05$；$t_{(104)} = 1.156$，$p = 0.227 > 0.05$；$t_{(104)} = 1.000$，$p = 0.320 > 0.05$]。

(二) IAT 效应值的性别和年级差异

分别对名校大学生和非名校大学生的工作技能、工作态度、工作创新、工作成效以及总工作能力五个方面的 IAT 效应值进行性别和年级差异检验，如表 2-8 和表 2-9 所示。结果显示，名校大学生在工作技能、工作态度、工作创新、工作成效以及总胜任力的 IAT 效应值没有显著的年级差异（均为 $p>0.05$），也没有显著的性别差异（均为 $p>0.05$）；非名校大学生在工作技能、工作态度、工作创新、工作成效以及总工作能力的 IAT 效应值没有显著的性别差异（均为 $p>0.05$），但有显著的年级差异，大四学生 IAT 效应值均高于大二学生（均为 $p<0.05$）。

表 2-8　　　　　　　　　　IAT 效应值的性别差异检验

被试	项目	男生		女生		t
		M	SD	M	SD	
名校大学生	工作技能	366.61	233.67	429.34	253.50	-0.84
	工作态度	351.07	243.27	441.95	343.78	-0.98
	工作创新	367.95	260.31	417.08	300.01	-0.57
	工作成效	526.55	330.77	544.31	417.41	-0.15
	总胜任力	403.05	203.03	458.17	258.88	0.77
非名校大学生	工作技能	447.36	389.98	322.89	436.40	1.18
	工作态度	408.22	389.39	303.12	347.66	1.12
	工作创新	427.96	315.31	354.50	267.68	0.99
	工作成效	440.72	324.28	332.69	250.36	1.47
	总胜任力	431.06	313.44	328.30	250.85	1.32

表 2-9　　　　　　　　　被试 IAT 效应值的年级差异检验

被试	项目	大二		大四		t
		M	SD	M	SD	
名校大学生	工作技能	401.49	242.38	403.10	252.51	-0.02
	工作态度	380.79	284.46	426.71	330.72	-0.49
	工作创新	353.75	273.04	441.99	289.86	-1.04
	工作成效	620.96	448.97	444.30	262.39	1.57
	总胜任力	439.25	251.51	429.02	222.54	0.14

续表

被试	项目	大二		大四		t
		M	SD	M	SD	
非名校大学生	工作技能	203.78	347.05	540.72	411.91	-3.47**
	工作态度	173.73	274.11	512.36	372.54	-4.03***
	工作创新	289.73	237.47	478.20	309.27	-2.70*
	工作成效	298.81	272.55	460.67	289.89	-2.26*
	总胜任力	241.51	206.13	505.56	289.05	-4.09***

说明：* 表示 $p<0.05$；** 表示 $p<0.01$；*** 表示 $p<0.001$。

四 讨论

本书采用 IAT 对求职者胜任力名校刻板印象进行测量，结果发现，无论是名校大学生还是非名校大学生，他们对相容任务（"名校+积极词"和"非名校+消极词"）的平均反应时显著小于不相容任务的平均反应时（"名校+消极词"和"非名校+积极词"），名校更多地与积极词联系在一起，而非名校更多地与消极词联系在一起。这一结果表明，在内隐层面上，名校大学生和非名校大学生对于求职者的态度较为一致，他们均认为名校求职者胜任力较强，非名校求职者胜任力较弱。也就是说，名校学生存在内群体偏爱，而非名校学生存在外群体偏爱。有关弱势群体/低地位群体的研究表明，弱势群体对外群体存在外群体偏爱[1]，这也从一个侧面反映出非名校大学生认为他们自己是一个弱势群体。从污名的角度来看，名校大学生对非名校求职者存在内隐胜任力公众污名，非名校大学生对其自身胜任力存在内隐自我污名。

本书结果显示，在工作技能、工作态度、工作创新、工作成效以及总胜任力的 IAT 效应值方面，名校大学生和非名校大学生之间没有显著

---

[1] J. T. Jost, B. W. Pelham, M. R. Carvallo, "Non-conscious Forms of System Justification: Implicit and Behavioral Preferences for Higher Status Groups", *Journal of Experimental Social Psychology*, 2002, Vol.38, No.6, pp.586-602.

差异，这说明名校学生对非名校学生的刻板印象与非名校学生对其自身的刻板印象程度相当。对工作技能、工作态度、工作创新、工作成效以及总胜任力的 IAT 效应值进行性别和年级差异检验发现，非名校大四学生五个方面的 IAT 效应值均显著高于大二学生。这一结果说明，对于非名校大学生而言，与大二学生相比，大四学生对其自身工作技能、工作态度、工作创新、工作成效以及总工作能力方面均具有较强的内隐负性刻板印象。这可能是因为普通大学大四学生处于求职期，他们在求职的过程中可能亲身遭遇过"学历歧视"，受挫的经历让他们对于其自身胜任力具有较强的负性刻板印象。

第三节　内隐求职者胜任力名校刻板印象的 SEB

内隐联想测验的结果表明，在内隐层面上，名校大学生和非名校大学生对于求职者的态度较为一致，他们均认为名校求职者胜任力较强，非名校求职者胜任力较弱。名校学生存在内群体偏爱，而非名校学生存在外群体偏爱。本书将从内隐层面入手，采用刻板解释偏差范式对求职者工作能力的名校刻板印象进行研究，进一步寻找内隐求职者名校刻板印象的证据。

一　引言

内隐刻板印象通常采用内隐联想测验（Implicit Association Test, IAT）和刻板解释偏差（Stereotypic Explanatory Bias, SEB）进行研究[1]。内隐联想测验以反应时作为因变量，研究单纯的反应时差异能否代表人

---

[1] A. G. Greenwald, D. E. McGhee, J. L. Schwartz, "Measuring Individual Differences in Implicit Cognition: The Implicit Association Test", *Journal of Personality and Social Psychology*, 1998, Vol. 74, No. 6, pp. 1464 – 1480; D. Sekaquaptewa, P. Espinoza, M. Thompson, P. Vargas, W. von Hippel, "Stereotypic Explanatory Bias: Implicit Stereotyping as a Predictor of Discrimination", *Journal of Experimental Social Psychology*, 2003, Vol. 39, No. 1, pp. 75-82.

们现实世界中的真实态度，因此其在社会中的运用受到了极大挑战和质疑。刻板解释偏差是人们在与其刻板印象不一致的情境中所表现出的解释偏差①。在现实生活中，当人们面对的情境与其自己的刻板印象不一致时，总会倾向于进行各种各样的解释或归因，以便使这种不一致能够合理化②。也就是说，当现实中的情境与刻板印象不一致时，解释数量会偏多；反之，解释数量会偏少。刻板解释偏差将人们解释归因的数量作为因变量，利用人们在归因上所表现出来的解释性偏差来反映人的内隐刻板印象。该方法将实际生活中的情境引入实验中，通过贴近个体的生活实际来激发其内隐态度，生态化效度较高，具有较好的应用前景。研究证实刻板解释偏差是研究内隐社会认知的一种有效方法③。在内隐刻板印象的研究中，人们开始注重将内隐联想测验和刻板解释偏差两种方法结合起来进行研究。本书将采用刻板解释偏差探讨内隐层面的胜任力名校刻板印象，且继续将被试是否为名校学生作为自变量之一，以考察名校学生是否存在内群体偏爱，而非名校学生是否存在外群体偏爱。

二 方法

（一）被试

采用方便取样法，分别从某985高校和某省属高校两所大学中整群抽取大二和大四各一个班级的学生参加内隐SEB实验。其中名校学生106人（男生52人，女生54人；大二62人，大四44人），非名校学生81人（男生42人，女生39人；大二44人，大四37人）。

---

① D. Sekaquaptewa, P. Espinoza, M. Thompson, P. Vargas, W. von Hippel, "Stereotypic Explanatory Bias: Implicit Stereotyping as a Predictor of Discrimination", *Journal of Experimental Social Psychology*, 2003, Vol. 39, No. 1, pp. 75–82.
② R. Hastie, "Causes and Effects of Causal Attribution", *Journal of Personality and Social Psychology*, 1984, Vol. 46, No. 1, pp. 44–56.
③ 沈潘艳、辛勇：《外显和内隐大龄未婚青年刻板印象的研究》，《青年研究》2013年第1期。

(二) 刻板解释偏差问卷的编制

主语的确定。第一步，在教育部网站公布的985或211高校以及非985和211高校名单中，挑选出20所985或211高校作为名校概念词，20所非985和211高校作为非名校概念词。为了避免学校名称中出现有关学校学科特色的信息，所选取的高校名称均为四个字，即"××大学"，而非"××财经大学""××科技大学""××民族大学"等。第二步，随机选取大学生30人（非正式实验的被试），请他们就这些高校的著名程度进行1—5级评分，分数越高，表示该高校越著名，属于名校；分数越低，表示该高校越不著名，属于非名校。第三步，计算每所高校的平均得分，分别选取得分较高和得分较低的8所高校作为本实验中名校和非名校的概念词。配对样本 t 检验结果显示，名校得分高于非名校[（4.65±0.35）vs.（2.74±0.23），$t=23.73$，$p<0.001$]。最终，选取的名校有复旦大学、北京大学、清华大学、同济大学、南京大学、中山大学、四川大学、武汉大学等；非名校有宁波大学、成都大学、长春大学、南昌大学、青岛大学、延安大学、扬州大学、昆明大学等。第四步，将选取的名校概念词和非名校概念词分别与16个姓氏（例如，小王、小吴等）组合成为刻板解释偏差问卷中SEB项目的主语，即求职者。在此仅仅出现求职者的姓氏而无名字，是为了避免求职者名字中可能隐含的性别信息。

行为事件的确定。第一步，在对大学生、高校教师和人力资源主管等人员访谈的基础上，初步确定了代表求职者在应聘或工作中表现胜任力强弱的行为事件各4项。代表胜任力强的行为事件是：得到公司高层的赏识、被微软录用、被评为先进工作者、带领大家将一小企业发展为国内龙头企业；代表胜任力弱的行为事件是：年终考核不合格、多次应聘被拒、撰写的方案被否定、毕业三年未找到工作。第二步，随机选取大学生30人（非正式实验的被试），请他们就这些行为事件所代表胜任力的强弱程度进行1—5级评分，分数越高，表示该行为代表胜任越强，分数越低，表示该行为代表胜任力越弱。第三步，计算两类行为事件的平均得分并进行差异检验，结果发现，两类行为事件的得分差异显著。配对样本 t 检验结果显示，胜任力强的事件得分高于胜任力弱的事件 [（4.87±0.32）vs.（2.56±0.27），$t_{(29)}$ = 12.328，$p<0.001$]，这表明两类行为事件的代表性较强。

问卷的形成。将所确定的每个行为事件同时与一个名校求职者和一个非名校求职者匹配，这样就形成了 16 个 SEB 项目。为了防止被试在同一份问卷中同时读到有关名校求职者和非名校求职者同一个行为事件的 SEB 项目，设计了两个版本的 SEB 问卷（"SEB 问卷 1"和"SEB 问卷 2"），将涉及名校求职者和非名校求职者同一行为事件的 SEB 项目分别放到两个版本的问卷中。在问卷中还插入了四句无关的中性句子，称为填充项目。四个填充项目的主语无学校和名字信息，只有姓氏（如小江、小王等），所描述的是日常生活事件，如"小王出去大吃了一顿"。这样，两个版本的 SEB 问卷均包括八个 SEB 项目（名校求职者胜任力强的行为、名校求职者胜任力弱的行为、非名校求职者胜任力强的行为、非名校求职者胜任力弱的行为各两项）和四个填充项目。"SEB 问卷 1"和"SEB 问卷 2"虽然内容有所不同，但所包含的项目类别相同，属于同质性问卷。为了平衡疲劳效应，避免被试前面多写后面少写给实验带来的影响，分别将两个版本的 12 个项目随机排列，在随机排列的基础上将 12 个项目进行拉丁方排序成 12 种形式的问卷。这样，每个版本 12 种形式的问卷内容相同，但顺序不一样，可以在被试间平衡疲劳效应。详细的 SEB 问卷见附录 3。

（三）施测过程

将"SEB 问卷 1"或"SEB 问卷 2"随机发放给被试，进行纸笔测验。在测验时告知被试这是一个发散性思维测验，要求被试根据前半句的题干填写任何想到的理由。

(四) 实验设计

本实验采用 2×2×2 的混合设计。其中，自变量 A 为被试的学校（被试间设计），分为名校和非名校两个水平；自变量 B 为 SEB 项目中求职者（被试内设计），分为名校求职者和非名校求职者两个水平；自变量 C 为 SEB 项目中行为事件与刻板印象的一致性（被试内设计），分为一致和不一致两个水平。行为事件与刻板印象一致是指名校求职者与胜任力强的行为组合、非名校求职者与胜任力弱的行为组合；不一致是指名校求职者与胜任力弱的行为组合、非名校求职者与胜任力强的行为组合。因变量为被试给每个 SEB 项目做出的归因数量。

(五) 数据处理

由两名心理学专业教师充当评分者，分别对 SEB 项目中被试填写的内容进行分类编码并计算出 SEB 分值。如果被试填写的内容是关于行为事件的理由，则每写出一条理由，记 1 分；如果被试的回答仅仅是简单重复了行为事件的意思或应该出现的后续行为，则将其视为无效回答，不予计分。如 SEB 项目："毕业于××大学的小王，多次被评为公司先进工作者"，若被试填写"他工作认真"或"他很能干"，这种回答提供的是一个理由，记 1 分；若被试回答的是"他该请客吃饭了"，这一回答写出的是主人公该有的后续行为，则不记分。在两个评分者都完成 SEB 分值计算后，对评分者评分的一致性进行检验，结果表明，两个评分者的评分较为一致（$r=0.89$，$p<0.001$）。最后，取两个评分者评分的平均值作为下一步计算分值的根据。

三 结果

(一) 总体的 SEB 分值

针对被试的每份问卷，首先计算出四类句子解释的总数量：名校求职者胜任力强的解释总数，记为 FF；名校求职者胜任力弱的解释总数，记为 FM；非名校求职者胜任力弱的解释总数，记为 MM；非名校求职者胜任力强的解释总数，记为 MF。用与刻板印象不一致的解释总数减去与刻板印象一致的解释总数，这样针对 SEB 项目中不同的求职者，每位被试都有两个 SEB 分值（SEB1 = FM-FF，SEB2 = MF-MM）。在理论上，如果被试对求职者不存在任何系统的刻板印象，则被试对行为与刻板印象一致和不一致的句子的解释总数应该没有差异，即 SEB 分值与 0 不存在显著差异。反之，如果被试对求职者存在显著的刻板印象，则 SEB 分值与 0 将存在显著差异。实验所获得的 SEB 分值如表 2-10 所示。从表 2-10 可以看出，名校大学生和非名校大学生的 SEB1 和 SEB2 分值均显著高于 0（均为 $p<0.01$）。以上结果说明，名校大学生和非名校大学生对于求职者的态度较为一致，他们对名校求职者的胜任力持较多积极态度，对非名校求职者的胜任力持较多消极态度。大学生对求职者存在内隐胜任力名校刻板印象。从群体偏爱的角度来看，名校大学生存在内群体偏爱，非名校大学生存在外群体偏爱。

表 2-10　　　　　　SEB 分值统计（t 检验，与 0 比较）

		M	SD	t
SEB1（名校求职者）	名校大学生	0.63	1.98	3.29***
	非名校大学生	0.64	1.89	3.05**
SEB2（非名校求职者）	名校大学生	0.54	1.90	2.92***
	非名校大学生	0.56	1.70	2.95**

说明：** 表示 $p<0.01$；*** 表示 $p<0.001$。

（二）内—外归因情况下 SEB 测量的结果

分别计算被试做出内归因和外归因的数量，将后者减去前者得到 SEB3。

首先分析了被试学校（A 因素）、求职者（B 因素）和行为与刻板印象的一致性（C 因素）对 SEB3 的影响。SEB3 的三因素方差分析如

表 2-11 所示。从表 2-11 可以发现，行为与刻板印象的一致性主效应极其显著 $[F_{(1,185)}=248.811, P=0.000<0.001]$，被试学校的主效应不显著 $[F_{(1,185)}=0.175, p=0.676>0.05]$，求职者的主效应不显著 $[F_{(1,185)}=0.023, p>0.05]$，A 和 B 的交互作用不显著 $[F_{(1,185)}=2.892, p=0.091>0.05]$，A 和 C 的交互作用不显著 $[F_{(1,185)}=1.606, p=0.207>0.05]$，B 和 C 的交互作用不显著 $[F_{(1,185)}=0.689, p=0.408>0.05]$，A、B、C 三者的交互作用也不显著 $[F_{(1,185)}=0.017, p=0.897>0.05]$。

SEB3 在不同求职者和行为与刻板印象一致或不一致情况下的均值如表 2-12 所示。从表 2-12 可以进一步看出，名校求职者胜任力弱的 SEB3>0，而胜任力强的 SEB3<0；非名校求职者的情况正好相反。以上结果说明大学生对于名校求职者胜任力强的行为倾向于内归因，胜任力弱的行为倾向于外归因；对于非名校求职者胜任力强的行为倾向于外归因，胜任力弱的行为倾向于内归因。大学生对求职者存在内隐胜任力名校刻板印象。

表 2-11　　　　　　　　　SEB3 的三因素方差分析

	SS	df	MS	F
A 因素（被试学校）主效应	0.752	1	0.752	0.175
B 因素（求职者）主效应	0.94	1	0.94	0.023
C 因素（一致性）主效应	1716.209	1	1716.209	248.811 ***
A 和 B 的交互作用	11.570	1	11.570	2.892
A 和 C 的交互作用	11.076	1	11.076	1.606
B 和 C 的交互作用	2.773	1	2.773	0.689
A、B 和 C 的交互作用	0.067	1	0.067	0.017

说明：*** 表示 $p<0.001$。

第二章 胜任力污名的证据

表 2-12　　　　　　　　　SEB3 均值情况

求职者	一致性	M	SD
名校求职者	一致（胜任力强的行为）	-1.52	1.91
	不一致（胜任力弱的行为）	1.39	2.42
非名校求职者	不一致（胜任力强的行为）	1.45	2.54
	一致（胜任力弱的行为）	-1.70	1.83

（三）SEB1、SEB2 的性别和年级差异

分别对名校大学生和非名校大学生 SEB1、SEB2 进行性别和年级差异检验，结果如表 2-13 和表 2-14 所示。结果显示，名校大学生和非名校大学生的 SEB1 和 SEB2 均不存在显著的性别差异（均为 $p>0.05$），也不存在显著的年级差异（均为 $p>0.05$）。

表 2-13　　　　　　　SEB1、SEB2 的性别差异检验

被试	项目	男生		女生		t
		M	SD	M	SD	
名校大学生	SEB1	0.53	1.56	0.72	2.32	-0.476
	SEB2	0.58	1.84	0.50	1.97	0.208
非名校大学生	SEB1	0.66	2.00	0.61	1.78	0.121
	SEB2	0.45	1.43	0.66	1.95	-0.566

表 2-14　　　　　　　SEB1、SEB2 的年级差异检验

被试	项目	大二		大四		t
		M	SD	M	SD	
名校大学生	SEB1	0.67	2.25	0.56	1.53	0.279
	SEB2	0.44	1.99	0.57	1.82	-0.789

续表

被试	项目	大二		大四		t
		M	SD	M	SD	
非名校大学生	SEB1	0.50	2.22	0.81	1.41	-0.734
	SEB2	0.47	1.71	0.64	1.68	-0.451

四 讨论

SEB1、SEB2、SEB3 的实验结果均表明，在内隐层面上，名校大学生和非名校大学生对于求职者的态度较为一致，他们均认为名校求职者胜任力较强，非名校求职者胜任力较弱。也就是说，名校学生存在内群体偏爱，而非名校学生存在外群体偏爱。有关弱势群体/低地位群体的研究表明，弱势群体会对外群体存在外群体偏爱[1]，这也从一个侧面反映出非名校大学生认为他们自己是一个弱势群体。

在进行归因时，人们往往会将与刻板印象不一致的行为归因为内部不稳定因素或外部原因，而将与刻板印象一致的行为归因为内部稳定因素[2]。对 SEB3 的分析发现，影响大学生对求职者行为归因性质的主要原因是行为与刻板印象的一致性，而与大学生的学校和求职者的学校无关。具体而言，大学生倾向于将非名校求职者的积极行为归因为外部因素，如家境、运气、他人帮助等，将其消极行为归因为内部稳定因素，如人格特点、能力等；对名校求职者行为的归因正好与非名校求职者相反。如当 SEB 项目为"北京大学的小赵，带领大家将一小企业发展为国内龙头企业""毕业于复旦大学的小王，多次被评为公司先进工作者"，不少被试写出了这样的话语："北大的学生就是能力强""正常"。

---

[1] J. T. Jost, B. W. Pelham, M. R. Carvallo, "Non-conscious Forms of System Justification: Implicit and Behavioral Preferences for Higher Status Groups", *Journal of Experimental Social Psychology*, 2002, Vol. 38, No. 6, pp. 586-602.

[2] 张艳红、佐斌：《情绪性别刻板印象的归因解释》，《中国临床心理学杂志》2011 年第 5 期。

第二章　胜任力污名的证据

当SEB项目为"毕业于延安大学的小潘，撰写的活动方案被否定""南昌大学的小曹，毕业三年未找到工作"，不少被试写出这样的话语："肯定能力不咋地，方案被否定很正常""找不到工作，肯定能力不行"。但当非名校求职者出现积极行为时，大学生对此往往持否定、怀疑的态度，认为其"不可能（或不应该）这样"。如当SEB项目为"宁波大学的小杨，被微软公司录用"，有被试写出了这样的话语："人力资源脑子进水了""不可能，做白日梦吧""是不是在微软当搬运工呢"。如当SEB项目为"毕业于同济大学的小孙，撰写的活动方案被否定""南京大学的小周，毕业三年未找到工作"，有被试写出了这样的话语："领导故意给小孙穿小鞋""领导嫉妒小周，故意否定他""人家小周不想找工作"。

本书研究发现，名校大学生和非名校大学生对非名校求职者均存在胜任力的负性刻板印象。从污名的角度来看，名校大学生对非名校求职者存在内隐胜任力公众污名，非名校大学生对其自身胜任力存在内隐自我污名。对于被污名者而言，他们必定会采取一定的策略来应对这种污名，其中最为基础的应对策略就是否定策略，即通过否定污名的准确性或否定污名与自我的相关性来维持自我的完整性①。在本书中，我们同样发现不少普通高校大学生（甚至有个别重点高校大学生）使用否定策略来应对工作能力污名。如当SEB项目为"非名校求职者工作能力强的行为"时，有被试写出了类似这样的话语："非名校的学生也有学霸，名校学生也有人渣""学校名气与学生能力并不能画等号""学校是否有名与我无关，最重要的是能力、能力"。这反映出非名校大学生对于名校—非名校求职者较为矛盾的态度：一方面对其自身工作能力存在自我污名，但同时又否定这种污名。这可能是由于非名校大学生一方面受当前就业现状，尤其是就业市场中客观存在的"学历歧视"的影

---

① 管健、柴民权：《外来务工女性刻板印象威胁的应对策略与认同管理》，《心理科学》2013年第4期。

响，从而认可了这种污名。如不少被试在回答中直接写到了有关求职者学校方面的原因："读的是好学校，找工作时更容易被人器重""学校不知名""很多单位都想找名校的学生"。另一方面，他们也深知工作胜任力与所读大学并无直接因果关系，所以才会否定这种污名。

第三章

胜任力自我污名对求职行为的影响及其作用机制

求职是一个人职业生涯的开始,积极有效的求职行为能提高成功就业的可能性。心理学对就业领域的研究,求职行为是热点之一[①]。加之当前我国劳动力市场的严峻形势,尤其是近几年高校毕业生日益增多,毕业生人数再创历史新高,就业形势更加严峻。研究大学毕业生的求职行为,帮助大学生成功就业,不仅关乎着大学生的成长和成才,还关乎着社会稳定。从心理学角度研究大学毕业生求职过程中的心理因素,提高大学生求职成功率,有助于解决当前大学生就业难的问题,可以为大学毕业生、政府劳动就业机构、职业规划师提供一定的参考依据。

研究表明,非名校学生存在胜任力自我污名。胜任力自我污名是非名校大学生对其自身能力的一种污名态度,即他们会认为他们的能力就是差。在现实生活中,胜任力自我污名会导致非名校大学生在求职时没有信心、畏畏缩缩,严重影响其求职行为。本书将以非名校大学生为被试,探讨胜任力自我污名对求职行为的影响及其作用机制。

---

① 盛子桐、施俊琦:《求职自我效能对求职行动的影响:情绪调节能力的调节作用》,《北京大学学报》(自然科学版)2012年第3期。

• 胜任力污名及其干预 •

第一节　胜任力自我污名的结构探索与问卷编制

研究发现，非名校大学生存在胜任力自我污名。已有研究表明，自我污名应该是一个多维结构。如齐玲认为，残疾自我污名包含贬低—歧视、疏远、社交回避、污名抵制四个维度[①]。Corrigan 等认为，心理疾病患者自我污名的心理构成特质包括刻板觉知、刻板赞同、自我认同、自尊降低等[②]。据此，胜任力自我污名应该也是一个多维结构，但其究竟包含哪些具体的结构维度，目前还不得而知。同时，国内还没有针对胜任力自我污名的有效测量工具。

本书想要继续深入探讨非名校大学生胜任力自我污名对求职行为的影响及其作用机制，但目前还缺少针对非名校学生胜任力自我污名的有效测量工具。因此，有必要首先编制有效的胜任力自我污名量表。

一　胜任力自我污名结构的理论构建

自我污名是个体将社会公众对他的污名态度内化所产生的自己对自己的负性态度。针对不同的内容，自我污名量表有不同的维度。被广泛使用的心理疾病内化污名量表（Internalized Stigma of Mental Illness，ISMI）包含了疏远、刻板印象认同、受歧视体验、社会退缩和污名抵制这几个维度[③]。超重自我污名量表（The Weight Self-Stigma Questionnaire，WSSQ）包含自我贬低和恐惧两个维度[④]。吴钟芳对超重自我污

---

① 齐玲：《听力障碍中学生残疾自我污名量表修订及流行病学调查研究》，博士学位论文，华中科技大学，2014 年。
② P. W. Corrigan and A. C. Watson, "The Paradox of Self-stigma and Mental Illness", *Clinical Psychology: Science and Practice*, 2002, Vol. 9, No. 1, pp. 35-53.
③ J. B. Ritsher, P. G. Otilingam, M. Grajales, "Internalized Stigma of Mental Illness: Psychometric Properties of a New Measure", *Psychiatry Research*, 2003, Vol. 121, No. 1, pp. 31-49.
④ J. Lillis, J. B. Luoma, M. E. Levin, S. C. Hayes, "Measuring Weight Self-stigma: The Weight Self-Stigma Questionnaire", *Obesity*, 2010, Vol. 18, No. 5, pp. 971-976.

名量表进行修订后，提取了恐惧、自卑、内疚三个维度①。专业心理求助内化污名分为认知、情感和行为三个维度。罗蕊编制的剩女自我污名的问卷，提取了刻板印象认同、抑郁情感、污名顺应、污名抵制②。

自我污名包括指向自我的刻板印象、偏见和歧视三个部分③。当个体长期遭遇关于他自己的公众污名后，就会逐渐接受并赞同关于他自己及所属群体的消极刻板印象，如危险的、无能的、虚弱的、恐怖的；其次，这种对他自己的偏见会导致其产生消极的情绪反应，如低自我效能、低自尊、抑郁、焦虑等。最后，这种自我偏见会产生自我歧视行为，如看不起自己、自轻自贱等。认知行为理论认为，个体适应不良的情绪和行为，均源于不良的认知④。根据这一理论可以预测，非名校大学生由于认同并内化了关于他们的负性刻板印象，认为他们自己能力真的很差，很难找到好的工作（自我污名认知）；在这样的认知之下，进而产生自卑、遗憾、低人一等等负性情绪体验（自我污名情感）；随之而来的是在求职时不主动、不积极，预期他们会被拒绝（自我污名行为）。

二 胜任力自我污名初始问卷的编制

根据污名所包括的认知（主要表现为刻板印象）、情感（主要表现为偏见）、行为（主要表现为歧视）三方面的内容⑤，参考借鉴 Link 等

---

① 吴钟芳：《初中女生超重自我污名、应对方式与学校适应的研究》，硕士学位论文，杭州师范大学，2012年。
② 罗蕊：《剩女自我污名量表的编制及其相关影响因素的中介模型研究》，硕士学位论文，西南大学，2018年。
③ P. W. Corrigan, "How Stigma Interferes with Mental Health Care", *American Psychologist*, 2004, Vol. 59, No. 7, pp. 614-625.
④ A. T. Beck, "Cognitive Therapy, Behavior Therapy, Psychoanalysis, and Pharmacotherapy: A Cognitive Continuum", in J. B. W. Williams and R. L. Spitzer, eds., *Psychotherapy Research: Where are We Going and Where should We Go?* New York: Guilford Press, 1985, pp. 35-74.
⑤ P. W. Corrigan, "How Stigma Interferes with Mental Health Care", *American Psychologist*, 2004, Vol. 59, No. 7, pp. 614-625.

编制的贬低—歧视量表（Devaluation-Discrimination Scale，DDS）[①]、Ritsher 等编制的心理疾病内化污名量表[②]、Corrigan 等编制的精神疾病自我污名量表（Self-Stigma of Mental Illness Scale，SSMI）[③]、Lillis 等编制的超重自我污名量表（The Weight Self-Stigma Questionnaire，WSSQ）[④] 等较为成熟的自我污名量表的维度和结构，初步形成胜任力自我污名的三个维度，即刻板印象认同、自我污名体验、预见污名。

随后，邀请某省属高校大三的 50 名学生（男生 25 人，女生 25 人）进行开放式调查。开放式调查的问题有：作为非名校学生，你的感受如何？你如何看待你自己非名校学生的身份？面临即将到来的毕业求职，你预计你自己非名校学生身份会给你带来什么影响？根据学生对开放式问题的回答，并结合对胜任力的具体分析，在胜任力自我污名每个维度下初步编制 8 个项目，共计 24 个项目。例如，"重点高校的学生比非重点高校的学生综合素质强"（刻板印象认同）；"找工作时，在重点高校学生面前，我感觉很自卑"（自我污名体验）；"我可以预见，用人单位不太喜欢我们非重点高校的学生"（预见污名），等等。

最后，请两名心理学专业的（副）教授、三名博士研究生对测量项目进行再次评判，并指出语法表述、语义分歧以及其他方面的问题，然后加以修改和完善。至此，本书形成胜任力自我污名初始问卷，共三个维度，24 个项目。每个项目采用李克特 5 级计分，1—5 对应"非常不符合"到"非常符合"。详细的胜任力自我污名初始问卷见附录 4。

[①] B. Link, D. M. Castille, J. Stuber, "Stigma and Coercion in the Context of Outpatient Treatment for People with Mental Illnesses", *Social Science and Medicine*, 2008, Vol. 67, No. 3, pp. 409–419.

[②] J. B. Ritsher, P. G. Otilingam, M. Grajales, "Internalized Stigma of Mental Illness: Psychometric Properties of a New Measure", *Psychiatry Research*, 2003, Vol. 121, No. 1, pp. 31–49.

[③] P. W. Corrigan, A. C. Watson, L. Barr, "The Self-stigma of Mental Illness: Implications for Self-esteem and Self-efficacy", *Journal of Social and Clinical Psychology*, 2006, Vol. 25, No. 8, pp. 875–884.

[④] J. Lillis, J. B. Luoma, M. E. Levin, S. C. Hayes, "Measuring Weight Self-stigma: The Weight Self-Stigma Questionnaire", *Obesity*, 2010, Vol. 18, No. 5, pp. 971–976.

三 胜任力自我污名初始问卷的初步分析

（一）被试

利用上全校性选修课的机会，采用整群随机抽样的方式，从某省属高校抽取大学本科生 357 人作为研究被试。回收有效问卷 335 份，有效回收率为 93.83%。其中男生 175 人，女生 160 人；大一学生 82 人，大二学生 104 人，大三学生 96 人，大四学生 53 人；其平均年龄为 20.56 岁（SD=2.16）。

（二）研究工具

自编"胜任力自我污名初始问卷"。

（三）统计分析

采用 SPSS 20.0 对数据进行项目分析和初步的因素分析。

（四）结果

首先根据问卷总分进行排序，并分出高分组（总分前 27%）和低分组（总分后 27%）。然后采用独立样本 t 检验，分析高分组和低分组在每个项目上得分的差异。根据 t 检验的结果，将差异不显著的项目删除。同时，计算每个项目的鉴别力指数（每个项目与总分的相关系数），结果发现，所有项目的相关系数均在 0.36 以上，满足测量学标准。综合以上两项标准，删除自我污名体验维度 1 个项目，刻板印象认同维度两个项目，预见污名维度 1 个项目，保留 20 个项目。对剩余 20 个项目进行初步的因素分析，根据共同度和项目负荷保留 17 个项目，修改 3 个项目，形成"胜任力自我污名正式问卷"。

四 胜任力自我污名正式问卷的检验

（一）被试

采用整群随机抽样的方式，从三所省属高校抽取大学本科生 1207

人作为研究被试。回收有效问卷1054份，有效回收率为87.32%。其中男生651人，女生403人；大一学生253人，大二学生341人，大三学生321人，大四学生139人；其平均年龄为20.23岁（SD=2.41）。

（二）研究工具

自编"胜任力自我污名正式问卷"。

（三）统计分析

采用SPSS 20.0和AMOS 17.0对数据进行探索性因素分析和验证性因素分析。

（四）结果

根据研究需要，将获得的1054份测验数据按照奇偶数平均分成两份，一份用于探索性因素分析，另一份用于验证性因素分析。

1. 探索性因素分析

首先分析样本适合性（KMO）和巴特利特球形检验χ^2值。结果发现，KMO值为0.924，巴特利特球形检验χ^2值为2654.12，$p=0.000<0.001$，这表明问卷项目存在共同因子，适合进行探索性因素分析。

根据胜任力自我污名的理论构建，进行主成分因素分析（特征根大于1，正交旋转），并在参考碎石图（见图3-1）的基础上抽取了三个因子，解释了总体方差的58.32%。在删除因子负荷小于0.4的项目以及具有多重负荷的五个项目后，最终保留15个项目。经过这样的处理，三因子结构更加清晰，KMO值提高为0.948，总体方差解释率提高为61.46%，且每个项目的因子负载都在0.60以上。具体结果如表3-1所示。

由表3-1可见，项目负荷介于0.62—0.81，共同度介于0.52—0.72。第一个因子共有六个项目，来自初始问卷中"预见污名"维度，因此将其命名为"预见污名"。第二个因子共有五个项目，来自初始问卷中"刻板印象认同"维度，因此将其命名为"刻板印象认同"。第三个因子共有四个项目，来自初始问卷中"自我污名体验"维度，因此将其命名为"自我污名体验"。

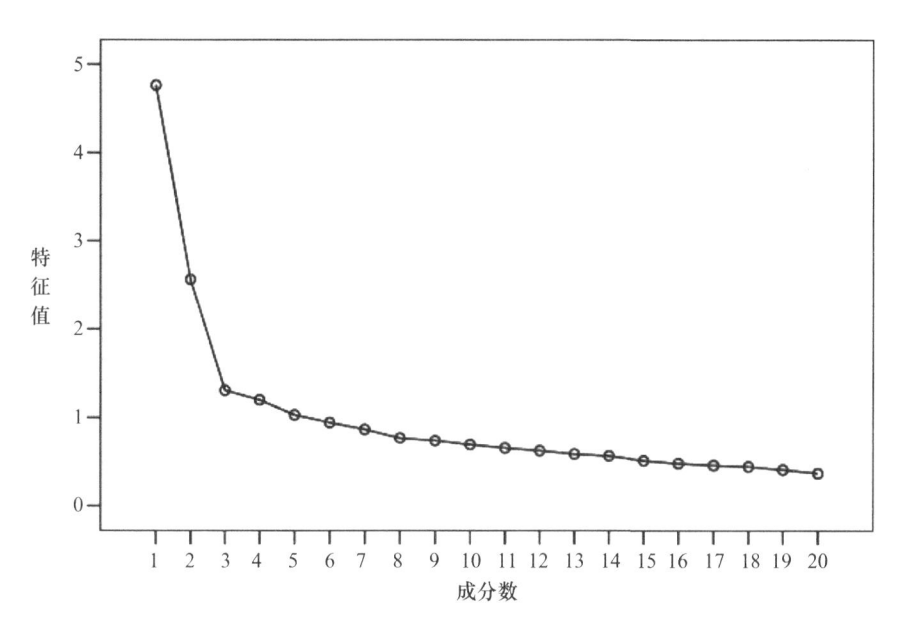

第三章　胜任力自我污名对求职行为的影响及其作用机制

图3-1　胜任力自我污名结构探索的碎石图

表3-1　　　　　　　　主成分正交旋转因子负荷矩阵

	因子一	因子二	因子三	共同度
1. 无论我怎么努力，用人单位也会因为我是非重点高校的学生而拒绝我。	0.785			0.702
3. 即使我很优秀，求职时也会因为是非重点高校的学生而吃闭门羹。	0.778			0.698
24. 我可以预见，用人单位不太喜欢我们非重点高校的学生。	0.761			0.725
12. 我是非重点大学的学生，我担心这会影响我找工作。	0.689			0.687
13. 我担心用人单位会因为我是非重点高校的学生而歧视我。	0.678			0.645
14. 我想招聘人员一定会因为我是非重点高校的学生而瞧不起我。	0.665			0.614

续表

	因子一	因子二	因子三	共同度
20. 非重点高校学生的能力不如重点高校的学生。		0.806		0.694
6. 非重点高校的学生以后难以胜任工作。		0.784		0.684
16. 重点高校的学生比非重点高校的学生综合素质强。		0.741		0.645
9. 读重点高校还是非重点高校并不重要，重要的是能力。		0.634		0.564
15. 非重点高校的学生各方面能力都很差。		0.624		0.523
2. 找工作时，在重点高校学生面前，我感觉很自卑。			0.804	0.678
4. 虽然我是非重点高校的学生，但我并不差。			0.792	0.648
18. 对于自己是非重点高校的学生，我一直觉得遗憾。			0.676	0.612
23. 求职时，我会因为自己是非重点高校的学生而感觉低人一等。			0.647	0.554
特征值	4.892	2.674	1.476	
方差贡献率（%）	40.36	10.89	10.21	61.46

2. 验证性因素分析

使用 AMOS 17.0 进行验证性因素分析。通过分析潜变量（预见污名、刻板印象认同、自我污名体验）与观测变量（15 个测验项目）之间的因子负荷，检验模型的拟合度。具体结果如图 3-2 所示。结果表明，各测验项目的因子负荷均高于 0.60，满足测量学要求。各项拟合指标也达到优秀拟合指标要求（$\chi^2 = 1607.35$，$\chi^2/df = 3.05$，CFI = 0.97，TLI = 0.96，RMSEA = 0.053，SRMR = 0.032）。因此，胜任力自我污名三因子结构模型得到验证。

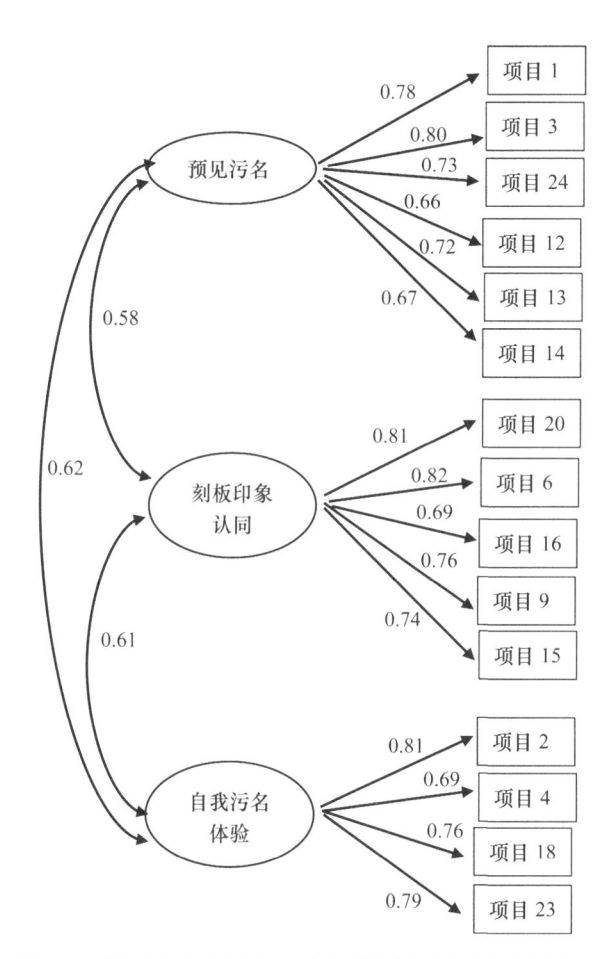

第三章 胜任力自我污名对求职行为的影响及其作用机制

图 3-2 胜任力自我污名三因素结构验证性因素分析模型

3. 信度分析

先采用内部一致性系数 a 系数来考察自编"胜任力自我污名正式问卷"的同质性信度。结果表明,预见污名、刻板印象认同、自我污名体验三个因子的 a 系数分别为 0.86、0.88、0.91,总问卷的内部一致性 a 系数为 0.92。因此,该问卷具有良好的同质性信度。

再进一步考察问卷的重测信度。对正式测验中某一所省属高校的 354 名学生间隔四周后进行重测,回收有效问卷 336 份。结果表明,预见污名、刻板印象认同、自我污名体验三个因子及问卷总分在两次测验中的相关系数分别为 0.69、0.71、0.68、0.74。因此，该问卷具有良好的重测信度。

4. 效度分析

主要考察结构效度。除了进行验证性因素分析外，本书还采用因素相关分析法检验结构效度。结果表明，预见污名、刻板印象认同、自我污名体验三个因子间两两的相关系数分别为 0.61、0.56、0.63，三个因子与总分之间的相关系数分别为 0.58、0.61、0.64。因此，该问卷具有较好的结构效度。

（五）讨论

本书在参考借鉴 Link 等[1]、Ritsher 等[2]、Corrigan 等[3]编制的较为成熟的自我污名量表的维度和结构基础上，结合胜任力的相关理论以及大学生就业的实际情况，参考借鉴已有的问卷项目，通过对高校老师、招聘人员等进行访谈以及开放式调查等途径，编制了胜任力自我污名初始问卷。通过项目分析、探索性因素分析、验证性因素分析，得出胜任力自我污名由预见污名、刻板印象认同、自我污名体验三个因子构成，可以通过 15 个项目进行测量。这一结果与 Ritsher 等编制的心理疾病内化污名量表[4]，Corrigan 等编制的精神疾病自我污名量表[5]，罗蕊编制的剩

---

[1] B. Link, D. M. Castille, J. Stuber, "Stigma and Coercion in the Context of Outpatient Treatment for People with Mental Illnesses", *Social Science and Medicine*, 2008, Vol. 67, No. 3, pp. 409-419.

[2] J. B. Ritsher, P. G. Otilingam, M. Grajales, "Internalized Stigma of Mental Illness: Psychometric Properties of a New Measure", *Psychiatry Research*, 2003, Vol. 121, No. 1, pp. 31-49.

[3] P. W. Corrigan, A. C. Watson, L. Barr, "The Self-stigma of Mental Illness: Implications for Self-esteem and Self-efficacy", *Journal of Social and Clinical Psychology*, 2006, Vol. 25, No. 8, pp. 875-884.

[4] J. B. Ritsher, P. G. Otilingam, M. Grajales, "Internalized Stigma of Mental Illness: Psychometric Properties of a New Measure", *Psychiatry Research*, 2003, Vol. 121, No. 1, pp. 31-49.

[5] P. W. Corrigan, A. C. Watson, L. Barr, "The Self-stigma of Mental Illness: Implications for Self-esteem and Self-efficacy", *Journal of Social and Clinical Psychology*, 2006, Vol. 25, No. 8, pp. 875-884.

女自我污名问卷[1]等有类似的维度。此外，通过信度和效度分析，研究进一步发现自编的胜任力自我污名正式问卷具有良好的信效度，能够作为测评大学生胜任力自我污名的有效工具。

第二节 胜任力污名应对方式的结构探索与问卷编制

当个体面对挫折和压力时，总会采用一定的认知或行为方式来应对，这就是应对方式。胜任力自我污名是个体对他自己的一种污名化态度，是一种压力性事件。当个体感受到来自他自己的负性态度时，自然会采取一定的方式来应对。胜任力自我污名应对方式究竟包含哪些具体的结构维度，目前还不得而知。同时，国内还没有针对胜任力污名应对方式的有效测量工具。因此，有必要编制有效的胜任力污名应对方式量表。

一 胜任力污名应对方式结构的理论构建

个体在面对压力情境时，常常采用各种方式进行应对。Folkman 和 Lazarus 编制的应对方式问卷（Ways of Coping Questionnaire，WCQ）包含问题应对（problem-focused coping）和情绪应对（emotion-focused coping）两种方式[2]。问题应对方式是指针对问题本身而采取的应对方式，如问题解决、求职等；情绪应对针对的不是问题本身，而是针对问题所引起的情绪，如忍耐、幻想、否认、逃避等，这种应对方式并没有真正解决实际存在的问题[3]。国内使用较多的应对方式问卷是肖计划和

---

[1] 罗蕊:《剩女自我污名量表的编制及其相关影响因素的中介模型研究》，硕士学位论文，西南大学，2018 年。

[2] S. Folkman and R. S. Lazarus, "An Analysis of Coping in a Middle-aged Community Sample", *Journal of Health and Social Behavior*, 1980, Vol. 21, No. 3, pp. 219-239.

[3] X. Zhang, H. Wang, Y. Xia, X. Liu, E. Jung, "Stress, Coping and Suicide Ideation in Chinese College Students", *Journal of Adolescence*, 2012, Vol. 35, No. 3, pp. 683-690.

许秀峰编制的"应对方式问卷"（Copying Style Questionnaire，CSQ），该问卷包含六种应对方式：解决问题、自责、求助、幻想、退避、合理化①。姜乾金等编制的"特质应对方式问卷"（Trait Coping Style Questionnaire，TCSQ）和解亚宁编制的"简易应对方式问卷"（Simplified Coping Style Questionnaire，SCSQ）都将应对方式分为积极应对方式和消极应对方式②。方菁等对"简易应对方式问卷"进行了信效度检验，重新修订提取了三种应对方式：自我调节、幻想与逃避、求助与问题解决③。

二 胜任力污名应对方式初始问卷的编制

参考借鉴较为成熟的应对方式问卷的维度和结构④，初步形成胜任力污名应对方式的六个维度，即解决问题、求助、自责、抱怨、幻想、退避。随后，邀请某省属高校大四的 30 名学生（男生 15 人，女生 15 人）进行开放式调查。开放式调查的问题有：面对自己非名校的学生身份，你是如何应对的？当你找工作遭遇"第一学历歧视"时，你会怎么做？根据学生对开放式问题的回答，并结合大学生在面对胜任力污名时的实际做法，在解决问题和求助维度下初步编制六个项目，在其余四个维度下各编制五个项目，共计 32 个项目。例如，"努力学习，提高自己各方面的能力"（解决问题）；"与同学、朋友讨论求职的经验"（求

---

① 肖计划、许秀峰：《"应付方式问卷"效度与信度研究》，《中国心理卫生杂志》1996 年第 4 期。
② 姜乾金、祝一虹：《特质应对问卷的进一步探讨》，《中华行为医学与脑科学杂志》1999 年第 3 期；解亚宁：《简易应对方式量表信度和效度的初步研究》，《中国临床心理学杂志》2018 年第 2 期。
③ 方菁、王雅婷、肖水源等：《简易应对方式问卷在青少年中的信效度检验》，《中国临床心理学杂志》2018 年第 5 期。
④ 解亚宁：《简易应对方式量表信度和效度的初步研究》，《中国临床心理学杂志》2018 年第 2 期；肖计划、许秀峰：《"应付方式问卷"效度与信度研究》，《中国心理卫生杂志》1996 年第 4 期；S. Folkman and R. S. Lazarus, "An Analysis of Coping in a Middle-aged Community Sample", *Journal of Health and Social Behavior*, 1980, Vol. 21, No. 3, pp. 219-239.

助）；"责备自己当初没有考上好大学"（自责）；"埋怨用人单位畸形的招聘制度"（抱怨）；"幻想自己读的是一所重点高校"（幻想）；"不去找工作"（退避），等等。

最后，请两名心理学专业的（副）教授、三名博士研究生对测量项目进行再次评判，并指出语法表述、语义分歧以及其他方面的问题，然后加以修改和完善。至此，本书形成胜任力污名应对方式初始问卷，共六个维度，32个项目。每个项目采用李克特5级计分，1—5对应"非常不符合"到"非常符合"。详细的胜任力污名应对方式初始问卷见附录5。

三 胜任力污名应对方式初始问卷的初步分析

（一）被试

同"胜任力自我污名初始问卷的初步分析"中的被试。

（二）研究工具

自编"胜任力污名应对方式初始问卷"。

（三）统计分析

采用 SPSS 20.0 对数据进行项目分析和初步的因素分析。

（四）结果

首先根据问卷总分进行排序，并分出高分组（总分前27%）和低分组（总分后27%）。然后采用独立样本 t 检验，分析高分组和低分组在每个项目上得分的差异。根据 t 检验的结果，将差异不显著的项目删除。同时，计算每个项目的鉴别力指数（每个项目与总分的相关系数），结果发现，除了两个项目外，其余所有项目的相关系数均在0.37以上，满足测量学标准。综合以上两项标准，删除解决问题维度1个项目，求助维度1个项目，自责维度1个项目，抱怨维度两个项目，幻想维度1个项目，保留26个项目。对剩余26个项目进行初步的因素分析,根据共同度和项目负荷保留 22 个项目,修改 4 个项目,形成"胜任力污名应对方式正式问卷"。

四 "胜任力污名应对方式正式问卷"的检验

(一) 被试

同"胜任力自我污名正式问卷的检验"中的被试。

(二) 研究工具

自编"胜任力污名应对方式正式问卷"。

(三) 统计分析

采用 SPSS 20.0 和 AMOS 17.0 对数据进行探索性因素分析和验证性因素分析。

(四) 结果

根据研究需要,将获得的 1054 份测验数据按照奇偶数平均分成两份,一份用于探索性因素分析,另一份用于验证性因素分析。

1. 探索性因素分析

首先分析样本适合性(KMO)和巴特利特球形检验 x^2 值。结果发现,KMO 值为 0.886,巴特利特球形检验 x^2 值为 5797.406,$p=0.000<0.001$,这表明问卷项目存在共同因子,适合进行探索性因素分析。

根据胜任力污名应对方式的理论构建,进行主成分因素分析(特征根大于 1,正交旋转),并在参考碎石图(见图 3-3)的基础上抽取了五个因子,解释了总体方差的 58.45%。在删除了因子负荷小于 0.4 的项目以及多重负荷的三个项目后,最终保留 20 个项目。经过这样的处理,五因子结构更加清晰,KMO 值提高为 0.956,总体方差解释率提高为 62.56%,且每个项目的因子负载都在 0.60 以上。具体结果如表 3-2 所示。

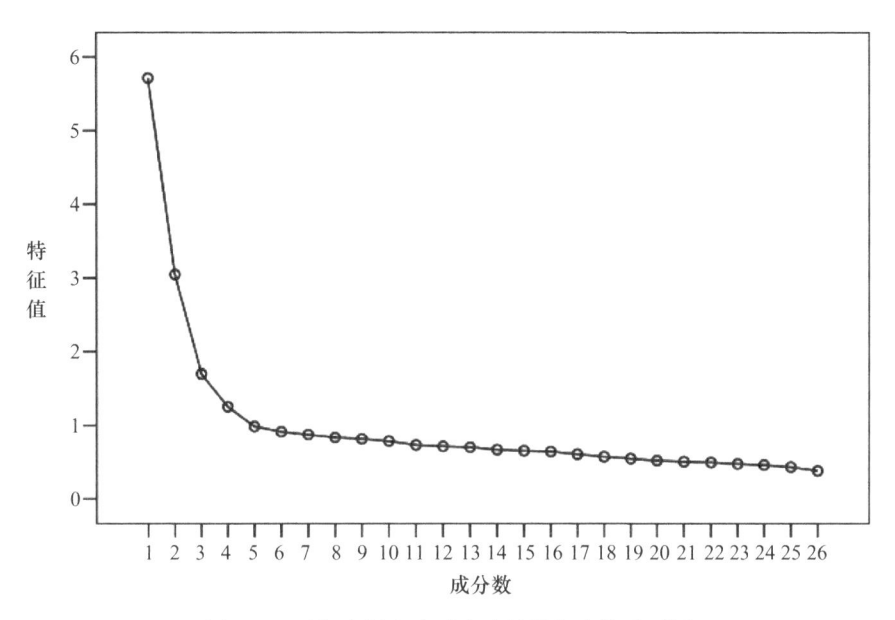

第三章 胜任力自我污名对求职行为的影响及其作用机制

图3-3 胜任力污名应对方式结构探索的碎石图

表3-2　　　　　　　　主成分正交旋转因子负荷矩阵

	因子一	因子二	因子三	因子四	因子五	共同度
1. 努力学习，提高自己各方面的能力。	0.783					0.762
22. 认真准备简历，提升面试技巧。	0.752					0.718
16. 想尽一切办法向用人单位展示自己的能力。	0.731					0.694
17. 积极与用人单位联系，为自己争取机会。	0.645					0.651
11. 向老师、师兄师姐等讨教求职经验。		0.794				0.724
5. 与同学、朋友讨论求职的经验教训。		0.781				0.716

续表

	因子一	因子二	因子三	因子四	因子五	共同度
25. 找朋友聊天，倾诉自己的遭遇。		0.764				0.698
12. 不愿意让别人知道自己在求职中的遭遇。		0.647				0.674
8. 抱怨自己运气不佳。			0.775			0.736
27. 埋怨用人单位畸形的招聘制度。			0.761			0.725
13. 责备/后悔自己当初没有考上重点大学。			0.694			0.684
20. 抱怨自己能力不强。			0.693			0.651
7. 让家里托关系，帮助自己找个好工作。				0.735		0.674
18. 不去找工作。				0.719		0.663
19. 用睡觉、打游戏、喝酒、抽烟等方式消除找工作的烦恼。				0.706		0.654
31. 什么也不做，自暴自弃、听之任之。				0.694		0.598
4. 常常不相信自己会遭遇就业歧视这一事实。					0.734	0.728
6. 祈祷神灵保佑自己找到一份好工作。					0.696	0.726
14. 常常幻想自己已经找到了一份满意的工作。					0.679	0.712
15. 幻想自己读的是一所重点高校。					0.628	0.567
特征值	5.718	3.029	1.8034	1.235	1.168	
方差贡献率（%）	30.47	13.27	10.61	8.58	5.63	68.56

由表 3-2 可知，项目负荷介于 0.62—0.78，共同度介于 0.56—0.76。第一个因子共有四个项目，来自初始问卷中"解决问题"维度，因此将其命名为"解决问题"。第二个因子共有四个项目，来自初始问卷中"求助"维度，因此将其命名为"求助"。第三个因子共有四个项目，来自初始问卷中"自责"和"抱怨"维度，因此将其命名为"自责抱怨"。第四个因子共有四个项目，来自初始问卷中"退避"维度，因此将其命名为"退避"。第五个因子共有四个项目，来自初始问卷中"幻想"维度，因此将其命名为"幻想"。

2. 验证性因素分析

使用 AMOS 17.0 进行验证性因素分析。通过分析潜变量（解决问题、求助、自责抱怨、退避、幻想）与观测变量（20 个测验项目）之间的因子负荷，并检验模型的拟合度。结果表明，各测验项目的因子负荷均高于 0.60，满足测量学要求。具体结果如图 3-4 所示。各项拟合指标也达到优秀拟合指标要求（$\chi^2 = 2548.61$，$\chi^2/df = 4.56$，$CFI = 0.98$，$TLI = 0.95$，$RMSEA = 0.051$，$SRMR = 0.036$）。因此，胜任力污名应对方式五因子结构模型得到验证。

3. 信度分析

首先采用内部一致性系数 a 系数来考察自编"胜任力污名应对方式正式问卷"的同质性信度。结果表明，解决问题、求助、自责抱怨、退避、幻想五个因子的 a 系数分别为 0.89、0.87、0.84、0.91、0.87，总问卷的内部一致性 a 系数为 0.91。因此，该问卷具有良好的同质性信度。

其次，进一步考察问卷的重测信度。对正式测验中西南科技大学的 354 名学生间隔四周后进行重测，回收有效问卷 336 份。结果表明，解决问题、求助、自责抱怨、退避、幻想五个因子及问卷总分在两次测验中的相关系数分别为 0.72、0.73、0.67、0.68、0.69、0.71。因此，该问卷具有良好的重测信度。

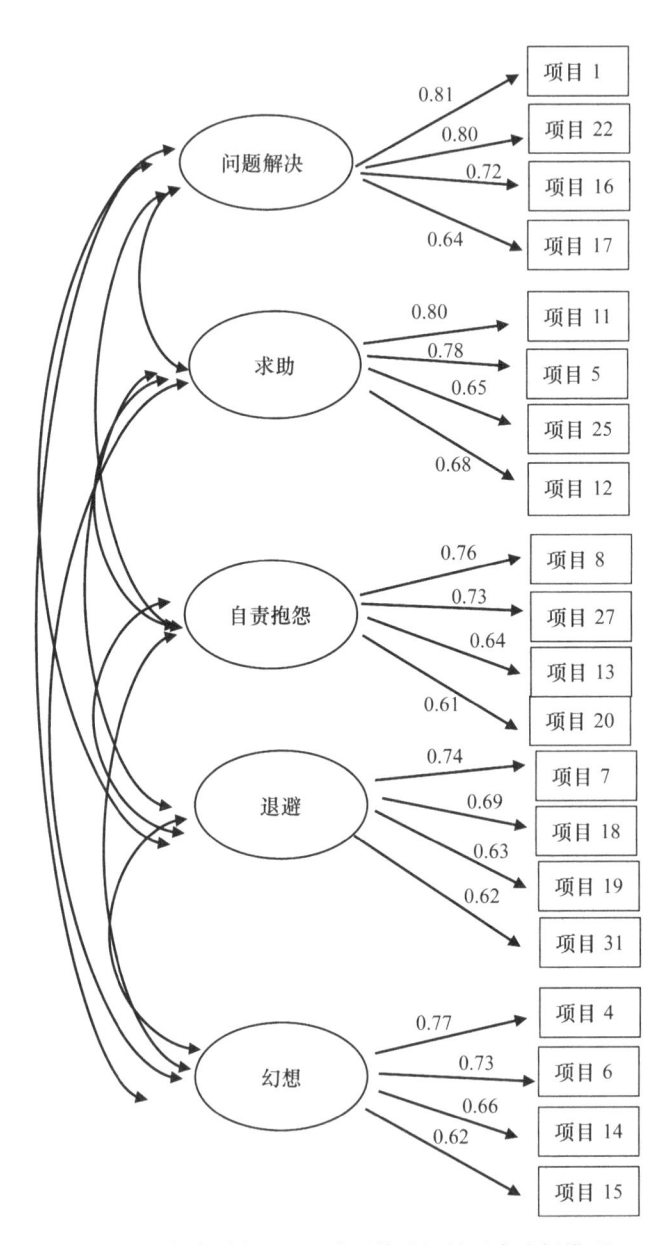

图 3-4 胜任力污名应对方式五因素结构验证性因素分析模型

4. 效度分析

主要考察结构效度。除了进行验证性因素分析外，本书还采用因素相关分析法检验结构效度。结果表明，解决问题、求助、自责抱怨、退避、幻想五个因子间两两的相关系数分别为 0.64、0.62、0.61、0.59、0.56、0.63、0.63、0.64、0.57，五个因子与总分之间的相关系数分别为 0.64、0.58、0.62、0.61、0.64。因此，该问卷具有较好的结构效度。

五 讨论

本书在参考借鉴 Folkman 等、解亚宁、肖计划等编制的较为成熟的应对方式量表的维度和结构基础上[1]，结合大学生就业的实际情况，参考借鉴已有的问卷项目，通过对高校教师、大学生等进行访谈以及开放式调查等途径，编制了"胜任力污名应对方式初始问卷"。通过项目分析、探索性因素分析、验证性因素分析，得出胜任力污名应对方式由解决问题、求助、自责抱怨、退避、幻想五个因子构成，可以通过 20 个项目进行测量。这一结果与 Folkman 等编制的应对方式问卷、肖计划等编制的应对方式问卷有类似的维度[2]。此外，通过信度和效度分析，本书进一步发现自编的"胜任力污名应对方式正式问卷"具有良好的信效度，能够作为测评大学生胜任力污名应对方式的有效工具。

第三节 求职自我效能感的中介作用

在"胜任力自我污名问卷"编制完成后，进行胜任力自我污名对

---

[1] S. Folkman and R. S. Lazarus, "An Analysis of Coping in a Middle-aged Community Sample", *Journal of Health and Social Behavior*, 1980, Vol. 21, No. 3, pp. 219-239；解亚宁：《简易应对方式量表信度和效度的初步研究》，《中国临床心理学杂志》2018 年第 2 期；肖计划、许秀峰：《"应付方式问卷"效度与信度研究》，《中国心理卫生杂志》1996 年第 4 期。

[2] S. Folkman and R. S. Lazarus, "An Analysis of Coping in a Middle-aged Community Sample", *Journal of Health and Social Behavior*, 1980, Vol. 21, No. 3, pp. 219-239；肖计划、许秀峰：《"应付方式问卷"效度与信度研究》，《中国心理卫生杂志》1996 年第 4 期。

求职行为影响的实证研究。本书将首先引入求职自我效能感这一变量，探讨在胜任力自我污名对求职行为的影响中，求职自我效能感的中介作用。

一 引言

(一) 求职行为

研究者对求职行为有不同的定义。有研究者将求职行为定义为信息搜寻过程，如 Bretz 等认为，求职行为是"花时间和精力获取有关劳动力市场信息的特定行为，无须考虑动机因素及求职结果"[1]；还有研究者将求职行为定义为以解决问题为导向的问题应对策略，如 Latack 等人认为，失业者再次求职是以解决问题为导向的，如参加培训、重新定位职业等[2]。目前被众多研究者采用的求职定义是 Kanfer 等人提出的，他们认为求职行为是一个动态的、循环的自我调适过程，是一种有目的的且受主观意愿驱动的行为模式，它开始于就业目标的识别，进而为实现就业目标付出努力[3]。该定义强调求职行为是一种指向目标的活动，将求职行为看作走向成功就业的行为过程，目的是缩小目前状态与就业目标之间的差距[4]。相比较将求职行为定义为信息搜集过程和问题应对策略，这一定义内涵更加广泛，因此被众多研究者所采用。

关于求职行为的模型或阶段，研究者也有不同的观点。求职序列模型（Sequential Model）认为，求职行为会随着时间序列而产生系统

---

[1] R. D. Bretz, J. W. Boudreau, T. A. Judge, "Job Search Behavior of Employed Managers", *Personnel Psychology*, 1994, Vol. 47, No. 2, pp. 27–35.

[2] J. C. Latack, A. J. Kinicki, G. E. Prussia, "An Integrative Process Model of Coping with Job Loss", *The Academy of Management Review*, 1995, Vol. 20, No. 2, pp. 311–342.

[3] R. Kanfer, C. R. Wanberg, T. M. Kantrowitz, "Job Search and Employment: A Personality-motivational Analysis and Meta-analytic Review", *Journal of Applied Psychology*, 2001, Vol. 86, No. 5, pp. 837–855.

[4] 刘泽文、宋照礼、刘华山：《求职行为的心理学研究》，《心理科学进展》2006 年第 4 期。

第三章 胜任力自我污名对求职行为的影响及其作用机制

的变化①。求职行为分为三个阶段：第一阶段为求职准备/计划阶段，对应准备求职行为，如收集招聘信息、准备求职简历等；第二阶段为积极寻求阶段，对应积极求职行为，如投递求职简历、联系用人单位、参加面试等；第三阶段为强度寻找阶段，对应求职强度。Blau 将求职行为分为两个阶段：预备期求职和行动期求职②。在预备期求职阶段，求职者主要通过各种渠道（报纸、网络、亲友、同学等）搜集各种就业信息；在行动期求职阶段，求职者会采取实际的求职行为，如投递简历、参加面试等。

求职行为是预测就业的重要因素③。研究发现，求职行为可以正向预测大学毕业生毕业 4 个月后的就业状态④，能够正向预测就业满意度⑤。消极的求职行为（如求职之前没有制订好求职计划、漫无目的地求职等）会降低就业质量⑥。谢义忠等研究发现，大学毕业生的求职行为与秋季聘旺季后的就业状态、毕业前夕的就业状态和起点薪酬预期存在显著（或边缘显著）正向关系⑦。

众多因素会对求职行为产生影响。研究发现，影响求职行为的因素大体可以分为两个大的方面：个人特征和外部劳动力市场特征。由于外

---

① A. E. Barber, C. L. Daly, C. M. Giannantonio, J. M. Phillips, "Job Search Activities: An Examination of Changes Over Time", *Personnel Psychology*, 1994, Vol. 47, No. 4, pp. 739-765.
② G. Blau, "Testing a Two-dimensional Measure of Job Search Behavior", *Organizational Behavior and Human Decision Processes*, 1994, Vol. 59, No. 2, pp. 288-312.
③ 冯彩玲、时勘、张丽华：《高校毕业生求职行为的影响机制研究》，《心理科学》2011 年第 1 期。
④ A. M. Saks and B. E. Ashforth, "Effects of Individual Differences and Job Search Behaviors on the Employment Status of Recent University Graduates", *Journal of Vocational Behavior*, 1999, Vol. 54, No. 2, pp. 335-349.
⑤ 时勘、宋照礼、张宏云：《下岗职工再就业心理行为及辅导模式研究》，《人类工效学》2001 年第 4 期。
⑥ J. Koen, U. C. Klehe, A. E. M. V. Vianen, J. Zikic, A. Nauta, "Job-search Strategies and Reemployment Quality: The Impact of Career Adaptability", *Journal of Vocational Behavior*, 2010, Vol. 77, No. 1, pp. 126-139.
⑦ 谢义忠、卢海陵：《就业能力、求职行为对应届大学毕业生求职结果影响的追踪研究》，《管理评论》2016 年第 1 期。

部劳动力市场特征千变万化,大部分影响求职行为的因素研究都是在排除劳动力市场因素的影响之后来考察其他因素对求职行为的影响。在影响求职行为的个体特征因素方面,Kanfer 等认为有六类因素会影响求职行为,分别为个性特征、求职期待、自尊、动机、社会支持和人口学变量①。如个性特征中的外向性和责任感对求职行为的影响最大,人口学变量中的年龄、工作年限、受教育水平等也会对求职行为产生影响。冯彩玲等研究发现,求职自我效能、求职期望、情绪控制、人格外倾和主观支持是影响求职行为的有效因素②。赵延昇等研究发现,社会支持和主动性人格均会影响求职行为③。

(二) 胜任力自我污名

自我污名是受污名个体感知到公众对于其所属群体的消极刻板印象、偏见和歧视后将其内化,从而形成指向自我的消极刻板印象、偏见和歧视④。自我污名会给受污名群体带来诸多消极影响,如降低自尊、增加抑郁、焦虑、羞耻等负性情绪⑤,并可能导致受污名个体在社会交往中采取逃避退缩、自暴自弃、拒绝求助等消极行为模式⑥。另外,根

---

① R. Kanfer, C. R. Wanberg, T. M. Kantrowitz, "Job Search and Employment: A Personality-motivational Analysis and Meta-analytic Review", *Journal of Applied Psychology*, 2001, Vol. 86, No. 5, pp. 837-855.
② 冯彩玲、时勘、张丽华:《高校毕业生求职行为的影响机制研究》,《心理科学》2011 年第 1 期。
③ 赵延昇、周汝:《大学毕业生社会支持与求职行为的关系研究——基于职业决策自我效能、主动性人格和社会资本的作用机制》,《北京航空航天大学学报》(社会科学版) 2015 年第 5 期。
④ P. W. Corrigan and A. C. Watson, "The Paradox of Self-stigma and Mental Illness", *Clinical Psychology: Science and Practice*, 2002, Vol. 9, No. 1, pp. 35-53.
⑤ R. C. Manos, L. C. Rusch, J. W. Kanter, L. M. Clifford, "Depression Self-stigma as a Mediator of the Relationship between Depression Severity and Avoidance", *Journal of Social and Clinical Psychology*, 2009, Vol. 28, No. 9, pp. 1128-1143.
⑥ P. W. Corrigan, J. E. Larson, N. Rüsch, "Self-stigma and the 'Why Try' Effect: Impact on Life Goals and Evidence-based Practices", *World Psychiatry: Official Journal of the World Psychiatric Association*, 2009, Vol. 8, No. 2, pp. 75-81; P. W. Corrigan, A. Kerr, L. Knudsen, "The Stigma of Mental Illness: Explanatory Models and Methods for Change", *Applied and Preventive Psychology*, 2005, Vol. 11, No. 3, pp. 179-190.

据认同威胁模型，污名会导致自我实现预言，从而出现其自我知觉发生与预期一致的改变①，进而证实了污名特质的存在。胜任力自我污名是非名校大学生对他们自身能力的一种污名态度。在现实生活中，非名校大学生承受着胜任力公众污名和自我污名的双重压力，这会让他们对求职失去信心，甚至在求职时出现学历造假，"注水"简历以求获得面试笔试机会②。据此，我们推测胜任力自我污名会影响求职行为。

（三）求职自我效能感

自我效能感是班杜拉在20世纪70年代提出的概念，指个体对其自己实现特定行为目标所需能力的信心或信念，其强弱决定了个体为目标付出努力的多少，并能通过改变行为的强度和努力的程度来改变绩效水平③。自我效能感并非行为本身，而是介于个体动机和行为之间的中介因素，具有动机的驱动作用；同时自我效能感又建立在个体的综合评价之上，具有认知性质。自我效能感不是一般的个性特质，而是针对特定的任务，会随着具体情境的变化而变化。因为不同的任务对具体技能与能力的要求不同，因此针对特定领域以及特定任务的自我效能对于行为最具有预测性④。

自我效能感的概念被引入了职业领域，一般认为，求职自我效能感指个体对其自身在求职过程中所需各项能力的自信程度⑤，关注个人在具体求职行为上的信心，比如寻找求职机会、投递简历等⑥。研究证实，

---

① 李强、高文珺、许丹：《心理疾病污名形成理论述评》，《心理科学进展》2008年第4期。
② 程远州：《求职，请多给我们点机会》，《人民日报》2016年1月12日第9版；乾羽：《学历歧视的背后是用人门槛的攀比》，《新华每日电讯》2015年5月11日第3版。
③ A. Bandura, "Self-efficacy: Toward a Unifying Theory of Behavioral Change", *Psychologic Review*, 1977, Vol. 84, No. 2, pp. 191-215.
④ A. Bandura, *Self-efficacy: The Exercise of Control*, New York: Freeman, 1995.
⑤ K. M. Taylor, N. E. Betz, "Applications of Self-efficacy Theory to the Understanding and Treatment of Career Indecision", *Journal of Vocational Behavior*, 1983, Vol. 22, No. 1, pp. 63-81.
⑥ 张淑华、郑久华、时勘：《失业人员求职行为的影响因素及作用机制——基于沈阳市的一项研究》，《心理学报》2008年第5期。

自我效能感能显著影响人们在职业领域的行为，如职业选择、职业表现和对职业的坚持性①。

自我效能感会影响个体在职业领域的众多行为，是职业不确定性现象的最佳预测因素②。研究发现，自我效能感与求职行为呈正相关，高自我效能感与积极的求职行为相联系，低自我效能感与消极的求职行为相联系③。自我效能感对求职行为有直接的影响④，自我效能感是预测求职行为的重要变量⑤。求职自我效能感能显著预测面试录取单、就业状况和个人适应，低求职自我效能感能预测较少的工作录取单和较差的就业状况⑥。一项以失业人员为对象的研究发现，求职自我效能感对求职行为有显著的预测作用⑦。低求职自我效能感的个体不会积极地寻找工作，也更可能使用一些无效的求职技巧⑧。低求职自我效能感的人在求职过程中缺乏正确的认知和求职技巧；而高求职自我效能感的人更可能对他自己有正确的认知，会合理设置职业目标，降低求职过程中的焦虑，积极寻求专业人员的帮助，多渠道获取求职的各种信息，帮助其获

---

① N. E. Betz, "Contributions of Self-efficacy Theory to Career Counseling: A Personal Perspective", *Career Development Quarterly*, 2011, Vol. 52, No. 4, pp. 340-353.
② 刘泽文、刘华山、张建新:《青少年早期职业不确定性及影响因素》,《心理科学》2006年第1期。
③ R. Kanfer and C. L. Hulin, "Individual Differences in Successful Job Searches Following Layoff", *Personnel Psychology*, 1985, Vol. 38, No. 4, pp. 835-847.
④ Z. Song, C. Wanberg, X. Niu, Y. Xie, "Action-state Orientation and the Theory of Planned Behavior: A Study of Job Search in China", *Journal of Vocational Behavior*, 2006, Vol. 68, No. 3, pp. 490-503.
⑤ A. Bandura, *Self-efficacy: The Exercise of Control*, New York: Freeman, 1995; R. Kanfer, C. R. Wanberg, T. M. Kantrowitz, "Job Search and Employment: A Personality-motivational Analysis and Meta-analytic Review", *Journal of Applied Psychology*, 2001, Vol. 86, No. 5, pp. 837-855.
⑥ A. M. Saks, "Multiple Predictors and Criteria of Job Search Success", *Journal of Vocational Behavior*, 2006, Vol. 68, No. 3, pp. 400-415.
⑦ 张淑华、郑久华、时勘:《失业人员求职行为的影响因素及作用机制——基于沈阳市的一项研究》,《心理学报》2008年第5期。
⑧ D. Eden and A. Aviram, "Self-efficacy Training to Speed Reemployment: Helping People to Help Themselves", *Journal of Applied Psychology*, 1993, Vol. 78, No. 3, pp. 352-360.

得更多的工作机会。据此，我们推测求职自我效能感在胜任力自我污名与求职行为之间起着中介作用。

综合以上论述，本书的假设模型如图 3-5 所示。

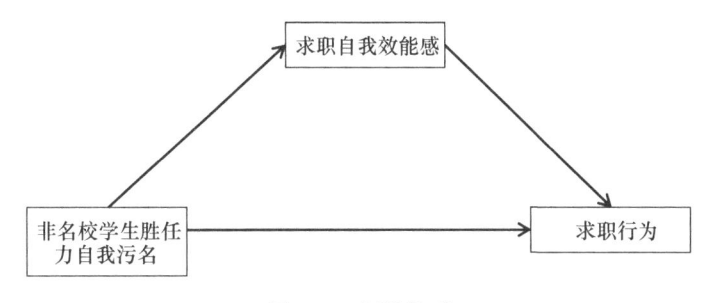

图 3-5　假设模型

二　方法

（一）被试

整群抽取六所省属高校大四学生进行问卷调查，发放问卷 1056 份，回收有效问卷 979 份，有效率为 92.7%。其中 3 份未填写性别一栏，剩余 976 份问卷中，男生 505 人，女生 471 人。理科生 241 人，占 24.6%；工科生 215 人，占 22.0%；文史类学生 276 人，占 28.2%；艺术生 146 人，占 14.9%；其他相关专业学生 101 人，占 10.3%。

（二）研究工具

1. 胜任力自我污名问卷

采用自编胜任力自我污名问卷，该问卷共 15 个项目，分为预见污名、刻板印象认同、自我污名体验三个维度，采用 Likert 5 级计分方法进行评价，1—5 对应"非常不符合"到"非常符合"，分数越高，表示胜任力自我污名的程度越深。经检验，该问卷具有良好的信度和效度。示例条目"无论我怎么努力，用人单位也会因为我是非重点高校的学生而拒绝我"。在本书中，该问卷的 Cronbach 系数为 0.83。

2. 求职自我效能感量表

采用盛子桐等人编制的求职自我效能感量表[①]，共七个项目。采用 Likert 5 点计分，1—5 对应"非常没有信心"到"非常有信心"。示例条目"你对在工作面试中留下一个好印象有多大信心"。在本书中求职自我效能感量表的 Cronbach 系数为 0.79。详细内容见附录 6。

3. 求职行为问卷

采用 Blau 编制的求职强度问卷（JSI）[②]，该问卷是应用最广泛的求职行为测量问卷。该问卷包含两个维度，即分别为预备期求职行为、行动期求职行为。该问卷共有 12 个项目，要求被试回答在过去的两周内的求职频率，采用 Likert 5 点计分方法进行评价，1—5 对应"从不"到"非常频繁"。举例条目"搜寻网络或报纸期刊上的用人信息""主动和用人单位电话联系"。在本书中，该问卷的 Cronbach 系数为 0.79。详细内容见附录 7。

（三）研究过程

2018 年 3—4 月（这期间正是大四学生求职的关键期，很多毕业生已经投递简历、开始面试），由心理学专业的学生担任主试，在各个高校对大四学生进行问卷发放，被试现场填写完成后当场回收。要求被试独自完成作答，整个测验共计耗时 20 分钟左右。

（四）数据分析

首先，采用 SPSS 对数据结果进行描述统计，考察大四学生胜任力自我污名、求职效能感以及求职行为的性别差异。其次，采用 SPSS 21.0 进行相关分析，考察三者的相关程度。最后，采用 Mplus 7.10 进行结构方程模型分析，并且进行群组模型分析，考察不同性别的模型差异。

---

① 盛子桐、施俊琦：《求职自我效能对求职行动的影响：情绪调节能力的调节作用》，《北京大学学报》（自然科学版）2012 年第 3 期。

② G. Blau, "Testing a Two-dimensional Measure of Job Search Behavior", *Organizational Behavior and Human Decision Processes*, 1994, Vol. 59, No. 2, pp. 288-312.

三 结果

(一) 各项变量的描述统计

先对各项变量的总体情况进行描述性统计,并与中间值3进行单样本 t 检验,结果如表3-3所示。从表3-3可知,自我污名体验、刻板印象认同、预见污名、行动期求职行为这几个变量均显著低于中间值3 [$t_{(978)}=-10.21$, $p=0.000<0.001$; $t_{(978)}=-13.80$, $p=0.000<0.001$; $t_{(978)}=-5.90$, $p=0.000<0.001$; $t_{(978)}=-4.15$, $p=0.000<0.001$];求职自我效能感显著高于中间值3 [$t_{(978)}=12.26$, $p=0.000<0.001$];预备期求职行为与中间值3没有显著差异 [$t_{(978)}=-1.13$, $p=0.257>0.05$]。进一步就总体的胜任力自我污名进行人数统计,结果发现,有345人(占35.24%)的总体胜任力自我污名分数高于3分,有404人(占41.27%)的求职自我效能感分数低于3分,有513人(占52.40%)的总体求职行为分数低于3分。

表3-3 胜任力自我污名、求职自我效能感及求职行为的描述性统计

维度	M	SD	t(与3比较)
自我污名体验	2.80	0.62	-10.21***
刻板印象认同	2.70	0.68	-13.80***
预见污名	2.88	0.66	-5.90***
求职自我效能感	3.27	0.68	12.26***
预备期求职行为	2.98	0.67	-1.13
行动期求职行为	2.91	0.70	-4.15***

说明:*** 表示 $p<0.001$。

表 3-4 不同性别的大学生胜任力自我污名、求职自我效能感及求职行为差异

维度	男生		女生		t
	M	SD	M	SD	
自我污名体验	2.78	0.65	2.81	0.59	0.67
刻板印象认同	2.74	0.69	2.66	0.65	1.93
预见污名	2.89	0.71	2.85	0.59	1.02
求职自我效能感	3.32	0.70	3.20	0.65	2.77**
预备期求职行为	3.04	0.69	2.90	0.64	3.14**
行动期求职行为	3.02	0.71	2.78	0.67	5.55***

说明：** 表示 $p<0.01$；*** 表示 $p<0.001$。

再对不同性别的大学生胜任力自我污名、求职自我效能感及求职行为进行差异检验，结果如表 3-4 所示。从表 3-4 可知，胜任力自我污名的三个维度均不存在性别差异（均为 $p>0.05$）；求职自我效能感存在显著的性别差异，其中男生的求职自我效能感得分显著高于女生 [$t_{(974)}=2.77$，$p=0.006<0.01$]；预备期求职行为及行动期求职行为均存在显著的性别差异，且男生的求职行为显著高于女生 [$t_{(974)}=3.14$，$p=0.002<0.01$；$t_{(974)}=5.55$，$p=0.000<0.001$]

（二）胜任力自我污名、求职自我效能感及求职行为的相关分析

大学生胜任力污名、求职自我效能感、求职行为的相关分析如表 3-5 所示。从表 3-5 可知，性别与求职自我效能感和求职行为存在相关性，男生的得分均较高。自我污名体验、刻板印象认同、预见污名均与求职自我效能感、预备期求职行为、行动期求职行为存在显著负相关性（均为 $p<0.01$），求职自我效能感与预备期求职行为、行动期求职行为均存在显著正相关性（均为 $p<0.01$）。

表3-5 胜任力自我污名、求职自我效能感及求职行为的相关系数矩阵

	1	2	3	4	5	6
1. 性别（0=男生，1=女生）	—					
2. 自我污名体验	-.02	—				
3. 刻板印象认同	.06	.57**	—			
4. 预见污名	.03	.60**	.51**	—		
5. 求职自我效能感	.09**	-.26**	-.19**	-.10**	—	
6. 预备期求职行为	.10**	-.08**	-.14**	-.20**	.31**	—
7. 行动期求职行为	.18**	-.06	-.17**	-.15**	.30**	.63**

说明：*** 表示 $p<0.01$。

（三）求职自我效能感的中介作用分析

采用 Mplus 7.10 进行结构方程模型分析，结果如图3-6所示。该模型拟合系数良好，$\chi^2_{(51)}$ = 158.91，$p<0.01$，CFI = 0.968，TLI = 0.959，RMSEA = 0.047，90%CI [0.038, 0.055]，SRMR = 0.036。该模型路径系数显示，胜任力自我污名对求职自我效能感的负向预测作用显著，$a = -0.36$，$SE = 0.06$，$p<0.001$，求职自我效能感对求职行为的正向预测作用也显著，$b = 0.49$，$SE = 0.05$，$p<0.001$。采用 bootstrapping 法进行中介效应检验（样本 N 设置为1000），结果显示，胜任力自我污名通过求职自我效能感预测求职行为的中介作用显著，$a \times b = -0.177$，95% CI [-0.237, -0.130]，其中95%的置信区间不包含0。此外，路径系数分析还显示，胜任力自我污名对求职行为的直接负向预测作用也显著，$c = -0.37$，$SE = 0.06$，$p<0.001$。

进一步进行群组分析以考察性别是否影响了该中介模型。首先固定因子载荷跨组别相等，该模型拟合系数为 $\chi^2_{(120)}$ = 258.92，$p<0.01$，CFI = 0.961，TLI = 0.957，RMSEA = 0.049，90% CI [0.041, 0.057]，

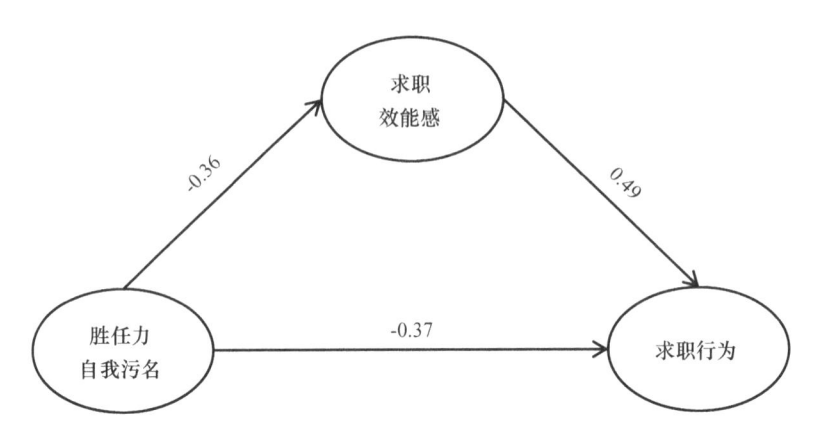

图3-6 求职自我效能感在胜任力自我污名与求职行为之间的中介模型

说明：该模型中的路径系数均显著；潜变量指标及残差均未在图形中标出。

图中路径系数：胜任力自我污名→求职效能感：-0.36；求职效能感→求职行为：0.49；胜任力自我污名→求职行为：-0.37。

SRMR = 0.043。其次限制路径系数跨组别相等之后，该模型拟合系数为 $\chi^2_{(120)}$ = 262.19，$p < 0.01$，CFI = 0.961，TLI = 0.958，RMSEA = 0.048，90%CI[0.040, 0.056]，SRMR = 0.047。最后，限制模型和非限制模型之间不存在显著差异，$\Delta\chi^2_{(3)}$ = 3.27，p = 0.352，表明该中介模型不存在性别差异。

四 讨论

本书总体的描述性统计表明，被试自我污名体验、刻板印象认同、预见污名、行动期求职行为这几个变量均显著低于中间值3，求职自我效能感显著高于中间值3，预备期求职行为与中间值3没有显著差异。从这一结果来看，似乎大四学生的胜任力自我污名程度还不是太高，求职自我效能感和求职行为还不错。但是对各变量的人数分布进行统计却发现，有35.24%的大四学生存在一定程度的胜任力自我污名，有41.27%的大四学生求职自我效能感不是太高，有超过50%的大四学生求职行为不太积极主动。这说明，对于非名校的学生来说，毕业求职时的胜任力自我污名、求职自我效能感、求职行为确实不太乐观，应该引

第三章 胜任力自我污名对求职行为的影响及其作用机制

起重视。本书的描述性统计结果还表明，胜任力自我污名的三个维度均不存在性别差异；求职自我效能感、预备期求职行为及行动期求职行为均存在显著的性别差异，男生的求职自我效能感、求职行为得分显著高于女生。这一结果与实际情况相符合。众多调查显示，在大学生就业市场中，女大学生比男大学生更可能遭遇性别歧视[①]。很多用人单位会明确规定"只招男生""男生优先"。在这样的性别歧视背景下，女大学生在就业时往往感觉困难重重，心灰意冷。因此女生的求职自我效能感比男生低，在具体的求职过程中，其求职行为也比男生要少。

本书相关分析结果表明，自我污名体验、刻板印象认同、预见污名均与求职自我效能感、预备期求职行为、行动期求职行为存在负相关性。也就是说，个体对其自身胜任力污名程度越高，其求职自我效能感越低，求职行为就越少。求职自我效能感与预备期求职行为、行动期求职行为均存在显著正相关性。也就是说，个体对其自身求职越有信心，其积极的求职行为就越多。自我污名是被污名群体成员将污名化态度指向其自己而产生的反应。被污名个体或群体往往被认为具有不受欢迎的属性、特征、品质或行为，从而遭遇偏见和歧视。这会导致被污名个体或群体自尊降低、不认同他自己的身份[②]、负性情绪蔓延[③]行动上趋于退缩和回避[④]。相关的研究结果符合以上的研究结果。一个非名校的毕业生认为他自己能力不如名校的学生，预期他自己在求职过程中肯定会

---

① 谭趁尤、刘静姿：《高校女大学生就业中性别隐性歧视探析》，《高教论坛》2019年第3期。
② M. H. Schafer and K. F. Ferraro, "The Stigma of Obesity: Does Perceived Weight Discrimination Affect Identity and Physical Health?", *Social Psychology Quarterly*, 2011, Vol. 74, No. 1, pp. 76-97.
③ M. Shih, D. T. Sanchez, G. C. Ho, "Costs and Benefits of Switching among Multiple Social Identities", *The Psychology of Social and Cultural Diversity*, 2010, No. 7, pp. 62-83; R. P. Blackstone, "Prejudice, Discrimination, and the Preferred Approach to the Patient with Obesity", *Obesity*, 2016, No. 8, pp. 22-39.
④ R. Vauth, B. Kleim, M. Wirtz, P. W. Corrigan, "Self-efficacy and Empowerment as Outcomes of Self-stigmatizing and Coping in Schizophrenia", *Psychiatry Research*, 2007, Vol. 150, No. 1, pp. 71-80.

遭遇歧视和偏见，自然对求职没有信心，会消极对待求职事件，在求职过程中也不会有太多积极的求职行为。

本书进一步探讨了胜任力自我污名对求职行为的影响作用，并揭示出求职自我效能感的中介作用。结果发现，胜任力自我污名对求职行为的直接负向预测作用显著，胜任力自我污名对求职自我效能感的负向预测作用显著，求职自我效能感对求职行为的正向预测作用显著，胜任力自我污名通过求职自我效能感预测求职行为的中介作用显著。结果支持了研究假设，即胜任力自我污名可以通过求职自我效能感的中介作用对求职行为进行预测。胜任力自我污名对求职行为所具有的显著的负向预测作用，表明胜任力自我污名对于大学毕业生求职行为具有负向影响，支持了已有的研究结果[1]。说明胜任力自我污名越严重，个体的求职行为越少、越消极。同时，胜任力自我污名可以通过求职自我效能感的中介作用预测求职行为。这一结果与实际情形相符合。胜任力自我污名影响了个体的求职自我效能感，自我污名程度越高，求职自我效能感越低，求职自我效能感进而影响求职行为。在现实生活中，那些对自身能力持污名态度的大学生，往往自轻自贱，对求职完全没有信心。随之而来的就是消极的求职行为，如不愿主动联系用人单位、不积极寻求招聘信息、不认真准备求职简历和面试等。此外，研究还发现，胜任力自我污名通过求职自我效能感的中介作用对求职行为进行预测不存在性别显著的差异，即对于男大学生和女大学生而言，这种中介作用的效果是一样的。虽然相较于男大学生而言，女大学生在求职过程中可能会遭遇性别歧视，但胜任力自我污名通过影响求职自我效能感进而影响求职行为的机制却不存在性别差异。

---

[1] R. Vauth, B. Kleim, M. Wirtz, P. W. Corrigan, "Self-efficacy and Empowerment as Outcomes of Self-stigmatizing and Coping in Schizophrenia", *Psychiatry Research*, 2007, Vol. 150, No. 1, pp. 71–80.

第四节　求职自我效能感的中介和污名应对
　　　　方式的调节作用

研究发现,胜任力自我污名可以通过求职自我效能感的中介作用对求职行为进行预测。当非名校大学生面对胜任力污名时,总会采取一定的方式来应对。本书将在前一研究的基础上,引入污名应对方式这一变量,探讨在胜任力自我污名对求职行为的影响中,求职自我效能感的中介作用以及污名应对方式的调节作用。

一　引言

对于被污名群体或个体而言,遭受污名可以理解为一种压力事件。当感受到来自公众和其自己的污名化态度时,总是会采取一定的应对策略,这就是污名应对方式,即被污名者在具体的污名情境中为减少压力的消极影响而有目的地采用的情绪、认知和行为层面的策略[1]。如肥胖女性会采用补偿策略(如认为她自己可爱)来降低污名对她自己的影响[2]。在污名应对模型中,较为成熟压力—应对模型认为,遭受污名是一个具有潜在压力的生活事件[3],并认为认知评价在其中起着较为重要的作用[4]。此外,自我调节模型认为个体所拥有的世界观会调节其所感

---

[1] 杨柳、刘力、吴海铮:《污名应对策略的研究现状与展望》,《心理科学进展》2010年第5期。

[2] C. T. Miller, E. D. Rothblum, D. Felicio, P. Brand, "Compensating for Stigma: Obese and Nonobese Women's Reactions to Being Visible", *Personality and Social Psychology Bulletin*, 1995, Vol. 21, No. 10, pp. 1093-1106.

[3] C. T. Miller and C. R. Kaiser, "A Theoretical Perspective on Coping with Stigma", *Journal of Social Issues*, 2010, Vol. 57, No. 1, pp. 73-92.

[4] C. R. Kaiser, B. Major, S. K. Mccoy, "Expectations about the Future and the Emotional Consequences of Perceiving Prejudice", *Personality and Social Psychology Bulletin*, 2004, Vol. 30, No. 2, pp. 173-184.

知到的歧视对自尊的影响[1]。

众多研究表明,应对方式在应激和反应结果间起调节作用[2]。一般而言,积极的应对方式如积极认知、寻求支持等更可能导致积极的行为模式,消极的应对方式如逃避、负向发泄等更可能导致消极的行为模式。如研究发现,严重的网络成瘾者会更多地使用退避、幻想、否认等消极应对方式[3]。污名应对方式在污名导致的压力与行为反应之间起着调节作用。如研究发现,直接对抗的应对方式可以缓冲歧视知觉对抑郁的消极影响,而被动接受、情绪转移等应对方式则会增强这种影响[4];问题解决、情绪表达等应对方式可以缓冲歧视知觉对自尊的消极影响[5];积极应对可以增强歧视知觉对孤独感、抑郁的正向预测关系[6]。据此,我们推测污名应对方式在胜任力自我污名与求职行为之间起着调节作用。

综合以上论述,本书的假设模型如图3-7所示。

二 方法

(一) 被试

同"胜任力自我污名对求职行为的影响:求职自我效能感的中介作

---

[1] B. Major, C. R. Kaiser, L. T. O'Brien, S. K. Mccoy, "Perceived Discrimination as Worldview Threat or Worldview Confirmation: Implications for Self-esteem", *Journal of Personality and Social Psychology*, 2007, Vol. 92, No. 6, pp. 1068-1086.

[2] 刘凤娥、张锦涛、周楠等:《大学生家庭功能与网络成瘾的关系:应对方式的调节作用》,《中国特殊教育》2017年第2期。

[3] 杨辰、王文秀、孙晋海:《网络成瘾青少年的社会适应性特征》,《中国特殊教育》2010年第8期。

[4] S. Noh and V. Kaspar, "Perceived Discrimination and Depression: Moderating Effects of Coping, Acculturation, and Ethnic Support", *American Journal of Public Health*, 2003, Vol. 93, No. 2, pp. 232-238.

[5] L. M. Edwards and A. J. Romero, "Coping with Discrimination among Mexican Descent Adolescents", *Hispanic Journal of Behavioral Sciences*, 2008, Vol. 30, No. 1, pp. 231-250.

[6] 方晓义、范兴华、刘杨:《应对方式在流动儿童歧视知觉与孤独情绪关系上的调节作用》,《心理发展与教育》2008年第4期。

第三章 胜任力自我污名对求职行为的影响及其作用机制

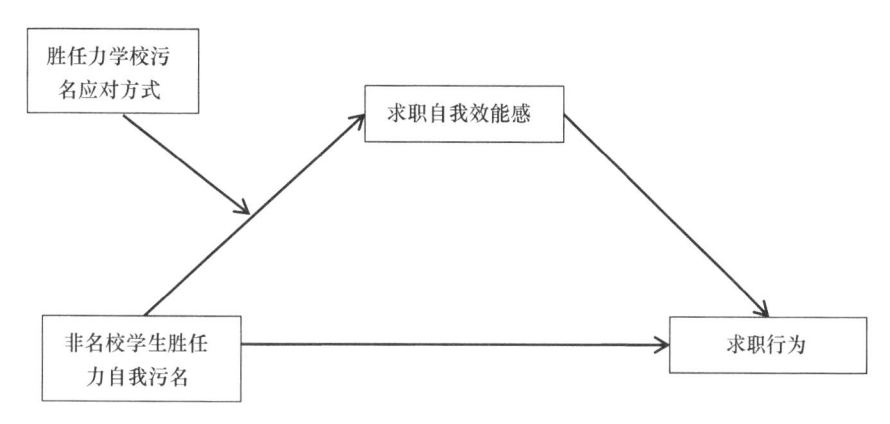

图 3-7 假设模型

用"研究中的被试。

（二）研究工具

1. 胜任力自我污名问卷、求职自我效能感量表、求职行为问卷

这三个问卷与"胜任力自我污名对求职行为的影响：求职自我效能感的中介作用"研究中的问卷一致。

2. 污名应对方式问卷

自编污名应对方式问卷。该问卷共 20 个项目，分为解决问题、自责和抱怨、求助、幻想、退避五个维度，采用 Likert 5 级计分方法进行评价，1—5 对应"非常不符合"到"非常符合"，分数越高，表示越常使用该应对方式。其中解决问题和求助属于积极的污名应对方式，自责和抱怨、幻想、退避属于消极的污名应对方式。经检验，该问卷具有良好的信度和效度。举例条目为"努力学习，提高自己各方面的能力"。在本书中，该问卷的 Cronbach 系数为 0.84。

（三）研究过程

与"胜任力自我污名对求职行为的影响：求职自我效能感的中介作用"的研究过程一致。

(四) 数据分析

首先采用 SPSS 21.0 对数据进行整理和描述。其次采用 SPSS 21.0 的 process 插件进行调节作用分析,以及有调节的中介模型分析。值得注意的是,为了便于分析,以及所涉及的胜任力自我污名、求职自我效能感及求职行为均能够进行汇总,在进行调节效应分析时,通过求平均值的方式把潜变量转化为显变量,从而在 SPSS 21.0 中进行数据分析。

三 结果

(一) 污名应对方式的描述性统计

先对污名应对方式各维度的总体情况进行描述性统计,并与中间值 3 进行单样本 t 检验,结果如表 3-6 所示。从表 3-6 可知,解决问题、求助、积极的污名应对方式均显著高于中间值 3 [$t_{(978)}$ = 17.24, p = 0.000<0.001; $t_{(978)}$ = 16.46, p = 0.000<0.001; $t_{(978)}$ = 19.34, p = 0.000<0.001];自责抱怨、幻想、退避、消极的污名应对方式均显著低于中间值 3 [$t_{(978)}$ = -9.31, p = 0.000<0.001; $t_{(978)}$ = -2.49, p = 0.013<0.05; $t_{(978)}$ = -12.89, p = 0.000<0.001; $t_{(978)}$ = -9.87, p = 0.000<0.001]。

表 3-6 **污名应对方式各维度的描述性统计**

维度	M	SD	t (与 3 比较)
解决问题	3.36	0.66	17.24***
求助	3.28	0.53	16.46***
自责抱怨	2.79	0.72	-9.31***
幻想	2.94	0.70	-2.49*
退避	2.66	0.84	-12.89***

第三章 胜任力自我污名对求职行为的影响及其作用机制

续表

维度	M	SD	t（与3比较）
积极的污名应对方式	3.32	0.52	19.34***
消极的污名应对方式	2.80	0.65	-9.87***

再对不同性别大学生的污名应对方式进行差异检验，结果如表3-7所示。从表3-7可知，在解决问题、求助、自责抱怨、幻想、积极的污名应对方式上均不存在显著的性别差异（均$p>0.05$）；在退避、消极的污名应对方式上存在显著的性别差异，男生的得分显著高于女生[$t_{(974)}=4.102$, $p=0.000<0.001$；$t_{(974)}=2.971$, $p=0.003<0.01$]。

表3-7　　不同性别的大学生在污名应对方式各维度上的差异

维度	男生		女生		t
	M	SD	M	SD	
解决问题	3.36	0.68	3.36	0.64	-.028
求助	3.25	0.54	3.31	0.52	-1.561
自责抱怨	2.82	0.76	2.74	0.66	1.716
幻想	2.98	0.71	2.91	0.69	1.603
退避	2.76	0.86	2.54	0.79	4.102***
积极的污名应对方式	3.31	0.54	3.33	0.50	0.810
消极的污名应对方式	2.85	0.68	2.73	0.60	2.971**

（二）污名应对方式与胜任力自我污名、求职自我效能感、求职行为的相关分析

自我污名、求职自我效能感、求职行为与污名应对方式的相关分析如表3-8所示。从表3-8可知，除了解决问题与预见污名、幻想与求职

自我效能感相关不显著外（均为 $p>0.05$），其余变量之间的相关性具有一定的规律。具体表现为解决问题、求助、积极的污名应对方式均与自我污名体验、刻板印象认同、预见污名存在显著负相关性（均为 $p<0.05$），与求职自我效能感、预备期求职行为、行动期求职行为呈显著正相关（均为 $p<0.05$）；自责抱怨、幻想、退避、消极的污名应对方式与自我污名体验、刻板印象认同、预见污名呈显著正相关（均为 $p<0.05$），与求职自我效能感、预备期求职行为、行动期求职行为呈显著负相关（均为 $p<0.05$）。

表3-8 污名应对方式与胜任力自我污名、求职自我效能感、求职行为的相关分析

	解决问题	求助	自责抱怨	幻想	退避	积极的污名应对方式	消极的污名应对方式
1. 自我污名体验	-.23**	-.22**	.52**	.38**	.38**	-.26**	.49**
2. 刻板印象认同	-.32**	-.28**	.52**	.40**	.54**	-.35**	.57**
3. 预见污名	-.05	-.08*	.47**	.38**	.38**	-.07*	.47**
4. 求职自我效能感	.44**	.33**	-.14**	-.03	-.11**	.44**	-.11**
5. 预备期求职行为	.13**	.07*	-.18**	-.18**	-.18**	.12**	-.21**
6. 行动期求职行为	.12**	.12**	-.21**	-.21**	-.26**	.14**	-.26**

说明：*表示 $p<0.05$；**表示 $p<0.01$。

（三）大学生胜任力自我污名对求职自我效能感的预测：污名应对方式的调节作用

先以胜任力自我污名为自变量、求职自我效能感为因变量，积极的污名应对方式为调节变量，性别、家庭经济收入等人口统计学为控制变

量，进行调节效应分析。结果发现，积极的污名应对方式和胜任力自我污名的交互项对求职自我效能感的预测作用不显著，$R^2 = 0.002$，$F_{(1,968)} = 2.54$，$p = 0.111$。

再按照同样的方法，以胜任力自我污名为自变量、求职自我效能感为因变量，消极的污名应对方式为调节变量，性别、家庭收入等人口统计学变量为控制变量，进行调节效应分析。结果发现，消极的污名应对方式和胜任力自我污名的交互项对求职自我效能感的负向预测作用显著，$R^2 = 0.116$，$F_{(1,968)} = 136.04$，$p<0.001$。结果如表 3-9 所示。从表 3-9 可知，胜任力自我污名能够显著负向预测求职自我效能感，$b = -0.17$，$SE = 0.05$，$p<0.01$；但是消极的污名应对方式不能够显著预测求职自我效能感，$b = 0.02$，$SE = 0.04$，$p = 0.617$。然而，胜任力自我污名与消极污名应对的交互作用能够显著负向预测求职自我效能感，$b_{\text{interaction}} = -0.45$，$SE = 0.04$，$p<0.01$。

表 3-9　　　　　消极的污名应对方式的调节作用分析

	b	SE	t	p	95%CI
性别	0.07	0.04	1.84	0.065	-0.004, 0.153
学科	-0.01	0.01	-0.22	0.828	-0.031, 0.025
家庭收入	0.01	0.02	0.79	0.426	-0.021, 0.049
胜任力自我污名	-0.17	0.05	-3.71	<0.001	-0.266, -0.082
消极的污名应对方式	0.02	0.04	0.50	0.617	-0.058, 0.098
胜任力自我污名和消极的污名应对方式交互作用	-0.45	0.04	-11.66	<0.001	-0.530, -0.377

进一步进行简单斜率检验，结果如图 3-8 所示，对于低消极污名应对方式个体来说（在平均数-1 个标准差异之下），胜任力自我污名能够

显著负向预测求职自我效能感，$b=-0.47$，$SE=0.05$，$p<0.01$；对于高消极污名应对方式个体来说（在平均数+1个标准差异以上），胜任力自我污名不能预测求职自我效能感，$b=0.12$，$SE=0.06$，$p=0.056$。

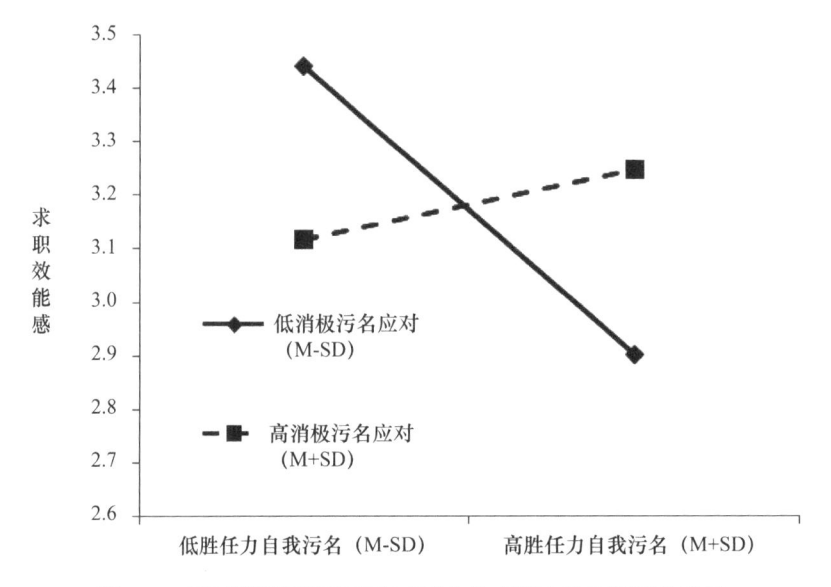

图3-8 不同消极污名应对方式对个体求职自我效能感的差异

（四）大学生胜任力自我污名对求职行为的影响：有调节的中介效应

为了检验胜任力自我污名对求职行为有调节的中介效应模型，运用process插件以及用model 7来检验本假设。结果如表3-10所示，胜任力自我污名与消极污名应对方式的交互作用能够显著负向预测求职自我效能感，并且求职自我效能感对胜任力自我污名预测求职行为起着中介作用。进一步进行有条件的中介效应分析，发现对于消极污名应对方式高分组个体而言，求职自我效能感的中介效应为-0.161，95% CI [-0.220，-0.116]，中介效应显著；而对于消极污名应对方式低分组个体而言，求职自我效能感的中介效应为0.041，95% CI [-0.019，0.098]，其中95%的置信区间包括0，表明其中介效应不显著。

表 3-10 消极污名应对方式、求职自我效能感中介效应的调节作用分析

Step 1：因变量：求职自我效能感	b	SE	t	p	95%CI
性别	0.07	0.04	1.84	0.065	−0.004，0.153
学科	−0.01	0.01	−0.22	0.828	−0.031，0.025
家庭收入	0.01	0.02	0.79	0.426	−0.021，0.049
胜任力自我污名	−0.17	0.05	−3.71	<0.001	−0.266，−0.082
消极污名应对方式	0.02	0.04	0.50	0.617	−0.058，0.098
胜任力自我污名和消极污名应对方式的交互作用	−0.45	0.04	−11.66	<0.001	−0.530，−0.377
Step 2：因变量：求职行为					
性别	0.13	0.04	3.57	<0.001	0.058，0.199
学科	0.01	0.01	0.53	0.593	−0.018，0.031
家庭收入	0.05	0.02	3.24	0.001	0.020，0.082
胜任力自我污名	−0.28	0.03	8.16	<0.001	0.209，0.341
求职自我效能感	0.34	0.02	12.73	<0.001	0.291，0.398

为了进一步表明消极污名应对所存在的调节效应，对以上结果进行汇总（如图 3-9 所示）。

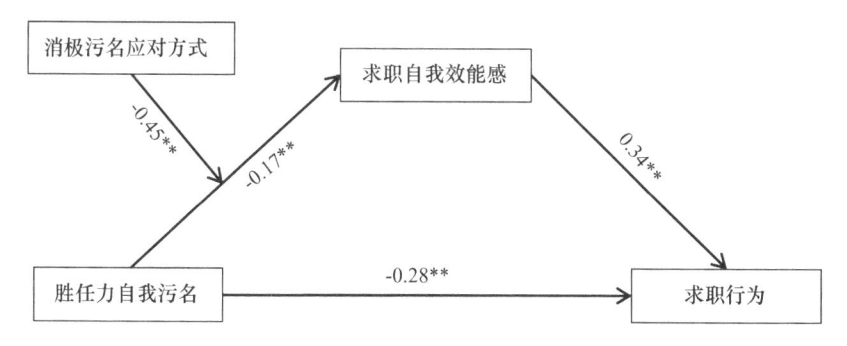

图 3-9 消极污名应对方式调节求职自我效能感的中介作用

说明：** 表示 $p<0.01$。

四 讨论

本书关于污名应对方式各维度的描述性统计表明，解决问题、求助、积极的污名应对方式均显著高于中间值 3，自责抱怨、幻想、退避、消极的污名应对方式均显著低于中间值 3。这说明，在面对胜任力污名时，非名校的学生能采取诸如求助老师和同学、努力学习提高能力等较为积极的方式来应对这种污名，而较少采取诸如抱怨、自暴自弃、幻想、退避等较为消极的方式来应对这种污名。研究表明，近 15 年来，我国大学生逐渐倾向于采取求助、解决问题等较为成熟、积极的应对方式[①]。本书结果与以往研究结果类似。

本书的描述性统计结果还表明，在解决问题、求助、自责抱怨、幻想、积极的污名应对方式上均不存在显著的性别差异，在退避、消极的污名应对方式上男生的得分显著高于女生。这说明在污名应对方式的选择上，男生比女生更会选择退避这种应对方式；相对于男生来说，女生的污名应对方式更加积极。这一结果与以往的研究结果不太一致。以往的研究发现，相对于男生来说，女生更倾向于选择求助、幻想这两种应对方式；相对于女生来说，男生更倾向于选择解决问题、自责、退避这几种应对方式[②]。出现这种情况的原因可能是：以往的研究所探讨的应对方式没有针对某一具体的生活事件，而是泛指所有的应对方式，故易出现性别上的差异。本书的应对方式特指针对胜任力污名这一具体事件的应对方式，男女大学生在面对这一污名时，采取的应对方式较为一致，即解决问题、求助、自责抱怨、幻想。唯一有性别差异的应对方式是退避这种应对方式，即男生比女生会更多地采取退避这种应对方式。这可能与本书中污名应对方式的具体题项有关。在本书中，关于退避的

[①] 辛素飞、刘丽君、辛自强等：《中国大学生应对方式变迁的横断历史研究》，《心理与行为研究》2018 年第 6 期。

[②] 辛素飞、刘丽君、辛自强等：《中国大学生应对方式变迁的横断历史研究》，《心理与行为研究》2018 年第 6 期。

第三章 胜任力自我污名对求职行为的影响及其作用机制

题目有"用睡觉、打游戏、喝酒、抽烟等方式消除找工作上的烦恼"。由此可见,在面对找工作的困境时,男生比女生更易采取打游戏、喝酒、抽烟等退避的方式。

本书的相关分析结果发现,解决问题、求助、积极的污名应对方式与胜任力自我污名的三个维度呈显著负相关,与求职自我效能感、求职行为呈显著正相关;自责抱怨、幻想、退避、消极的污名应对方式与胜任力自我污名的三个维度呈显著正相关,与求职自我效能感、求职行为呈显著负相关。这一结果说明,积极的污名应对方式有利于胜任力污名的降低,求职自我效能感的增加及求职行为的增多;消极的污名应对方式效果则反之。当个体面对应激事件时,积极的应对方式是保证其有效处理应激事件、保证其健康的重要手段和措施[1]。本书结果与其他有关应对方式的研究结果相类似[2],即积极的应对方式与正性的心理变量如社会适应等呈正相关,与负性的心理变量如工作倦怠等呈负相关。

本书在前一研究的基础上,继续考察胜任力自我污名对求职行为的影响,并在探讨求职自我效能感中介作用的基础上,进一步分析污名应对方式的调节作用。结果发现,积极的污名应对方式与胜任力自我污名的交互作用不能预测求职自我效能感,消极的污名应对方式不能够显著预测求职自我效能感,但胜任力自我污名与消极的污名应对方式的交互作用能够显著负向预测求职自我效能感,且求职自我效能感是对胜任力自我污名预测求职行为起着中介作用。此外,本书研究结果还表明,消极污名应对方式越低的个体,其求职自我效能感的负性中介作用越大。这表明胜任力自我污名通过求职自我效能感的负向中介作用受到消极污名应对的影响。在求职自我效能感中介胜任力自我污名对求职行为的影

---

[1] E. M. Mcmahon, P. Corcoran, C. Mcauliffe, H. Keeley, I. J. Perry, E. Arensman, "Mediating Effects of Coping Style on Associations between Mental Health Factors and Self-harm among Adolescents", *Crisis*, 2013, Vol. 34, No. 4, pp. 242-250.

[2] 贾绪计、林崇德:《新升本科院校教师工作压力、应对方式与工作倦怠的关系研究》,《心理与行为研究》2013年第6期。

响方面，只有消极的污名应对方式起着调节作用，积极的污名应对方式不起调节作用，这一点与最初的研究结论不一致。这可能是因为能采取积极的污名应对方式的个体往往更加积极向上，能更为理性地看待"第一学历歧视"。而那些倾向于抱怨他们自己运气不佳、埋怨用人单位招聘制度、幻想自己读的是重点大学、自暴自弃的学生的求职动机均很弱，不会采取积极的求职行为。本书研究结论与以往研究结果有类似的地方，以往研究发现①，职业压力与消极应对方式关系更紧密，职业压力主要通过消极应对方式而非积极应对方式影响工作倦怠、职业认同、职业幸福感等与职业相关的结果。这一结果启示我们，为了减少胜任力自我污名对求职行为的消极影响，相对于采取积极污名应对方式的个体而言，更应该重点关注那些采用消极污名应对方式的个体，通过改变其消极的污名应对方式来促进其求职行为。

第五节 求职自我效能感的中介和污名应对方式、社会资本的调节作用

研究发现，在求职自我效能感中介胜任力自我污名对求职行为的影响方面，只有消极的污名应对方式起着调节作用，积极的污名应对方式不起调节作用。在现实生活中，不少大学毕业生在求职过程中会尽可能地动员他们自己的社会资本来帮助他们寻找到一份理想的工作。本书将在前一研究的基础上，继续引入社会资本这一变量，探讨在胜任力自我污名对求职行为的影响中，求职自我效能感的中介作用以及污名应对方式、社会资本的调节作用。

---

① A. S. Onen and F. M. Ulusoy, "Investigating of the Relationship between Pre-service Teachers' Self-esteem and Stress Coping Attitudes", *Procedia-social and Behavioral Sciences*, 2015, Vol. 186, pp. 613-617；王钢、黄旭、张大均：《幼儿教师职业压力和心理资本对职业幸福感的影响：应对方式和文化的作用》，《心理与行为研究》2017年第1期。

• 第三章　胜任力自我污名对求职行为的影响及其作用机制 •

一　引言

Bourdieu首先提出社会资本这一概念，他指出，社会资本是有形或潜在资源的集合，这些资源是同某种长期存在的网络相联系的，这个网络是群体认同的；或者说，这一网络是同团体内的会员制相关的，集体内的资源是群体共享的，为他们提供赢得声望的凭证。这一定义强调人的社会属性，指通过制度化关系网络获取的实际或潜在资源的集合体①。柯江林等将社会资本定义为个体所拥有的社会关系网络②。赵延昇等则将社会资本定义为个体所拥有的通过社会网络关系获取的资源，能够给个人发展提供一定的帮助，并能通过培养和投资来建立这种社会网络关系③。一般而言，社会资本主要包括网络论和资源论，网络论将社会资本看成一张特定的社会关系网络，资源论则将社会资本看成资源配置的一种重要方式，社会资本是实际或潜在资源的集合。

在我国，关系是文化和制度中极为重要的组成部分④。在我国传统社会结构下，求职主要依靠强关系网络，求职即求人情⑤。在现实生活中，不少大学毕业生在求职过程中会尽可能地动员他们自己的社会资本来帮助他们寻找到一份理想的工作。众多研究也表明，社会资本如家庭的社会经济地位对求职行为和求职结果⑥、职位获得⑦、收入增加⑧均有

---

① J. G. Richardson, "Handbook of Theory and Research for the Sociology of Education", *Contemporary Sociology*, 1986, Vol. 16, No. 6, pp. 19-30.
② 柯江林、孙健敏、石金涛等：《人力资本、社会资本与心理资本对工作绩效的影响——总效应、效应差异及调节因素》，《管理工程学报》2010年第4期。
③ 赵延昇、周汝：《大学毕业生社会支持与求职行为的关系研究——基于职业决策自我效能、主动性人格和社会资本的作用机制》，《北京航空航天大学学报》（社会科学版）2015年第5期。
④ 边燕杰、张磊：《论关系文化与关系社会资本》，《人文杂志》2013年第1期。
⑤ 翟学伟：《社会流动与关系信任——也论关系强度与农民工的求职策略》，《社会学研究》2003年第1期。
⑥ J. S. Coleman, "Social Capital in the Creation of Human Capital", *American Journal of Sociology*, 1988, Vol. 94, pp. 95-120.
⑦ 刘林平：《企业的社会资本：概念反思和测量途径——兼评边燕杰、丘海雄的〈企业的社会资本及其功效〉》，《社会学研究》2006年第2期。
⑧ Y. Bian, X. Huang, L. Zhang, "Information and Favoritism: The Network Effect on Wage Income in China", *Social Networks*, 2015, Vol. 40, pp. 129-138.

显著影响。郑洁研究发现，拥有更高家庭社会经济地位的大学生推迟就业的可能性较大，期望的月薪较高，求职信心较强，付出的努力较少，但最终找到工作的概率较高[1]。个体拥有的社会资本会影响求职行为，拥有较高社会资本的个体可以获取更有价值、更高质量的职业信息，从而得到更好的求职机会，减少无效的求职行为[2]。家庭社会关系越广泛，工作期望越高的大学生，在求职中频繁使用家庭社会资本的概率越高[3]。大学生的家庭收入越高或社会关系越广泛，就越倾向于通过一些非正式的途径（如通过父母、亲戚、朋友或熟人等介绍的信息）找工作[4]。"关系人"的地位对求职结果具有显著的正向效应，且这种效应非但没有因"趋同性"被高估，而是因"趋异性"被低估[5]。社会资本对客观求职结果（面试和录用、薪资水平）有显著影响[6]，父母的政治资本对大学毕业生的起薪也有正向影响，"官二代"的起薪比非"官二代"的起薪平均高出13%[7]。在个体进入劳动力市场后，社会资本依旧会对个体的职业流动、晋升机会等产生影响[8]。此外，有研究者还提出，社会资本具有累积效应，这种累积效应会影响个体的职业生涯、职业地位等[9]。也就是说，在家庭背景、人力资本、工作组织等方面，劳动者在初始时刻取得的优势或处于的劣势，将随时间的延续而增加。据此，

---

[1] 郑洁：《家庭社会经济地位与大学生就业——一个社会资本的视角》，《北京师范大学学报》（社会科学版）2004年第3期。
[2] E. Obukhova, G. Lan, "Do Job Seekers Benefit from Contacts? A Direct Test with Contemporaneous Searches", *Management Science*, 2013, Vol. 59, No. 10, pp. 2204-2216.
[3] 张文玉：《家庭社会资本、动员能力与大学生求职》，《中国青年研究》2017年第12期。
[4] 岳昌君、程飞：《人力资本及社会资本对高校毕业生求职途径的影响分析》，《中国高教研究》2013年第10期。
[5] 陈云松、比蒂·沃克尔、亨克·弗莱普：《"关系人"没用吗？——社会资本求职效应的论战与新证》，《社会学研究》2014年第3期。
[6] 尚玉钒、孙婧、李磊、许展：《个体资本对社会求职者求职结果的影响研究》，《科学学与科学技术管理》2010年第2期。
[7] 李宏彬、孟岭生、施新政等：《父母的政治资本如何影响大学生在劳动力市场中的表现？——基于中国高校应届毕业生就业调查的经验研究》，《经济学》2012年第3期。
[8] 边燕杰、孙宇：《职业流动过程中的社会资本动员》，《社会科学战线》2019年第1期。
[9] 边燕杰、孙宇、李颖晖：《论社会资本的累积效应》，《学术界》2018年第5期。

• 第三章 胜任力自我污名对求职行为的影响及其作用机制 •

我们推测社会资本在胜任力自我污名与求职行为之间起着调节作用。

综合以上所有论述,本书的假设模型如图 3-10 所示。

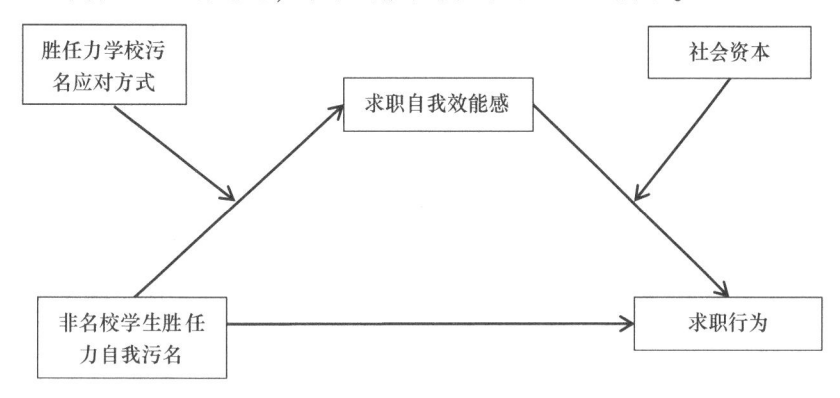

图 3-10 假设模型

二 方法

(一) 被试

同"胜任力自我污名对求职行为的影响:求职自我效能感的中介作用"研究中的被试。

(二) 研究工具

1. 胜任力自我污名问卷、求职自我效能感量表、求职行为问卷、污名应对方式问卷

这四个问卷与"胜任力自我污名对求职行为的影响:求职自我效能感的中介和污名应对方式的调节作用"研究中的问卷一致。

2. 社会资本问卷

社会资本的测量分为家庭社会经济地位和基于学校的人际交往两个部分。家庭社会经济地位常用父母职业、父母受教育程度来衡量[1]。本

---

[1] W. H. Jeynes, "Examining the Effects of Parental Absence on the Academic Achievement of Adolescents: The Challenge of Controlling for Family Income", *Journal of Family and Economic Issues*, 2002, Vol. 23, No. 2, pp. 189-210;孙中欣:《学业失败问题的家庭社会经济地位研究》,《清华大学教育研究》1999 年第 1 期。

书采用师保国和申继亮对家庭社会经济地位的测量方法[1]，一共四个题项，主要从父母受教育水平、父母从事的职业这几个方面进行测量。父母受教育水平一共五个选项，1—5分别对应"小学及以下""小学""初中""高中或中专""大学（专科或本科）"和"研究生及以上"。父母从事职业参考关于职业声望[2]和职业分类[3]的相关标准，一共五个选项，1—5分别对应"临时工、失业、待业人员、非技术及农业劳动者阶层""体力劳动工人和个体经营人员、技术工及同级工作者""一般管理人员与一般专业技术人员、事务性工作人员""中层管理人员与中层专业技术人员、助理专业人员""职业高级管理人员与高级专业技术人员、专业主管人员"。最后把受教育水平和从事职业的分值加起来，总分即为家庭社会经济地位的分值，分数越高，表示家庭社会经济地位这一社会资本越好。基于学校的人际交往采用 Hoye 等人开发的量表[4]，一共九个题项，均采用 Likert 5 级计分方法进行评价，1—5 对应"非常不符合"到"非常符合"，分数越高，表示基于学校的人际交往这一社会资本越好。举例条目为"我认识了许多对我的求职有帮助的人"。在本书中，该问卷的 Cronbach 系数为 0.86。详细内容见附录 8。

（三）研究过程

与"胜任力自我污名对求职行为的影响：求职自我效能感的中介作用"的研究过程一致。

---

[1] 师保国、申继亮：《家庭社会经济地位、智力和内部动机与创造性的关系》，《心理发展与教育》2007 年第 1 期。

[2] 李强、刘海洋：《变迁中的职业声望——2009 年北京职业声望调查浅析》，《学术研究》2009 年第 12 期。

[3] N. Lin and Y. Bian, "Getting Ahead in Urban China", *American Journal of Sociology*, 1991, Vol. 97, No. 3, pp. 657–688.

[4] G. V. Hoye, E. V. Hooft, F. Lievens, "Networking as a Job Search Behaviour: A Social Network Perspective", *Journal of Occupational & Organizational Psychology*, 2009, Vol. 82, No. 3, pp. 661–682.

第三章 胜任力自我污名对求职行为的影响及其作用机制

（四）数据分析

先采用 SPSS 21.0 对数据进行整理和描述。再采用 SPSS 21.0 的 process 插件进行调节作用分析，以及有调节的中介模型分析。同样，在进行内部机制探讨时，由于社会资本可以采用总均分进行合并，因此在本书中，社会资本采用显变量来探讨。

三 结果

（一）社会资本与胜任力自我污名、求职自我效能感、求职行为的相关分析

自我污名、求职自我效能感、求职行为与社会资本的相关分析如表 3-11 所示。从表 3-11 可知，家庭社会经济地位与自我污名体验、刻板印象认同、预备期求职行为、行动期求职行为均存在显著正相关性（均为 $p<0.01$）；基于学校的人际交往与自我污名体验、刻板印象认同、预见污名存在显著负相关性（均为 $p<0.05$），与求职自我效能感、预备期求职行为、行动期求职行为存在显著正相关性（均为 $p<0.05$）。

表 3-11 社会资本与胜任力自我污名、求职自我效能感、求职行为的相关分析

	家庭社会经济地位	基于学校的人际交往
1. 自我污名体验	.09**	-.10**
2. 刻板印象认同	.26**	-.08*
3. 预见污名	.06	-.01*
4. 求职自我效能感	-.02	.49**
5. 预备期求职行为	.14**	.30*
6. 行动期求职行为	.17**	.45**

说明：* 表示 $p<0.05$；** 表示 $p<0.01$。

(二) 大学生胜任力自我污名对求职行为的影响：社会资本的调节作用

为了验证本书的假设模型，运用 process 插件以及用 model 14 来检验本假设。先考察基于学校的人际交往这一社会资本，结果发现，基于学校的人际交往这一社会资本与求职自我效能感的交互作用预测求职行为不显著，$b_{interaction}$ = 0.01，SE = 0.03，t = 0.23，p = 0.817，95% CI [-0.053，0.068]。再考察家庭社会经济地位这一社会资本，结果发现，家庭社会经济地位这一社会资本与求职自我效能感的交互作用可以显著正向预测求职行为，$b_{interaction}$ = 0.01，SE = 0.01，t = 2.11，p = 0.035，95%CI [0.001，0.022]。结果如表 3-12 所示。

表 3-12　家庭社会经济地位对求职自我效能感中介效应的调节作用分析

Step 1：因变量：求职自我效能感	b	SE	t	p	95%CI
性别	0.07	0.04	1.84	0.065	-0.004，0.153
学科	-0.01	0.01	-0.22	0.828	-0.031，0.025
家庭收入	0.01	0.02	0.79	0.426	-0.021，0.049
胜任力自我污名	-0.29	0.04	-7.38	<0.001	-0.365，-0.212
Step 2：因变量：求职行为					
性别	0.13	0.04	3.57	<0.001	0.058，0.199
学科	0.01	0.01	0.53	0.593	-0.018，0.031
家庭收入	0.05	0.02	3.24	0.001	0.020，0.082
胜任力自我污名	-0.28	0.03	-8.16	<0.001	-0.341，-0.209
求职自我效能感	0.34	0.02	12.73	<0.001	0.291，0.398
家庭社会经济地位	0.02	0.01	3.24	0.001	0.008，0.033
家庭社会经济地位和求职自我效能感的交互作用	0.01	0.01	2.11	0.035	0.001，0.022

• 第三章　胜任力自我污名对求职行为的影响及其作用机制 •

进一步对中介效应进行分析发现，对于高家庭经济地位的大学生而言，求职自我效能感的中介效应为 0.087，95%CI［0.052，0.136］，并且显著；对于低家庭经济地位的大学生而言，求职自我效能感的中介作用为 0.113，95%CI［0.068，0.168］，并且显著，但是其中介效应明显大于高家庭经济地位的大学生。进一步的模型如图 3-11 所示。

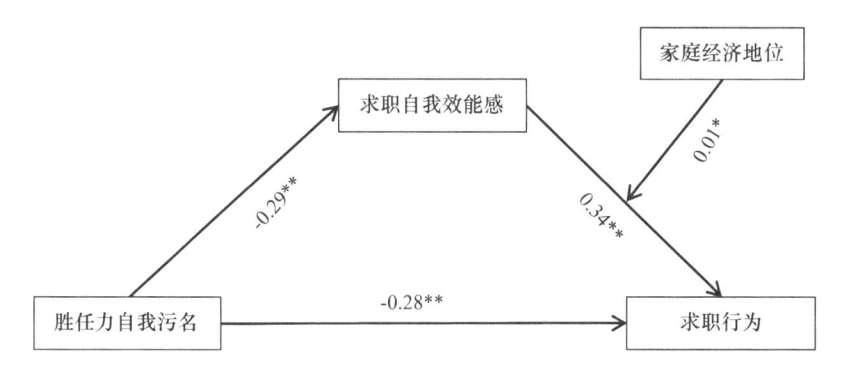

图 3-11　家庭经济地位调节求职自我效能感的中介效应

说明：* 表示 $p<0.05$；** 表示 $p<0.01$。

（三）大学生胜任力自我污名对求职行为的影响：内部机制模型

为了验证本书的假设模型，运用 process 插件以及用 model 21 来检验本假设。其内部机制模型如图 3-12 所示。进一步进行有条件的中介效应分析，结果如表 3-13 所示。随着消极污名应对方式得分的增加，求职自我效能感的中介效应值逐渐降低。同样，随家庭经济地位得分的增加，求职自我效能感的中介作用也逐渐减低。

表 3-13　求职自我效能感中介效应随消极污名应对方式和家庭社会经济地位的变化趋势

污名应对方式	社会资本	Effect	SE	95%上限	95%下限
消极污名应对方式 （>1SD）	家庭社会经济地位 （>1SD）	-0.182	0.03	-0.249	-0.126

续表

污名应对方式	社会资本	Effect	SE	95%上限	95%下限
消极污名应对方式（>1SD）	家庭社会经济地位（-1SD~1SD）	-0.161	0.03	-0.221	-0.116
消极污名应对方式（>1SD）	家庭社会经济地位（<-1SD）	-0.139	0.03	-0.203	-0.091
消极污名应对方式（-1SD~1SD）	家庭社会经济地位（>1SD）	-0.068	0.03	-0.126	-0.021
消极污名应对方式（-1SD~1SD）	家庭社会经济地位（-1SD~1SD）	-0.061	0.02	-0.107	-0.019
消极污名应对方式（-1SD~1SD）	家庭社会经济地位（<-1SD）	-0.052	0.02	-0.100	-0.017
消极污名应对方式（<-1SD）	家庭社会经济地位（>1SD）	0.045	0.03	-0.021	0.108
消极污名应对方式（<-1SD）	家庭社会经济地位（-1SD~1SD）	0.040	0.03	-0.018	0.094
消极污名应对方式（<-1SD）	家庭社会经济地位（<-1SD）	0.035	0.03	-0.014	0.086

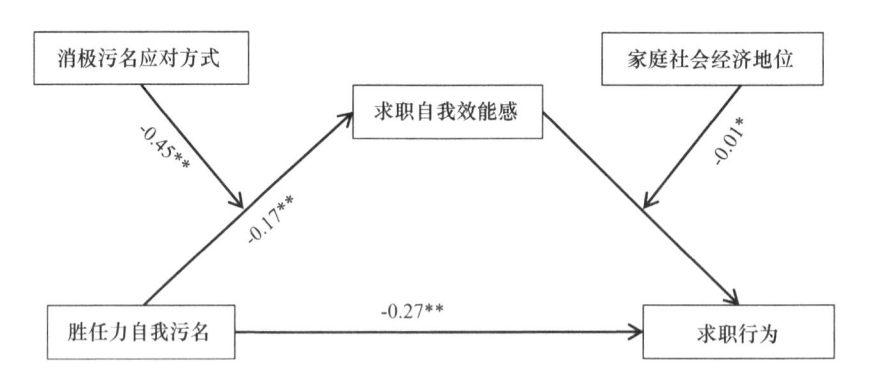

图3-12 污名应对方式与家庭社会经济地位对求职自我效能感中介作用的调节模型

说明：*表示 $p<0.05$；**表示 $p<0.01$。

四 讨论

本书相关分析结果表明，家庭社会经济地位与自我污名体验和刻板印象认同呈显著正相关。也就是说，家庭社会经济地位越好的学生，所体验到的他们自己对其自身的负面态度越多，越加认同关于他们自己的负性刻板印象、偏见和歧视。这可能是因为家庭社会经济地位越好的学生，其父母、他自己对其自身的期望越高，对于他们自己所读大学为非名校这一事实更加不能接受并感到失望。但是基于学校的人际交往与自我污名体验、刻板印象认同、预见污名均呈显著的负相关，与求职自我效能感呈显著正相关。也就是说，那些在学校里拥有了较好人际关系的学生，其胜任力自我污名越低，求职自我效能感就越高。这可能是因为拥有较好学校人际关系的学生，一般都是学校里各方面的活跃分子，学习成绩不错、社会活动能力强，自然不会太在意他们自己的学校是否属于名校，求职自我效能感也较高。此外，相关分析还发现，家庭社会经济地位和基于学校的人际关系均与求职行为呈显著正相关。也就是说，家庭社会经济地位越好的学生、在学校拥有较好人际关系的学生会有更多积极的求职行为，会更加积极主动地求职。非常有趣的一点是，家庭社会经济地位与预见污名、求职自我效能感的相关性不显著。也就是说，家庭社会经济地位与学生预期可能性会遭遇到的偏见和歧视以及求职自我效能感均没有太大关系。这一结果与以往关于家庭社会经济地位与效能感的研究结果不太一致。以往有研究表明，家庭社会经济地位与学生的学业自我效能感呈显著正相关[1]。这可能是因为本书的被试是大学生，他们能更加理性地看待他们自己的家庭社会经济地位。虽然大学生深知他们自己的家庭社会经济地位会影响他们的求职，但至于他们自己在求职这件事情上是否有信心，却似乎与其家庭社会经济地位没有太大关系。

---

[1] 肖磊峰、刘坚：《家庭社会经济地位对学生学业成就的影响——父母参与和学业自我效能感的中介作用分析》，《教育科学研究》2017年第12期。

• 胜任力污名及其干预 •

本书在前一研究的基础上，继续考察胜任力自我污名对求职行为的影响作用，并在探讨求职自我效能感的中介作用的基础上，进一步分析社会资本的调节作用。结果发现，基于学校的人际交往这一社会资本与求职自我效能感的交互作用不能显著预测求职行为，但家庭社会经济地位这一社会资本与求职自我效能感的交互作用可以显著地正向预测求职行为。这表明在求职自我效能感中介胜任力自我污名对求职行为影响方面，只有家庭社会经济地位起着调节作用，而基于学校的人际交往不起调节作用。在本书中，家庭社会经济地位主要是从父母和家庭继承的社会资本；基于学校的人际交往主要是大学生在校期间所交往的人的地位以及这种关系的强度、频率和亲密程度。与西方社会相比较而言，家庭关系在我国社会关系网络中起着更为重要的作用。中国的现实社会是一个"强关系"的社会，在深受儒家文化影响的中国人际社会网络中，其关键机制是人情交换。人们获得更为理想的求职先机，往往依靠的是"强关系"而非"弱关系"的运作[1]。在中国劳动力市场中，中等或者强关系发挥着更为重要的作用[2]。家庭关系是一种更为紧密和重要的人际关系，而学校里的人际关系相对来说属于一种弱的人际关系。这可能就是基于学校的人际交往不起调节作用的原因。此外，研究还发现，无论是高家庭社会经济地位的个体还是低家庭社会经济地位的个体，其求职自我效能感的中介作用都显著，只是对于低家庭社会经济地位的个体而言，求职自我效能感的中介作用更大。这表明胜任力自我污名通过求职自我效能感的负向中介作用受到家庭社会经济地位的影响，且对于低家庭社会经济地位的个体而言，这种影响更大。对于家庭社会经济地位较低的大学生而言，他们在求职时几乎没有依靠父母、家庭的可能性，只有靠他们自己，因此对于他们而言，其求职自我效能感的影响就比较

---

[1] Y. J. Bian and A. Soon, "Guanxi Networks and Job Mobility in China and Singapore", *Social Forces*, 1997, Vol. 75, No. 3, pp. 981-1005.
[2] 边燕杰、张磊：《论关系文化与关系社会资本》，《人文杂志》2013年第1期。

第三章 胜任力自我污名对求职行为的影响及其作用机制

大了。对于家庭社会经济地位较高的大学生而言，其求职可以依靠家庭背景，此时其自身求职自我效能感的影响作用就不是太大了。

本书除了单独考察社会资本的调节作用外，还同时考察了污名应对方式和社会资本的调节作用。结果发现，随着消极污名应对方式得分的增加，求职自我效能感的中介效应值逐渐降低。随着家庭社会经济地位得分的增加，求职自我效能感的中介作用也逐渐减低。这一结果验证了本书假设中求职行为的内部机制模型，即在胜任力自我污名对求职行为的影响作用模型中，求职自我效能感是一个显著的中介变量。污名应对方式中的消极污名应对方式是一个显著的调节变量，它调节着中介模型的前半段路径（胜任力自我污名—求职自我效能感）；社会资本中的家庭社会经济地位也是一个显著的调节变量，它调节着中介模型的后半段路径（求职自我效能感—求职行为）。

第四章

胜任力公众污名对被污名群体的影响

在生活中，人们通常对某些特殊个体或群体（如精神疾病患者、肥胖者、贫困者、女性等）持有偏见和消极刻板印象并歧视他们，这就是污名化的过程。在污名化过程中包含着被污名群体（Stigamatized Group）和施加污名者（Stigmatizer）[1]。由于被污名群体被认为具有不受欢迎的属性、特征、品质或行为，从而易遭遇诸多不公平待遇。污名身份、污名信息对被污名群体会产生诸多负面影响[2]。

研究发现，人们对非名校大学生存在胜任力公众污名，认为他们工作胜任力弱，而名校大学生工作胜任力强。非名校大学生是被污名的群体。本部分将以非名校大学生为被试，以胜任力学校污名为切入点，探讨污名/反污名信息对被污名群体认知、情绪、行为的影响。

第一节 胜任力学校污名/反污名信息对被污名群体注意偏向的影响

注意是认知过程的第一步，也是外界刺激进入个体认知加工的首要

---

[1] 管健：《污名的概念发展与多维度模型建构》，《南开学报》（哲学社会科学版）2007年第5期。
[2] P. W. Corrigan, "How Stigma Interferes with Mental Health Care", *American Psychologist*, 2004, Vol. 59, No. 7, pp. 614-625；莫琼琼、贺雯：《城市农民工子女刻板印象威胁效应的实验研究》，《中国特殊教育》2014年第2期。

• 第四章　胜任力公众污名对被污名群体的影响 •

环节，并贯穿认知加工的全过程。被个体注意到的刺激往往能得到更快速的感知、更深刻的记忆和情绪体验。因此，注意到底选择什么信息进入认知加工过程即注意偏向在认知加工过程中备受研究者的关注。被污名群体的注意有何特征？他们是否会对某些信息具有注意偏向？启动污名和反污名信息是否会对其注意偏向产生影响？这就是本书想要探讨的问题。

一　引言

注意是指人的心理活动对一定对象的指向与集中，指向性和集中性是注意的两个基本特性[1]。由于人的注意是有限的，且由于受刺激特征以及个人经验的影响，人们会对输入的刺激信息进行有选择地加工分析而忽略其他刺激信息，这就是注意偏向（Attentional Bias）。注意偏向是指个体在注意上选择性加工某些刺激[2]。注意偏向是一种普遍存在的心理现象。如研究发现，具有某种情绪障碍的个体会对相应的情绪信息具有注意偏向，与其情绪障碍相一致的情绪信息更容易被激活[3]。乐观个体通常对正性信息表现出注意偏向[4]；焦虑个体常常对负性情绪信息（恐惧图片、愤怒面孔等）表现出选择性注意的倾向[5]，广泛性焦虑患者会优先加工威胁性刺激[6]，攻击者倾向于注意敌意性刺激[7]。情绪

---

[1] 彭聃龄主编：《普通心理学（第 4 版）》，北京师范大学出版社 2012 年版，第 218 页。

[2] 白学军、贾丽萍、王敬欣：《抑制范式下的情绪注意偏向》，《心理科学进展》2013 年第 5 期。

[3] B. P. Bradley, K. Mogg, S. C. Lee, "Attentional Biases for Negative Information in Induced and Naturally Occurring Dysphoria", *Behavior Research and Therapy*, 1997, Vol. 35, No. 10, pp. 911-927.

[4] 郝亚楠、宋勃东、王岩等：《气质性乐观的正性偏向及其神经生理研究证据》，《心理科学进展》2016 年第 6 期。

[5] 彭家欣、杨奇伟、罗跃嘉：《不同特质焦虑水平的选择性注意偏向》，《心理学报》2013 年第 10 期。

[6] N. Amir, C. Beard, M. Burns, J. Bomyea, "Attention Modification Program in Individuals with Generalized Anxiety Disorder", *Journal of Abnormal Psychology*, 2009, Vol. 118, No. 1, pp. 28-33.

[7] 喻丰、郭永玉：《攻击者的注意偏向与归因偏向及其关系》，《心理科学进展》2009 年第 4 期。

Stroop 范式（Emotional Stroop Paradigm）是研究注意偏向的一种经典范式，该范式通常向被试呈现不同颜色的中性词和情绪词，要求被试忽视词语的语义而进行颜色命名。如果被试对情绪性色词的颜色命名需要更长的时间，则说明情绪性色词对被试有干扰作用，存在注意偏向[①]。情绪 Stroop 范式易于操作，在注意偏向研究中被广泛使用。

二 方法

（一）被试

从某省属大学随机招募大学生共 150 人参与本实验。被试对计算机操作较为熟悉，色觉、视力或矫正视力正常。根据实验要求，删除未能完成实验或实验错误率超过 20% 的被试 6 人，最终获得有效实验被试 144 人，其中男生 70 人，女生 74 人，年龄在 19—24 岁，平均年龄为 22.6 岁。49 人为污名信息启动组，男生 24 人，女生 25 人；48 人为反污名信息启动组，男生 23 人，女生 25 人；47 人为中性信息启动组，男生 23 人，女生 24 人。

（二）胜任力学校污名/反污名信息启动材料

考虑到污名由刻板印象、偏见、歧视三方面内容组成，胜任力学校污名信息启动材料也从这三个方面进行设计。具体而言，胜任力学校污名信息启动材料为研究者编撰的一篇有关"第一学历歧视"的文字新闻，其大意为：非名校的学生在企业眼中属于专业技能差、综合素质低下的代名词（负性刻板印象和偏见）。与名校的学生相比，非名校的学生在求职面试、薪水等方面均处于劣势（歧视）。

有研究表明，用语言声称的方式直接提供反刻板印象信息，不但不能起到积极的促进作用，反而会对被污名群体造成威胁效应；提供反刻

---

① J. M. Williams, A. Mathews, C. Macleod, "The Emotional Stroop Task and Psychopathology", *Psychological Bulletin*, 1996, Vol. 120, No. 1, pp. 3-24.

第四章 胜任力公众污名对被污名群体的影响

板印象楷模能提升被污名群体的表现[①]。鉴于此，反胜任力学校污名信息启动材料为研究者编撰的一篇大学生求职的新闻报道，其大意为：非名校的一个学生，凭借其出色的表现，在求职面试中成功逆袭，从众多名校的竞争者中脱颖而出。

中性信息启动材料为一段介绍智能手机的说明性文字。

三段文字材料字数相当，无生僻字，叙述简单明了，易于理解。详细的信息启动材料见附件9。

在进行正式实验之前，随机选取非名校的学生共90人（非正式实验的被试），请他们分别阅读污名信息启动材料（30人）、反污名信息启动材料（30人）、中性信息启动材料（30人），之后立即进行情绪体验测评，即要求被试根据他自己在阅读材料后所体验到的情绪对情绪词进行1—5级评分。情绪词包含积极情绪词（如开心、高兴、兴奋等）和消极情绪词（如郁闷、生气、愤怒等）两种。此外，阅读污名信息启动材料和反污名信息启动材料的被试还要求评估就业歧视体验，即"你是否感受到用人单位对非名校学生的偏见和歧视"，要求被试进行1—5级的评分，评分越高，表示被试的该种体验越强烈。结果发现，阅读污名信息启动材料的被试所体验到的消极情绪显著高于积极情绪 $[t_{(29)} = 10.358, p = 0.000 < 0.001]$，且被试体验到了较强的就业偏见和歧视 $[t_{(29)} = 8.382$（与中间值3比较），$p = 0.000 < 0.001]$。阅读反污名信息启动材料的被试所体验到的积极情绪显著高于消极情绪 $[t_{(29)} = 11.465, p = 0.000 < 0.001]$，且被试没有体验到偏见和歧视 $[t_{(29)} = -10.790$（与中间值3比较），$p = 0.000 < 0.001]$。阅读中性信息启动材料的被试所体验到的积极情绪和消极情绪没有显著差异（$t_{(29)} = 0.974$，$p = 0.571 > 0.05$）。以上结果说明，污名信息启动材料能启动非名校学生的消极情绪体验和污名体验；反污名信息启动材料能启动非名校学生积

[①] 宋淑娟、刘华山：《反刻板印象信息对减弱数学—性别刻板印象威胁效应的作用》，《中国临床心理学杂志》2014年第3期。

极情绪体验,但不能启动污名情绪体验;中性信息启动材料对启动非名校学生的积极情绪和消极情绪体验具有同等作用。

(三) 情绪 Stroop 实验的材料

情绪 Stroop 实验的材料包含三类词语:消极情绪词(如悲伤、愤怒、生气、歧视、讽刺、拒绝、排斥等)、积极情绪词(如开心、高兴、激动、包容、关照、欢迎、支持等)、中性情绪词(如汽车、电脑、高楼、手机等)各 10 个。每个词语都有红、黄、蓝、绿四种颜色。详细的词语见附录 10。

(四) 实验过程

所有实验均在电脑上完成,电脑显示器为 14 英寸。所有被试先阅读启动材料(污名信息启动组阅读污名信息启动材料,反污名信息启动组阅读反污名信息启动材料,中性信息启动组阅读中性信息启动材料),随后进行情绪 Stroop 实验。

启动的实验过程:在电脑屏幕上以幻灯片的形式呈现启动材料,要求被试阅读该文字材料。为了让被试能够认真仔细地阅读材料,告知被试这是一个有关记忆力和阅读理解力方面的测试,实验的最后环节会要求被试回答有关该材料的几个问题。

情绪 Stroop 实验的实验过程:情绪 Stroop 实验程序由 E-prime 2.0 软件编写。在电脑屏幕中央先呈现一个注视点"+",时间为 350ms;其次呈现情绪 Stroop 实验的实验词语,时间为 1500ms;最后呈现 500ms 的白屏,白屏呈现完后自动进入下一个 trail。被试的任务是对实验词语进行颜色判断,红色按"D"键,绿色按"F"键,蓝色按"J"键,黄色按"K"键。要求被试在词语呈现后的 1500ms 内准确快速地做出反应。系统自动记录被试的反应时和正确率。

在实验时,被试坐在电脑正前方,距离屏幕约 70cm 处。为了让被试快速准确地做出反应,要求被试在整个实验过程中一直将左手食指和中指分别放在 F 键和 D 键上,右手食指和中指分别放在 J 键和 K 键上。

每个词语均以红、黄、蓝、绿四种颜色随机呈现两次，共有 240 个刺激。在每完成 80 个词语的颜色命名后有一次短暂的休息。所有词语均以 48 号加粗宋体呈现。先进行 20 次练习，再开始正式实验。

（五）实验设计

本实验采用 3×3 混合实验设计。自变量 A 为启动类型（污名信息启动、反污名信息启动、中性信息启动），该自变量为被试间设计；自变量 B 为词语类型（积极词、消极词、中性词），该变量为被试内设计。因变量为被试对词语进行颜色命名的反应时。

三 结果

（一）不同启动组被试对词语判断的概况

在对数据进行分析之前，首先删除被试的错误反应，并删除三个标准差之外的反应时数据。三组被试对三类词语颜色做出判断的反应时结果如表 4-1 所示。重复测量的方法分析结果如表 4-2 所示。表 4-2 显示，词语类型主效应、两因素的交互作用均显著（均为 $p<0.001$），启动类型主效应不显著（$p>0.05$）。进一步对交互作用进行简单效应检验，结果发现：污名信息启动组和中性信息启动组被试对消极词的反应时显著高于积极词和中性词（均为 $p<0.001$），对积极词和中性词的反应时没有显著差异（均为 $p>0.05$）；反污名信息启动组被试对积极词和消极词的反应时均显著高于中性词（均为 $p<0.001$），对积极词的反应时显著高于消极词（$p<0.01$）。两因素交互作用的分析如图 4-1 所示。

表 4-1　　三组被试对三类词语颜色所做判断的反应时结果

	积极词语		消极词语		中性词语	
	M	SD	M	SD	M	SD
污名信息启动组	766.65	115.72	817.58	122.40	759.69	110.23

续表

	积极词语		消极词语		中性词语	
	M	SD	M	SD	M	SD
反污名信息启动组	806.35	113.91	791.14	106.16	760.59	106.15
中性信息启动组	775.92	128.51	803.34	125.35	769.82	123.14

表 4-2　　情绪 Stroop 反应时的双因素方差分析

	SS	df	MS	F
A 因素（启动类型）主效应	1552.657	2	776.329	0.021
B 因素（词语类型）主效应	120176.833	2	60088.416	31.302***
A 和 B 的交互作用	54874.457	4	13718.614	13.926***

说明：*** 表示 $p<0.001$。

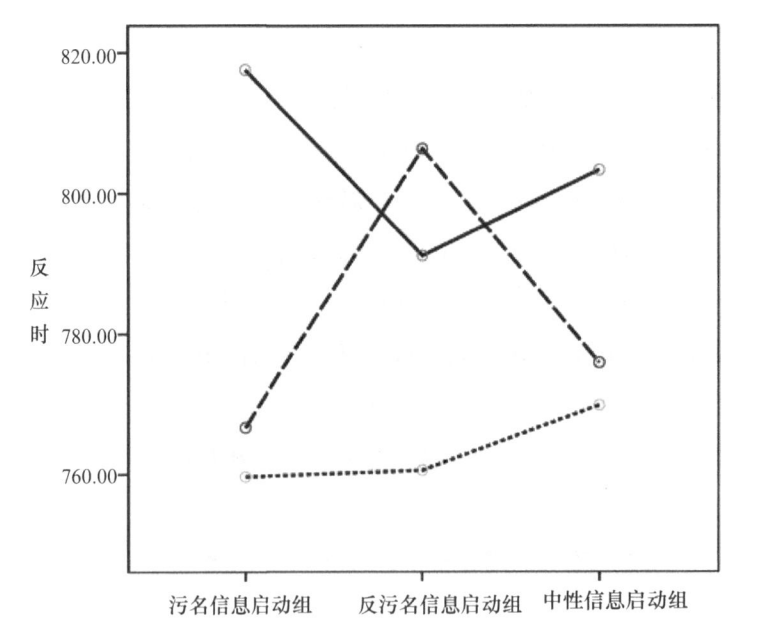

图 4-1　Stroop 实验中启动类型与词语类型交互作用分析

第四章 胜任力公众污名对被污名群体的影响

（二）不同启动组被试对不同情绪词所做判断的注意偏向分析

计算被试在情绪词 Stroop 任务中的效应量。情绪 Stroop 任务的 Stroop 效应量有两类，积极词的 Stroop 效应量=积极词反应时-中性词反应时，消极词的 Stroop 效应量=消极词反应时-中性词反应时。实验中被试的 Stroop 效应量如表4-3所示。

表4-3　　　　　　　　　三组被试情绪 Stroop 效应量结果

	消极词的 Stroop 效应量		积极词的 Stroop 效应量		t
	M	SD	M	SD	
污名信息启动组	57.89	53.51	6.97	51.08	6.259***
反污名信息启动组	30.54	43.56	45.76	41.56	-13.542***
中性信息启动组	33.53	30.50	6.10	30.51	3.262**

说明：** 表示 $p<0.01$；*** 表示 $p<0.001$。

分别对每组被试的积极词的 Stroop 效应量和消极词的 Stroop 效应量进行配对样本 t 检验，结果表明，污名信息启动组和中性信息启动组消极词的 Stroop 效应量显著高于积极词的 Stroop 效应量（均为 $p<0.001$），反污名信息启动组消极词的 Stroop 效应量显著低于积极词的 Stroop 效应量（$p>0.05$）。

对三组被试积极词的 Stroop 效应量和消极词的 Stroop 效应量分别进行方差分析，结果表明，三组被试积极词的 Stroop 效应量和消极词的 Stroop 效应量均存在显著性差异 [$F_{(2,141)} = 7.585$，$p = 0.001 < 0.01$；$F_{(2,141)} = 3.457$，$p = 0.025 < 0.05$]。进一步进行事后多重比较，结果表明：反污名信息启动组积极词的 Stroop 效应量显著高于中性信息启动组和污名信息启动组（均为 $p<0.001$），污名信息启动组和中性信息启动组的积极词的 Stroop 效应量没有显著性差异（$p>0.05$）。污名信息启动组消极词的 Stroop 效应量显著高于中性信息启动组和反污名信息启动组

(均为 $p<0.001$），反污名信息启动组和中性信息启动组的消极词的 Stroop 效应量没有显著性差异（$p>0.05$）。

四 讨论

本书发现，所有被试对消极词的反应时均显著高于中性词，表现出对消极情绪词的注意偏向，这一结果与以往的研究结果一致[1]。本书发现，在污名信息启动条件下，个体对消极词的反应时显著高于中性词，且消极词的 Stroop 效应量显著高于中性信息启动组和反污名信息启动组。这一结果说明，与中性信息启动组和反污名信息启动组被试相比，污名信息启动组被试的情绪 Stroop 干扰在消极词方面更加突出，它们表现出对消极信息更多的注意偏向。研究表明，负性刻板印象对被刻板对象会产生刻板印象威胁（Stereotype Threat）[2]。另外，由于被污名群体在社会生活中往往属于弱势群体，污名信息会让他们感受到强势群体对其的威胁，即群际威胁（Intergroup Threat）[3]。已有研究表明，在威胁背景中个体会感受到压力，并对消极信息（如威胁信息等）表现出注意偏好[4]。此外，歧视知觉可以显著正向预测抑郁[5]，与积极情绪呈显著负相关，与消极情绪呈显著正相关[6]。对于被污名群体来说，污名信

---

[1] 贡喆、彭杨、王贤、刘昌：《高恶意创造力者的注意偏向和冲动控制特征》，《中国临床心理学杂志》2017年第4期。

[2] C. M. Steele and J. Aronson, "Stereotype Threat and the Intellectual Test Performance of African Americans", *Journal of Personality and Social Psychology*, 1995, Vol. 69, No. 5, pp. 797 - 811.

[3] 张婍、冯江平、王二平：《群际威胁的分类及其对群体偏见的影响》，《心理科学进展》2009年第2期。

[4] S. Trawalter, A. R. Todd, A. A. Baird, J. A. Richeson, "Attending to Threat: Race-based Patterns of Selective Attention", *Journal of Experimental Social Psychology*, 2008, Vol. 44, No. 5, pp. 1322 - 1327.

[5] 蔺秀云、方晓义、刘杨等：《流动儿童歧视知觉与心理健康水平的关系及其心理机制》，《心理学报》2009年第10期。

[6] 赵景欣、杨萍、马金玲等：《歧视知觉与农村留守儿童积极/消极情绪的关系：亲子亲合的保护作用》，《心理发展与教育》2016年第3期。

第四章 胜任力公众污名对被污名群体的影响

息让其清晰地意识到社会公众对他们的负性刻板印象，感受到强势群体对其自身的威胁，知觉到他们被歧视的事实。伴随着负性刻板印象的威胁效应、群际威胁和歧视知觉所产生的压力，负性情绪体验等自然就会让他们更多地注意到消极信息。

本书还发现，在反污名信息启动条件下，个体对积极词的反应时显著高于中性词，且积极词的 Stroop 效应量显著高于消极词的 Stroop 效应量。这一结果说明，反污名信息启动组被试的情绪 Stroop 干扰在积极词方面更加突出。当对被污名群体启动反污名信息后，他们表现出对积极信息更多的注意偏向，且这种注意偏向远远超过了对消极信息的注意偏向。研究表明，反刻板印象信息能够有效减弱刻板印象威胁效应[1]，抑制刻板印象[2]。此外，研究还发现，受到外群体威胁的内群体成员会对外群体的痛苦表现出幸灾乐祸或高兴的情绪[3]。反污名信息抑制了被污名群体的负性刻板印象，减弱了刻板印象的威胁效应。此外，反污名信息中关于非名校学生成功逆袭、从众多名校竞争者中脱颖而出的描述在一定程度上激发了非名校学生高兴的情绪，这些都让他们更多地注意到了积极信息。

本书从注意偏向的角度探讨了被污名群体的认知加工特点，结果发现，对于被污名群体而言，一旦意识到他们自己被污名的事实，他们的认知加工特点就表现出对消极刺激的注意偏向。这种注意偏向可能是污名对被污名群体产生了一系列消极影响（如自尊降低、情绪低落、行为表现较差等）的重要原因之一。而反污名信息会让其认知加工特点表现

---

[1] 宋淑娟、刘华山：《反刻板印象信息对减弱数学—性别刻板印象威胁效应的作用》，《中国临床心理学杂志》2014 年第 3 期。
[2] 王美芳、杨峰、顾吉有等：《反刻板印象对内隐性别刻板印象的影响：情绪的调节作用》，《中国临床心理学杂志》2015 年第 3 期。
[3] C. W. Leach, R. Spears, N. R. Branscombe, B. Doosje, "Malicious Pleasure: Schadenfreude at the Suffering of Another Group", *Journal of Personality and Social Psychology*, 2003, Vol. 84, No. 5, pp. 932-943.

出对积极刺激的注意偏向。这一结果启示我们,在对污名进行干预的时候,可以从注意偏向入手,通过增加反污名信息和减少污名信息,引导被污名群体多注意积极信息而忽略消极信息。

第二节 胜任力学校污名/反污名信息对被污名群体情绪的影响

情绪是一个非常复杂的概念,至今没有达成一致的意见。一般认为,情绪是以个体的愿望和需要为中介的一种心理活动。当客观事物或情境符合主体的愿望和需要时,就能引起积极的、肯定的情绪;反之,则会引起消极的、否定的情绪[①]。被污名群体的情绪有何特征?启动污名和反污名信息是否会对其情绪产生影响?这就是本书想要探讨的问题。

一 引言

情绪由主观体验(subjective experience)、外部表现(emotional expression)和生理唤醒(physical arousal)三种成分组成。其中情绪主观体验是个体对不同情绪状态的自我感受。每种情绪都有不同的主观体验,它们代表了人的不同感受,构成了情绪的心理内容。情绪体验是一种主观感受,很难确定产生情绪体验的客观刺激是什么,而且不同人对同一刺激也可能产生不同的情绪。因此,关于情绪体验的研究一般采用自我报告的方法[②],即让被试陈述报告他们自己的内部情绪体验。在具体的研究中,一般要求被试就某一有关情绪的描述(如"你感觉到紧张吗?")或某个情绪形容词(如"紧张""恐惧"等)做出回答,回

---

① 彭聃龄主编:《普通心理学(第 4 版)》,北京师范大学出版社 2012 年版,第 406 页。
② 姜媛、林崇德:《情绪测量的自我报告法述评》,《首都师范大学学报》(社会科学版) 2010 年第 6 期。

第四章 胜任力公众污名对被污名群体的影响

答选项一般采用 Likert 5 点、7 点或 9 点量表。目前应用较为广泛的自陈式情绪量表有心境量表（Profile of Mood States，POMS）、分化情绪量表（Differential Emotions Scale，DES）、基本情绪量表（Basic Emotion Scale，BES）、积极—消极情感量表（Positive and Negative Affect Schedule，PANAS）、激活—去激活形容词检测量表（Activation-Deactivation Adjective Check List，AD-ACL）、心境形容词量表（Mood Adjective Check List，MACL）、多重情绪形容词量表（Multiple Affect Adjective Check List）等①。国内学者对西方众多情绪量表进行了跨文化的检验和修订。如迟松和林文娟对 POMS、BPOMS 进行了修订②，郭明珠和甘怡群对 PANAS 及其扩展版在中国被试中进行了信效度检验③。此外，我国学者还采用中文情绪形容词研究了国人的情绪结构，尝试编制本土化的情绪量表④。研究发现，采用情绪形容词检测法是自评情绪的一种简单、有效方法，被广泛运用于情绪自评的相关研究中⑤。该方法一般要求被试挑选出符合他们自己当时感受的情绪形容词，或者要求被试对他们自己当时的某种情绪（情绪形容词）的程度（如1—5 级）进行评定。

二 方法

（一）被试

从某省属大学随机招募大学生共 230 人参与本实验。在删除无效被

---

① 乐国安、董颖红：《情绪的基本结构：争论、应用及其前瞻》，《南开学报》（哲学社会科学版）2013 年第 1 期。
② 迟松、林文娟：《简明心境量表（BPOMS）的初步修订》，《中国心理卫生杂志》2003 年第 11 期。
③ 郭明珠、甘怡群：《中文正性负性情绪量表——扩展版在 660 名大学生中的信效度检验》，《中国心理卫生杂志》2010 年第 7 期。
④ 左衍涛、王登峰：《汉语情绪词自评维度》，《心理学动态》1997 年第 2 期；钟杰、钱铭怡：《中文情绪形容词检测表的编制与信效度研究》，《中国临床心理学杂志》2005 年第 1 期。
⑤ 刘芳、丁锦红、张钦：《高、低趋近积极情绪对不同注意加工阶段的影响》，《心理学报》2016 年第 7 期。

试后,得到有效被试 224 人,其中男生 108 人,女生 116 人,年龄在 19—24 岁,平均年龄为 22.5 岁。污名信息启动组有 113 人,其中,男生 54 人,女生 59 人;反污名信息启动组有 111 人,其中,男生 51 人,女生 60 人。

(二) 胜任力学校污名/反污名信息启动材料

与"污名/反污名信息对被污名群体注意偏向的危害"研究中的启动材料相同。

(三) 情绪形容词

情绪形容词的选择按照以下步骤进行:第一步,进行开放式问卷调查。随机选取西南科技大学学生 60 人(非正式实验被试),其中,30 人阅读污名信息启动材料,30 人阅读反污名信息启动材料。随后进行开放式问卷调查。开放式问卷调查要求被试用 3—5 个形容词来描述他们在阅读完相应材料后的情绪体验。

第二步,整理统计开放式问卷调查的结果。首先对意思相近的形容词进行合并,如将"伤心""难过""郁闷"等统一合并为"难过";将"愤怒""生气""不满"等统一合并为"生气",然后统计出每个情绪形容词被提及的频次。挑选出提及频次最多的几个情绪形容词作为正式实验时的情绪形容词。此外,从开放式问卷调查结果中发现,被试主要从以下三个方面进行情绪描述:对新闻事件本身的情绪体验;想到他们自己未来找工作的情绪体验;对用人单位的情绪体验。因此,将这三个方面作为正式的情绪自评量表的维度。

第三步,确定情绪形容词自评量表。针对污名信息启动材料和反污名信息启动材料,分别整理、确定两份情绪形容词自评量表。这两份情绪形容词自评量表有一定的对应性,如针对污名信息启动材料的"难过""生气""麻木""厌恶"等分别对应针对反污名信息启动材料的"高兴""满意""激动""欣赏"。量表采用 Likert 5 点评分,得分越高,表示该情绪体验越强烈。详细的情绪形容词自评量表见附录 11。

第四章 胜任力公众污名对被污名群体的影响

（四）实验过程

被试先阅读启动材料，随后进行情绪自评，最后进行简单访谈。

随机分配两个组的被试阅读不同的信息启动材料（污名信息启动组阅读污名信息启动材料，反污名信息启动组阅读反污名信息启动材料）。启动的实验过程同子研究一。情绪自评采用纸笔方式进行，要求被试评估他自己在阅读完相应材料后的情绪体验。最后，随机抽取部分被试进行简单的访谈。询问的问题如新闻事件带给你什么样的感受？为什么？

三 结果

（一）对新闻事件本身的情绪体验

被试对新闻事件本身的情绪体验结果如表4-4所示。

表4-4　　　　　　　　　被试对新闻事件本身的情绪体验

	污名信息启动组			反污名信息启动组		
	M	SD	$t1$	M	SD	$t2$
难过（高兴）	4.04	0.95	11.541***	3.27	1.15	2.473*
生气（满意）	3.97	1.07	9.645***	3.23	1.02	2.425*
委屈（畅快）	3.98	1.04	10.006***	3.33	1.05	3.353**
无奈（得意）	3.95	1.10	9.145***	3.32	1.10	3.010**
麻木（激动）	3.48	1.11	4.573***	2.95	1.18	-0.405

说明：表格中的 $t1$ 和 $t2$ 为平均数与中间值3的单样本 t 检验。本书所有表格中的 $t1$ 和 $t2$ 均如此。

由于两份情绪形容词自评量表具有一定的对应性，因此表格中我们将具有对应性的情绪形容词放在一起加以展示。其中，负性情绪形容词是针对污名信息启动组的，括号中的正性情绪形容词是针对反污名信息启动组的。本书中所有此类表格均如此。

* 表示 $p<0.05$；** 表示 $p<0.01$；*** 表示 $p<0.001$。

根据 $t1$ 的结果可知，污名信息启动组被试难过、生气、委屈、无奈、麻木这五种情绪体验均显著高于中间值 3（均为 $p<0.001$）。进一步分析发现，麻木情绪与分值 3.5 没有显著差异 [$t_{(112)}=0.212$, $p=0.833>0.05$]；难过、生气、委屈、无奈这四种情绪的分值均显著高于 3.5 [$t_{(112)}=5.968$, $p=0.000<0.001$；$t_{(112)}=4.691$, $p=0.000<0.001$；$t_{(112)}=4.913$, $p=0.000<0.001$；$t_{(112)}=4.316$, $p=0.000<0.001$]，但与分值 4 没有显著差异 [$t_{(112)}=0.395$, $p=0.694>0.05$；$t_{(112)}=0.263$, $p=0.793>0.05$；$t_{(112)}=0.180$, $p=0.875>0.05$；$t_{(112)}=0.513$, $p=0.609>0.05$]。对污名信息启动组被试的五种情绪体验进行重复测量的方差分析，发现这五种情绪之间存在显著差异 [$F_{(4,448)}=21.323$, $p=0.000<0.001$]。进一步比较发现，难过情绪与生气、委屈、无奈之间存在边际显著效应，难过情绪略高于生气、委屈、无奈；生气、委屈、无奈这三种情绪之间不存在显著差异；难过、生气、委屈、无奈这四种情绪分值显著高于麻木情绪。

根据 $t2$ 的结果可知，反污名信息启动组被试高兴、满意、畅快、得意这四种情绪体验分值均显著高于中间值 3（均为 $p<0.05$），激动这种情绪与中间值 3 没有显著差异（$p>0.05$）。进一步分析发现，高兴、满意这两种情绪的分值均显著低于 3.5 [$t_{(110)}=-2.102$, $p=0.038<0.05$；$t_{(110)}=-2.752$, $p=0.007<0.01$]，畅快、得意的分值与分值 3.5 存在边际显著效应 [$t_{(110)}=-1.677$, $p=0.096>0.05$；$t_{(110)}=-1.763$, $p=0.081>0.05$]。对反污名信息启动组被试的五种情绪体验进行重复测量的方差分析，结果发现，这五种情绪之间存在边际显著效应 [$F_{(4,436)}=2.235$, $p=0.064$]。进一步比较发现，畅快、得意这两种情绪的分值显著高于激动情绪的分值；激动情绪与高兴、满意之间存在边际显著效应，高兴、满意的分值略高于激动情绪的分值；高兴、满意、畅快、得意这四种情绪之间不存在显著差异。

对污名信息启动组与反污名信息启动组的情绪进行独立样本 t 检

第四章 胜任力公众污名对被污名群体的影响

验,结果发现,污名信息启动组被试难过、生气、委屈、无奈、麻木这五种情绪体验的分值均显著高于反污名信息启动组被试高兴、满意、畅快、得意、激动这五种情绪($t = 5.420$,$p = 0.000 < 0.001$;$t = 5.289$,$p = 0.000 < 0.001$;$t = 4.645$,$p = 0.000 < 0.001$;$t = 4.288$,$p = 0.000 < 0.001$;$t = 3.483$,$p = 0.009 < 0.01$)的分值。

(二)对自己的情绪体验

被试对其自己的情绪体验结果如表4-5所示。

表4-5 被试对其自己的情绪体验

	污名信息启动组			反污名信息启动组		
	M	SD	$t1$	M	SD	$t2$
焦虑	3.98	1.03	10.175***	3.37	0.94	4.126***
迷茫	3.87	1.04	8.869***	3.38	0.93	4.265***
后悔	3.40	1.07	3.974***	2.98	1.28	-0.148
自我怀疑	3.42	1.12	3.934***	3.02	1.18	0.160

说明:*** 表示 $p < 0.001$。

根据 $t1$ 的结果可知,污名信息启动组被试焦虑、迷茫、后悔、自我怀疑这四种情绪体验的分值均显著高于中间值3(均为 $p < 0.001$)。进一步分析发现,后悔、自我怀疑这两种情绪的分值与分值3.5没有显著差异[$t_{(112)} = 1.016$, $p = 0.312 > 0.05$;$t_{(112)} = 0.795$, $p = 0.428 > 0.05$];焦虑、迷茫这两种情绪的分值均显著高于3.5[$t_{(112)} = 4.996$, $p = 0.000 < 0.001$;$t_{(112)} = 3.756$, $p = 0.000 < 0.001$],但与分值4没有显著差异[$t_{(112)} = 0.183$, $p = 0.855 > 0.05$;$t_{(112)} = 1.358$, $p = 0.177 > 0.05$]。对污名信息启动组被试的这四种情绪体验进行重复测量的方差分析,结果发现,这四种情绪之间存在显著差异[$F_{(3,336)} = 21.180$, $p = 0.000 < 0.001$]。进一步比较发现,焦虑、迷茫这两种情绪的分值显著

高于后悔、自我怀疑这两种情绪的分值;焦虑、迷茫这两种情绪之间不存在显著差异;后悔、自我怀疑这两种情绪之间不存在显著差异。

根据 $t2$ 的结果可知,反污名信息启动组被试焦虑、迷茫这两种情绪体验的分值均显著高于中间值 3(均为 $p<0.001$),后悔、自我怀疑这两种情绪的分值与中间值 3 没有显著差异($p>0.05$)。进一步分析发现,后悔、自我怀疑这两种情绪的分值均显著低于 3.5 [$t_{(110)} = -4.267$, $p = 0.000<0.001$;$t_{(110)} = -4.292$, $p = 0.000<0.001$],焦虑、迷茫的分值与分值 3.5 没有显著差异 [$t_{(110)} = 1.459$, $p = 0.147>0.05$;$t_{(110)} = 1.371$, $p = 0.173>0.05$]。对反污名信息启动组被试的这四种情绪体验进行重复测量的方差分析,结果发现,这四种情绪之间存在显著差异 [$F_{(3,330)} = 8.996$, $p = 0.000<0.001$]。进一步比较发现,焦虑、迷茫这两种情绪的分值显著高于后悔、自我怀疑这两种情绪的分值;焦虑、迷茫这两种情绪之间不存在显著差异;后悔、自我怀疑这两种情绪之间不存在显著差异。

将污名信息启动组与反污名信息启动组的情绪分值进行独立样本 t 检验,结果发现,污名信息启动组被试的焦虑、迷茫、后悔、自我怀疑这四种情绪体验的分值均显著高于反污名信息启动组($t = 4.652$, $p = 0.000<0.001$;$t = 3.699$, $p = 0.000<0.001$;$t = 2.649$, $p = 0.08<0.01$;$t = 2.581$, $p = 0.09<0.01$)的分值。

(三)对用人单位的情绪体验

被试对用人单位的情绪体验结果如表 4-6 所示。

表 4-6　　　　　　　　　被试对用人单位的情绪体验

	污名信息启动组			反污名信息启动组		
	M	SD	$t1$	M	SD	$t2$
厌恶(欣赏)	3.90	1.09	8.775***	3.16	1.04	1.642

第四章 胜任力公众污名对被污名群体的影响

续表

	污名信息启动组			反污名信息启动组		
	M	SD	$t1$	M	SD	$t2$
鄙视（佩服）	3.85	1.04	8.709***	3.02	1.07	0.177
理解	3.35	0.83	4.409***	3.33	0.85	4.153***

说明：*** 表示 $p<0.001$。

根据 $t1$ 的结果可知，污名信息启动组被试厌恶、鄙视、理解这三种情绪体验的分值均显著高于中间值 3（均为 $p<0.001$）。进一步分析发现，理解这种情绪的分值与分值 3.5 存在边际显著效应 [$t_{(112)} = 1.979$，$p = 0.050$]；厌恶、鄙视这两种情绪的分值均显著高于 3.5 [$t_{(112)} = 3.914$，$p = 0.000 < 0.001$；$t_{(112)} = 3.583$，$p = 0.001 < 0.01$]，但与分值 4 没有显著差异 [$t_{(112)} = 0.946$，$p = 0.346 > 0.05$；$t_{(112)} = -1.542$，$p = 0.126 > 0.05$]。对污名信息启动组被试三种情绪体验进行重复测量的方差分析，结果发现，这三种情绪之间存在显著差异 [$F_{(2,224)} = 22.068$，$p = 0.000 < 0.001$]。进一步比较发现，厌恶、鄙视这两种情绪的分值显著高于理解这种情绪的分值；厌恶、鄙视这两种情绪之间不存在显著差异。

根据 $t2$ 的结果可知，反污名信息启动组被试理解这种情绪体验显著高于中间值 3（$p<0.001$），欣赏、佩服这两种情绪的分值与中间值 3 没有显著差异（均为 $p>0.05$）。进一步分析发现，欣赏、佩服、理解这三种情绪的分值均显著低于 3.5 [$t_{(110)} = -3.421$，$p = 0.001 < 0.01$；$t_{(110)} = -4.745$，$p = 0.000 < 0.001$；$t_{(110)} = -2.076$，$p = 0.040 < 0.05$]。对反污名信息启动组被试这三种情绪体验进行重复测量的方差分析，结果发现，这三种情绪之间存在显著差异 [$F_{(2,220)} = 12.384$，$p = 0.000 < 0.001$]。进一步比较发现，理解这种情绪的分值显著高于厌恶、佩服这两种情绪（均 $p<0.05$）的分值；欣赏情绪的分值显著高于佩服情绪（$p<0.01$）的分值。

将污名信息启动组与反污名信息启动组的情绪分值进行独立样本 t 检验，结果发现，污名信息启动组被试的厌恶、鄙视这两种情绪体验均显著高于反污名信息启动组被试欣赏、佩服这两种情绪（$t=5.190$，$p=0.000<0.001$；$t=5.906$，$p=0.000<0.001$）的分值，两组在理解这种情绪体验上没有显著差异（$t=0.105$，$p=0.834>0.05$）。

四 讨论

(一) 对新闻事件的情绪体验

本书发现，污名信息启动组被试难过、生气、委屈、无奈这四种情绪体验的分值均显著高于 3.5，但与分值 4 没有显著差异；麻木这种情绪的分值显著高于中间值 3，但与分值 3.5 没有显著差异。此外，重复测量方差分析的结果发现，难过这种情绪的分值略高于生气、委屈、无奈；难过、生气、委屈、无奈这四种情绪的分值显著高于麻木情绪的分值。以上结果表明，污名信息启动材料让被试体验到了比较强烈的难过、生气、委屈、无奈情绪以及处于中等偏上水平的麻木情绪。被试体验到的情绪从高到低可以十分明显地分为三个等级，第一个等级为难过，第二个等级为生气、委屈、无奈，第三个等级为麻木。大部分被试在访谈中提到，看到非名校学生被歧视的新闻报道，第一个感觉就是非常伤心难过，同时也有愤怒、生气、憋屈、无奈、无能为力等情绪。同时，还有不少被试在访谈中提到，类似的新闻看到听到得太多了，也有麻木、无所谓的感觉。

本书发现，反污名信息组被试高兴、满意这两种情绪的分值显著高于中间值 3，但显著低于 3.5；畅快、得意这两种情绪的分值显著高于中间值 3，但略低于 3.5；激动这种情绪的分值与中间值 3 没有显著差异。此外，经重复测量方差分析发现，畅快、得意这两种情绪的分值显著高于激动情绪的分值；高兴、满意这两种情绪的分值略高于激动情绪的分值；高兴、满意、畅快、得意这四种情绪之间不存在显著差异。以

第四章 胜任力公众污名对被污名群体的影响

上结果表明，反污名信息启动材料让被试体验到的畅快和得意情绪接近于中等偏上水平，体验到的高兴、满意情绪处于中等水平与中等偏上水平之间，体验到的激动情绪处于中等水平。被试体验到的情绪从高到低可以分为两个等级。第一个等级为畅快、得意、高兴、满意，第二个等级为激动。大部分被试在访谈中提到，看到这样的新闻，感觉到高兴、开心，甚至是非常爽，有扬眉吐气的感觉。但也有不少被试提到，感觉新闻中的案例应该只是个特例，不具有普遍意义，因此虽然体验到了高兴、开心、爽快、得意等正性情绪，但这些正性情绪的水平都不太高。

本书还发现，污名信息启动组被试难过、生气、委屈、无奈、麻木这五种情绪体验的分值均显著高于反污名信息启动组被试高兴、满意、畅快、得意、激动这五种情绪的分值。这表明，污名信息启动材料所引发的被试负性情绪体验的程度远远高于反污名信息启动材料所引发的被试正性情绪体验的程度。这说明，污名信息会快速引发被污名群体较为强烈的负性情绪体验，而反污名信息只能引发中等程度的正性情绪。

（二）对自己的情绪体验

本书发现，污名信息启动组被试焦虑、迷茫这两种情绪体验的分值均显著高于 3.5，但与分值 4 没有显著差异；反污名信息启动组被试焦虑、迷茫这两种情绪体验的分值均显著高于 3，但与分值 3.5 没有显著差异。污名信息启动组后悔、自我怀疑这两种情绪的分值显著高于中间值 3，但与分值 3.5 没有显著差异；反污名信息启动组后悔、自我怀疑这两种情绪的分值与中间值 3 没有显著差异。对污名信息启动组和反污名信息启动组进行的重复测量方差分析均发现，焦虑、迷茫这两种情绪的分值显著高于后悔、自我怀疑这两种情绪的分值。此外，本书还发现，污名信息启动组被试的焦虑、迷茫、后悔、自我怀疑这四种情绪体验的分值均显著高于反污名信息启动组的分值。以上结果表明，污名信息启动材料让被试体验到了比较强烈的焦虑、迷茫情绪以及中等偏上水平的后悔、自我怀疑情绪；反污名信息启动材料让被试体验到了中等偏上水平的焦虑、迷茫情绪以及中等程度的后悔、自我怀疑情绪。污名信息启动组和反污名信息启动组被试体验到的情绪从高到低都可以十分明显地分为两个等级。第一个等级为焦虑、迷茫，第二个等级为后悔、自我怀疑。污名信息启动组被试的焦虑、迷茫、后悔、自我怀疑这四种情绪的水平均比反污名信息组高。

污名信息组被试在访谈中提到，一想到未来找工作，就感觉到非常焦虑和迷茫，担心他们自己找不到工作，担心他们自己受到各种歧视；反污名信息启动组被试虽然也提到了焦虑和迷茫，但不少被试提到，从新闻报道中似乎看到了一丝丝的希望，觉得只要他们自己努力，也是可以脱颖而出的。在谈到是否后悔当初没有考上名校以及是否怀疑他们找工作的能力这两个问题时，部分污名信息启动组被试表示比较后悔、比较怀疑他们自己的能力，并且表示如果当初考上了名校，他们的能力比较强，找工作就轻松了；但也有部分被试表示没啥后悔的，他们自己选择的路自己走，也相信他们能凭借自己的能力找到一份满意的工作。反污名信息启动组被试仅有一小部分表示后悔和怀疑他们自己的能力，绝大多数表示不后悔，认为大学的知名程度与其自身能力并不是一一对应关系，他们相信他们也能像新闻报道中的主人公一样逆袭。

（三）对用人单位的情绪体验

本书发现，污名信息启动组被试厌恶、鄙视这两种情绪体验的分值均显著高于3.5，但与分值4没有显著差异；理解这种情绪的分值显著高于中间值3，但略低于分值3.5。此外，从重复测量方差分析的结果中发现，厌恶、鄙视这两种情绪的分值显著高于理解这种情绪的分值。以上结果表明，污名信息启动材料让被试体验到了比较强烈的厌恶、鄙视情绪以及接近中等偏上水平的理解情绪。被试体验到的情绪从高到低可以十分明显地分为两个等级。第一个等级为厌恶、鄙视，第二个等级为理解。大部分被试在访谈中提到，看到用人单位在校园招聘中采用各种歧视或隐性歧视的方式对待非名校的学生，他们对用人单位的行为表示非常厌恶，也很鄙视，觉得他们戴着有色眼镜看人，非常不对（甚至有学生用可耻来形容这种歧视行为）。但是，不少学生也表示，应理解用人单位的这种行为，毕竟要快速地分辨筛选应聘人员，以学校进行区分是最简单易行的方法。

本书发现，反污名信息启动组被试理解这种情绪体验的分值显著高于中间值3，但显著低于3.5，欣赏、佩服这两种情绪的分值与中间值3没有显著差异。此外，从重复测量方差分析的结果中发现，理解这种情绪的分值显著高于厌恶、佩服这两种情绪的分值，欣赏情绪的分值显著高于佩服情绪的分值。以上结果表明，反污名信息启动材料让被试体验到的理解情绪处于中等水平与中等偏上水平之间，所体验到的欣赏、佩服情绪处于中等水平。被试体验到的情绪从高到低可以分为三个等级。第一个等级为理解，第二个等级为欣赏，第三个等级为佩服。大部分被试在访谈中提到，对用人单位的做法表示理解，毕竟，单位招聘员工首先应该注重能力而非学校出身。但是有部分学生提到，用人单位可能在作秀，这只是用人单位招聘中的一个特例而非常态，因此并不欣赏和佩服他们的行为。

本书还发现，污名信息启动组与反污名信息启动组在理解这种情绪体验上没有显著差异。也就是说，无论招聘单位是歧视非名校的学生，还是以能力来挑选人，被试对比都表现出了同等程度的理解。这可能是因为在就业市场上，非名校大学生是一个相对弱势的群体，他们没有办法改变接受用人单位的用人制度和规则，只能被动接受。在万般无奈之下，无论用人单位的做法如何，他们均表示理解。

第三节　胜任力学校污名/反污名信息对被污名群体群际信任的影响

信任是人际交往中的一个重要问题，在社会生活中扮演着重要的作用。对个体而言,拥有较高信任水平的个体,其心理健康水平更高、幸福感更强,也更能适应环境①。对组织而言,信任是团队成员间合作的基础和前提。提高人际信任,可以促进人们之间的沟通,有利于人们的合作,减少人际冲突,增强组织凝聚力,提高工作效率,降低人际互动成本,合理配置资源,从而降低组织运行和管理成本②。对社会而言,信任有利于社会管理。信任水平高的社会,其环境会更安全、和谐,信任是稳定社会关系的基本因素③。被污名群体的群际信任有什么特点?启动污名和反污名信息是否会让被污名群体产生内群体偏爱?这些是本书想要探讨的问题。

一 引言

信任一般被定义为社会交往中个体对同伴所持的积极期待,其中包含了不确定性和风险性④。信任不仅发生在人与人之间,还发生在群体与群体之间,这就是群际信任(intergroup trust)。群际信任通常发生在两个或多个群体之间,指人们在群际互动中对其他群体成员的行为或意向做出积极预期而愿意承受风险的一种心理状态⑤。群际信任主要是受群体成员所属的社会身份而非个人特性所决定,只有当群体成员身份凸显时才会形成群际信任⑥。群际信任通常表现为内群体成员对外群体成

---

① E. M. Uslaner, "The Moral Foundations of Trust", *Social Science Electronic Publishing*, 2005, Vol. 1, No. 4, pp. 647-648.
② 郑伯埙:《企业组织中上下属的信任关系》,《社会学研究》1999 年第 2 期。
③ J. Delhey and K. Newton, "Predicting Cross-national Levels of Social Trust: Global Pattern or Nordic Exceptionalism?", *European Sociological Review*, 2005, Vol. 21, No. 4, pp. 769-771.
④ P. Worchel (1979), "Trust and Distrust", In W. G. Austin, & S. Worchel (Eds.), *The Social Psychology of Intergroup Relations* (pp. 174-187), Belmont, CA: Wadsworth.
⑤ 辛素飞、明朗、辛自强:《群际信任的增进:社会认同与群际接触的方法》,《心理科学进展》2013 年第 2 期。
⑥ 辛素飞、明朗、辛自强:《群际信任的增进:社会认同与群际接触的方法》,《心理科学进展》2013 年第 2 期。

第四章 胜任力公众污名对被污名群体的影响

员的信任[1],与外群体成员相比,人们更加倾向于信任内群体成员[2]。

此外,信任还可以分为作为心理状态的信任和作为行为的信任[3]。作为心理状态的信任是指"个体认为他人或团体的言辞、诺言和书面陈述等通常都是可以相信的倾向"[4],是对他人普遍意义上的信任感[5],常用问卷来测量。作为行为的信任则是指在缺乏承诺约束的情况下,信任方愿意使他自己处于利益可能受伤害的状态,自愿地将他自己的所有物交给被信任方,同时希望被信任方能够回报的行为[6],而不考虑他自己是否有能力监控被信任方[7]。合作行为常常采用社会两难(social dilemmas)中的博弈(experimental game)任务来测量,如囚徒困境博弈、投资博弈、礼物交换博弈、最后通牒博弈、公共物品博弈、资源两难博弈等[8]。

二 方法

(一) 被试

在某省属高校随机招募大学生共200人参与本实验。最后,根据被试

---

[1] L. Vezzali, D. Capozza, S. Stathi, D. Giovannini, "Increasing Outgroup Trust, Reducing Infrahumanization, and Enhancing Future Contact Intentions Via Imagined Intergroup Contact", *Journal of Experimental Social Psychology*, 2012, Vol. 48, No. 1, pp. 437–440.

[2] 辛素飞、明朗、辛自强:《群际信任的增进:社会认同与群际接触的方法》,《心理科学进展》2013年第2期。

[3] M. A. Koenig and P. L. Harris, "Preschoolers Mistrust Ignorant and Inaccurate Speakers", *Child Development*, 2005, Vol. 76, No. 6, pp. 1261–1277.

[4] J. B. Rotter, "A New Scale for the Measurement of Interpersonal Trust", *Journal of Personality*, 1967, Vol. 35, No. 4, pp. 651–665.

[5] R. C. Mayer, J. H. Davis, F. D. Schoorman, "An Integrative Model of Organizational Trust", *Academy of Management Review*, 1995, Vol. 20, No. 3, pp. 709–734.

[6] E. Fehr, "On the Economics and Biology of Trust", *Journal of the European Economic Association*, 2011, Vol. 7, No. 2–3, pp. 235–266.

[7] R. C. Mayer, J. H. Davis, F. D. Schoorman, "An Integrative Model of Organizational Trust", *Academy of Management Review*, 1995, Vol. 20, No. 3, pp. 709–734.

[8] 辛自强、高芳芳、张梅:《人际—群际信任的差异:测量与影响因素》,《上海师范大学学报》(哲学社会科学版)2013年第1期。

在信任行为实验中的答题情况，得到有效被试191人。其中，男生93人，女生98人，年龄在19—24岁，平均年龄为22.6岁。其中，污名信息启动组64人，男生30人，女生34人；反污名信息启动组63人，男生28人，女生35人；中性信息启动组64人，男生35人，女生29人。

（二）胜任力学校污名/反污名信息启动材料

与"污名/反污名信息对被污名群体注意偏向的危害"研究中的启动材料相同。

（三）信任行为实验材料

本书中信任行为的测试分为两类：两人困境游戏，多人困境游戏。

两人困境游戏采用投资博弈游戏（Trust Game，TG）任务[1]（Berg, Dickhaut & McCabe，1995），主要测量一个人对另一个人的信任。该信任博弈的基本程序是：信任者（trustor）拥有一定数额的金钱S，他要把其中一部分金钱Y投资给受信者（trustee），这部分金钱在受信者手中会翻三倍。作为回报，受信者会将一部分金钱X给信任者。信任者与受信者素不相识，以后也不会碰面，在整个游戏过程中既不能见面也不能交流协商，因此信任者并不知道受信者到底会回报多少钱给他自己。信任者投资的数额Y反映了他对受信者的信任程度[2]。在本实验中，我们将信任者拥有的金钱设定为10元，要求信任者投资的数额为整数。

多人困境游戏采用"给—游戏"（Give-some Game），又称为"公共物品困境"（Public-goods Dilemmas）[3]，主要测量一个人对多个人的信任。该游戏的基本程序是：四个人为一个小组，彼此素不相识，以后也不会碰面，在整个游戏过程中既不能见面也不能交流协商。小组中每

---

[1] J. Berg, J. Dickhaut, K. McCabe, "Trust, Reciprocity, and Social History", *Games and Economic Behavior*, 1995, Vol. 10, pp. 122-124.
[2] 陈欣、叶浩生：《行为博弈视野下信任研究的回顾》，《心理科学》2009年第3期。
[3] P. Kollock, "Social Dilemmas: The Anatomy of Cooperation", *Annual Review of Sociology*, 1998, Vol. 24, pp. 183-214.

个人的手上都拥有一定数额的金钱 S，他们会向公共账户投资 Y，剩余的钱留在个人账户中。投资到公共账户中的钱会增值，并平均返还给小组每个成员。留在个人账户中的钱不增值也不贬值，依旧属于个人所有。个人投资到公共账户中的金额反映了他对其他人（小组）的信任程度。在本实验中，我们将小组成员拥有的金钱设定为 10 元，要求信任者投资的数额为整数，投资到公共账户中的钱会翻两倍。详细的信任行为实验材料见附录 12。

（四）实验过程

第一步，初测信任行为水平。

为了解被试信任行为的基线水平，在正式实验前一个月，组织被试以 10—12 人一组的方式进行信任行为实验前测。在本轮投资博弈游戏任务和给—游戏中，其信任对象均为陌生人。

信任行为实验采用纸笔测验的方式进行。向被试发放印有信任投资游戏的测试纸，要求被试根据游戏规则做出投资决定。为了让被试能真正理解游戏规则，在被试做出投资决定之前，主试向被试详细介绍游戏规则，并带领所有被试进行三次简单的投资游戏。为了确保被试真正明白游戏规则，在每个投资游戏之后，要求被试做三道计算题。这三道题要求被试根据给出的模拟投资金额计算出投资的结果。如果被试对这几道题的计算全部正确，表明该被试确实明白了游戏规则，该被试为有效被试。

第二步，被试分组。

初测信任行为水平之后，计算出每个被试的投资总额（投资总额=投资博弈游戏任务中的投资金额+给—游戏中投资到小组的金额），其次根据投资总额从大到小进行编号（投资总额相等的被试随机依次编号）。最后，按照编号顺序依次将被试分成 3 组。

第三步，正式实验。

被试先阅读启动材料，随后进行信任行为实验后测。

随机分配三个组的被试阅读不同的信息启动材料（污名信息启动组

阅读污名信息启动材料，反污名信息启动组阅读反污名信息启动材料，中性信息启动组阅读中性信息启动材料）。启动的实验过程同子研究一。

信任行为实验的后测实验过程与初测相同。其不同之处在于信任对象不再是陌生人，而是分为两种情况。一种情况为信任对象是内群体成员，另一种情况为信任对象是外群体成员。由于在群际信任中，只有在群体成员身份凸显时才会形成群际信任[①]。因此，在本书中，我们通过信任对象的学校名称来凸显其身份。信任对象是内群体成员的具体安排是：在信任博弈任务中，受信者为"成都大学的小李"；在给—游戏中，小组另外三名成员分别为"成都大学的小王""西华大学的小张""成都理工大学的小刘"。信任对象为外群体成员的具体安排是：在信任博弈任务中，受信者为"四川大学的小潘"；在给—游戏中，小组另外三名成员分别为"四川大学的小谢""电子科技大学的小陈""西南交通大学的小杨"。

第四步，简单访谈。

在信任行为后测实验结束后，随机抽取部分被试进行简单的访谈。询问的问题如"你愿意跟名校的学生（外群体成员组）/非名校的学生（内群体成员组）一起工作吗？为什么？"

（五）实验设计

本实验总体采用相等实验组对照组前测后测实验设计。

信任行为后测实验采用3×2混合实验设计。自变量1为启动类型（污名信息启动、反污名信息启动、中性信息启动），该自变量为被试间设计；自变量2为信任对象（内群体成员、外群体成员），该自变量为被试内设计。因变量有两个，一个因变量为被试对另一个个体的信任程度，以被试在信任博弈任务中投资给受信者的金额作为指标；另一个因变量为被试对多个个体的信任程度，以被试在给—游戏中投资给小组的金额作为指标。

[①] 辛素飞、明朗、辛自强：《群际信任的增进：社会认同与群际接触的方法》，《心理科学进展》2013年第2期。

第四章 胜任力公众污名对被污名群体的影响

二 结果

(一) 信任行为前测等组检验

为了检验三个实验处理组被试在信任行为前测中的差异，对三个实验处理组在实验前测中投资博弈游戏、给—游戏以及投资总额（投资总额=投资博弈游戏任务中的投资金额+给—游戏中投资到小组的金额）进行差异检验，结果如表4-7所示。从表4-7可知，三个实验处理组被试在信任行为实验前测中的投资总额没有显著差异（均为 $p>0.05$）。这一结果说明三个实验处理组在初测信任水平上为等组。

表4-7　三个实验处理组被试在信任行为实验前测中的投资额

	污名信息启动组		反污名信息启动组		中性信息启动组		F
	M	SD	M	SD	M	SD	
投资博弈游戏	6.14	2.05	6.29	2.17	6.22	2.14	0.075
给—游戏	5.16	2.26	5.41	1.97	5.16	1.92	0.328
投资总额	11.30	2.99	11.70	2.91	11.38	3.08	0.320

(二) 投资博弈游戏后测结果

六个实验处理组被试在投资博弈游戏后测中的结果如表4-8所示。

表4-8　六个实验处理组被试在投资博弈游戏后测中的投资额

	内群体成员		外群体成员	
	M	SD	M	SD
污名信息启动组	7.20	1.80	5.91	2.23
反污名信息启动组	6.37	2.09	6.38	2.06
中性信息启动组	6.39	2.00	6.42	1.99

首先对六个实验处理组被试在投资博弈游戏后测中的结果进行重复测量的方差分析,结果如表 4-9 所示。从表 4-9 可知,启动类型主效应不显著($p>0.05$),信任对象主效应、两因素的交互作用均显著(均为 $p<0.001$)。进一步对交互作用进行简单效应检验发现,污名信息启动组被试投资给内群体成员的金额显著高于投资给外群体成员的金额($p<0.001$),反污名信息启动组和中性信息启动组被试投资给内群体和外群体成员的金额没有显著差异(均为 $p>0.05$)。两因素交互作用的分析如图 4-2 所示。

表 4-9　　　　　　投资博弈游戏后测结果的方差分析

	SS	df	MS	F
A 因素（启动类型）主效应	2.385	2	1.193	0.155
B 因素（信任对象）主效应	16.572	1	16.572	28.574***
A×B 交互作用	37.106	2	18.553	31.985***

说明：*** 表示 $p<0.001$。

分别对六个实验处理组被试的前测投资金额和后测投资金额进行配对样本 t 检验,结果发现,污名信息启动组被试在后测中投资给内群体成员的金额显著高于前测投资金额 [$t_{(63)}=4.727$, $p=0.000<0.001$],在后测中投资给外群体成员的金额与前测投资金额无显著差异 [$t_{(63)}=0.991$, $p=0.325>0.05$];反污名信息启动组被试在后测中投资给内群体成员和外群体成员的金额均与前测投资金额无显著差异 [$t_{(62)}=0.820$, $p=0.415>0.05$; $t_{(62)}=0.973$, $p=0.334>0.05$];中性信息启动组被试在后测中投资给内群体成员和外群体成员的金额均与前测投资金额无显著差异 [$t_{(63)}=1.035$, $p=0.304>0.05$; $t_{(63)}=1.275$, $p=0.207>0.05$]。

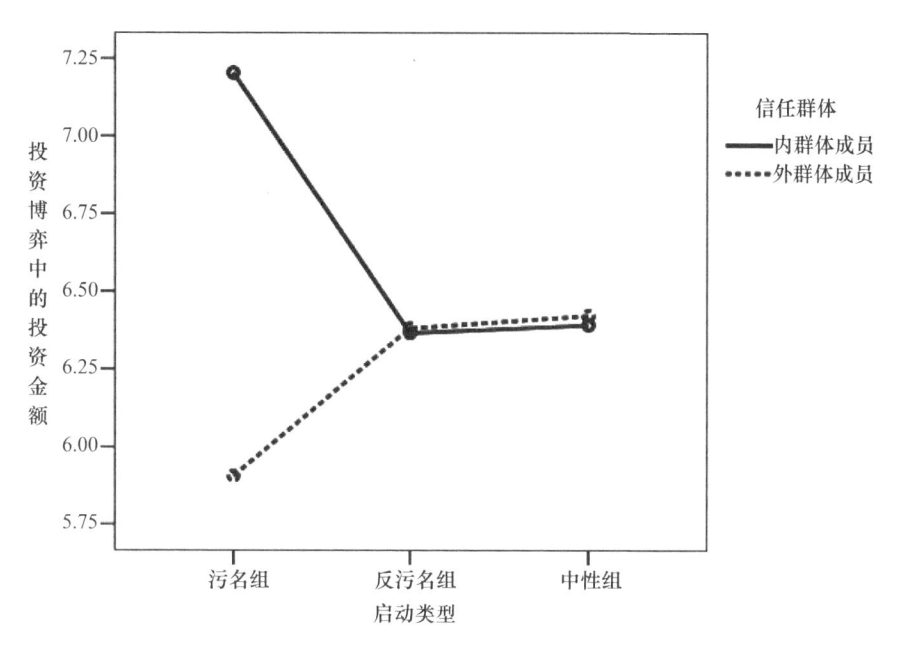

第四章 胜任力公众污名对被污名群体的影响

图 4-2 投资博弈游戏中启动类型与信任对象交互作用分析

(三) 给—游戏后测结果

六个实验处理组被试在给—游戏后测中的结果如表 4-10 所示。

表 4-10 六个实验处理组被试在给—游戏后测中投资给小组的金额

	内群体成员		外群体成员	
	M	SD	M	SD
污名信息启动组	6.23	2.32	3.47	1.64
反污名信息启动组	5.54	1.93	5.49	1.97
中性信息启动组	5.23	1.93	4.34	1.90

首先对六个实验处理组被试在给—游戏后测中的结果进行重复测量的方差分析,结果如表 4-11 所示。从表 4-11 可知,启动类型主效应、信任对象主效应以及两者的相互作用均显著(均为 $p<0.05$)。进一步对交

互作用进行简单效应检验，结果发现，污名信息启动组和中性信息启动组被试投资给内群体成员的金额显著高于投资给外群体成员的金额（均为 $p<0.001$），反污名信息启动组投资给内群体和外群体成员的金额没有显著差异（$p>0.05$）。两因素交互作用的分析如图4-3所示。

表4-11　　　　　　　　　给—游戏后测结果的方差分析

	SS	df	MS	F
A因素（启动类型）主效应	43.947	2	21.974	3.683*
B因素（信任对象）主效应	149.329	1	149.329	83.909***
A×B 交互作用	119.641	2	59.820	33.614***

说明：* 表示 $p<0.05$；*** 表示 $p<0.001$。

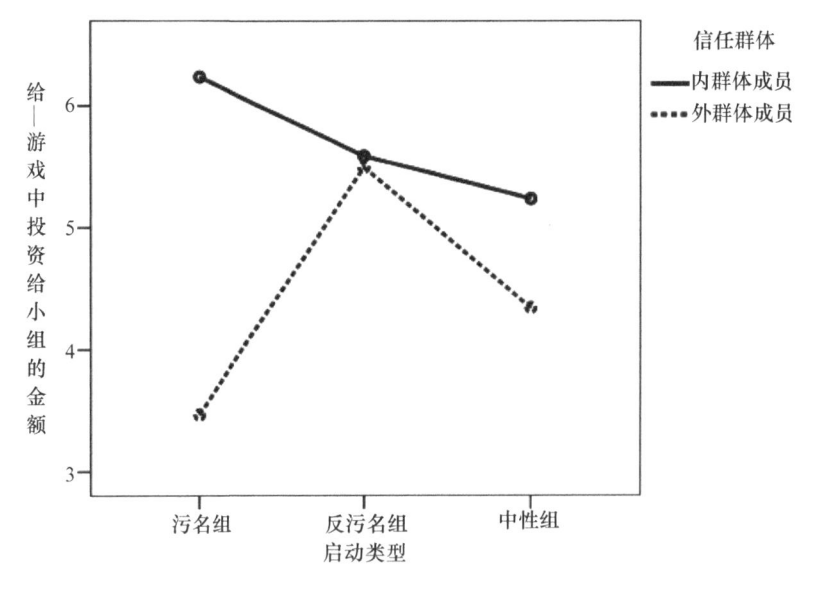

图4-3　给—游戏中启动类型与信任对象交互作用分析

分别对六个实验处理组被试的前测投资给小组金额和后测投资给小组的金额进行配对样本 t 检验，结果发现，污名信息启动组被试在后测中投资给内群体成员的金额显著高于前测投资金额 [$t_{(63)}=5.542$, $p=$

0.000<0.001]，在后测中投资给外群体成员的金额显著低于前测投资金额 [$t_{(63)}$ = -5.573, p = 0.000<0.001]；反污名信息启动组被试在后测中投资给内群体成员和外群体成员的金额均与前测投资金额无显著差异 [$t_{(62)}$ = 1.588, p = 0.117>0.05；$t_{(62)}$ = 1.217, p = 0.228>0.05]；中性信息启动组被试在后测中投资给内群体成员的金额与前测投资金额均无显著差异 [$t_{(63)}$ = 0.869, p = 0.388>0.05]，在后测中投资给外群体成员的金额显著低于前测投资金额 [$t_{(63)}$ = -3.650, p = 0.001<0.01]。

三 讨论

本书发现，被试在投资博弈游戏前测中投资给陌生人的金额在6元左右，在给—游戏前测中投资给小组的金额在5元左右，说明在与陌生人进行信任博弈时，被试具有中等程度的信任。这一结果与以往研究结果类似[①]。

研究发现，在污名信息启动条件下，无论是在投资博弈游戏还是在给—游戏中，被试投资给内群体成员的金额显著高于投资给外群体成员的金额，且投资给内群体成员的金额显著高于前测中的投资金额。综合以上结果，说明在污名信息启动后，被污名群体对内群体成员的信任高于对外群体成员的信任，且被污名群体对内群体成员的信任有上升趋势。根据社会认同（social identity）理论，个体通过社会分类对他自己所属群体产生认同，并产生内群体偏爱和外群体偏见[②]。有关群际信任的研究发现，群际互动中对方的社会群体身份信息（内群体/外群体）是诱发信任（或不信任）的一条非常重要的线索[③]。外群体成员常常被

---

① N. D. Johnson and A. A. Mislin, "Trust Games: A Meta-analysis", *Journal of Economic Psychology*, 2011, Vol. 32, No. 5, pp. 865-889.

② H. Tajfel, J. C. Turner, "The Social Identity Theory of Intergroup Behavior", In S. Worchel and W. G. Austin, eds., *Psychology of Intergroup Relations*, Chicago: Nelson Hall, 1986, pp. 7-24.

③ M. Tanis and T. Postmes, "A Social Identity Approach to Trust: Interpersonal Perception, Group Membership, and Trusting Behavior", *European Journal of Social Psychology*, 2005, Vol. 35, No. 3, pp. 413-424.

看作充满敌意的、不友好的、不合作的、不值得信任的①。当群体成员身份凸显时,与外群体成员相比,群体成员更加倾向于信任内群体成员②。对于被污名群体而言,污名信息让其被污名的身份凸显出来,因此他们也更加信任内群体成员。

有趣的是,在污名信息启动条件下,在投资博弈游戏中,与前测投资金额相比较而言,被试投资给内群体成员的金额增加了,但投资给外群体成员的金额既没有增加也没有减少。在给一游戏中,与前测投资给小组的金额相比较而言,当小组其他三人为内群体成员时,被试投资给小组的金额增加了;但当小组其他三人为外群体成员时,被试投资给小组的金额减少了。也就是说,当个体的污名身份凸显出来时,一个人对另一个人的信任发生变化的趋势是:对一个内群体成员的信任增加,而对一个外群体成员的信任则没有太大变化。但是,当个体的污名身份凸显出来时,一个人对多个人的信任发生变化的趋势是:对多个内群体成员的信任增加,而对多个外群体成员的信任则降低。污名信息也让被污名群体意识到社会公众对他们的负性刻板印象和偏见,知觉到他们被歧视的事实,感受到强势群体对他们造成的威胁即群际威胁③。研究发现,群际威胁会导致弱势群体的内群体偏向行为④,以及对强势外群体的消极态度,如外群体厌恶⑤、偏见和刻板印象⑥以及消极行为如攻击、

---

① J. Lount, B. Robert, "The Impact of Positive Mood on Trust in Interpersonal and Intergroup Interactions", *Journal of Personality and Social Psychology*, 2010, Vol.98, No.3, pp.420-433.
② 程淑华、李欣、韩毅初:《群际接触对外群体信任的影响:内群体认同的中介效应》,《心理学探新》2017年第1期。
③ 张婍、冯江平、王二平:《群际威胁的分类及其对群体偏见的影响》,《心理科学进展》2009年第2期。
④ C. W. Leach, R. Spears, N. R. Branscombe, B. Doosje, "Malicious Pleasure: Schadenfreude at the Suffering of Another Group", *Journal of Personality and Social Psychology*, 2003, Vol.84, No.5, pp.932-943.
⑤ 张建玲、赵玉芳:《群际威胁与对内群体和外群体支持决策的关系研究》,《西南大学学报》(自然科学版)2012年第4期。
⑥ E. Schlueter and P. Scheepers, "The Relationship between Outgroup Size and Anti-outgroup Attitudes: A Theoretical Synthesis and Empirical Test of Group Threat-and Intergroup Contact Theory", *Social Science Research*, 2010, Vol.39, No.2, pp.285-295.

第四章 胜任力公众污名对被污名群体的影响

敌意、报复、冲突等①。此外，有研究发现，小群体比大群体能够更好地建立和维持合作，即小群体效应（small group effect）②。当信任对象从一个变为多个时，个体所承担的风险就会增大。当信任对象为多个外群体成员时，个体所承担的风险就更大了。因此，在给一游戏中，个体对多个外群体成员的信任降低。在实验后的访谈中，污名信息启动组的绝大部分被试表示愿意与非名校的学生一起工作，而不太愿意与名校的学生一起工作。他们认为，与非名校的学生一起工作，彼此地位平等，不会有歧视，相处起来会容易一些；如果与名校的学生一起工作，肯定会被歧视，与其如此，不如敬而远之。尤其是当要与多个名校的学生一起工作时，被试的合作意愿最差。他们觉得，跟多个名校的学生一起工作，各校学生肯定会形成一个小团体，歧视排斥他们。甚至有被试在访谈中说道："我不相信他们（名校的学生）。""他们看不起我们（非名校的学生），我还看不起他们呢！""与他们（名校的学生）在一起工作，肯定会被边缘化。算了，还是不要受气了。"威胁管理理论（Threat Management Theory，TMT）认为，当人们感知到来自外群体的威胁时，出于资源竞争和自我保护的动机会导致群际冲突（intergroup conflict）③。根据这一理论可以预见，在一个工作团队中，一旦被污名群体与强势外群体之间的关系没有协调好，就极有可能产生群际冲突，这将非常不利于团队工作的开展。

本书还发现，在反污名信息启动条件和中性信息启动条件下，除了一个例外，被试的信任行为具有共同的特点。共同特点是：被试投资给

---

① M. Yuki and K. Yokota, "The Primal Warrior: Outgroup Threat Priming Enhances Intergroup Discrimination in Men But Not Women", *Journal of Experimental Social Psychology*, 2009, Vol. 45, No. 1, pp. 271–274.

② A. Agrawal, "Common Resources and Institutional Sustainability", in E. Ostrom, T. Dietz, N. Dolsak, P. C. Stern, S. Stonich, E. U. Weber, eds., *The Drama of the Commons*, Washington DC: National Academy Press, 2002, pp. 41–86.

③ D. Niesta, I. Fritsche, E. Jonas, "Mortality Salience and Its Effects on Peace Processes", *Social Psychology*, 2008, Vol. 39, No. 1, pp. 48–58.

内群体成员和投资给外群体成员的金额没有显著差异，且与前测投资金额也没有显著差异。这一结果表明，反污名信息和中性信息启动后，被污名群体对内群体成员、外群体成员以及陌生人具有同等程度的信任。反污名信息和中性信息并没有带给被试任何有关偏见、歧视、威胁的信息，没有让被试被污名的身份凸显出来。在这样的情况下，对于他们而言并不存在外群体和内群体的区分，实验中所谓外群体成员、内群体成员与陌生人并无差别，因此他们的投资金额也就没有显著差异。在实验后的访谈中，中性信息启动组和反污名信息启动组的大部分被试表示愿意与非名校的学生一起工作。有趣的是，有被试非常敏感地说道："为什么要专门提名校呢？有什么猫腻吗？""为什么不愿意与他们（名校的学生）一起工作呢？难道他们有什么不同吗？会歧视我们吗？""哦，原来我们与他们（名校的学生）是不一样的呀！他们比我们厉害一些吗？"由此可见，虽然中性信息和反污名信息没有带给被试任何的偏见、歧视、威胁的信息，但是访谈中的问题却让敏感的被试意识到了内群体和外群体的区分，似乎在无形之中起到了一定的污名启动效应。这个例外是：在中性信息启动条件下，在给一游戏中，被试投资给内群体成员的金额显著多于投资给外群体成员的金额，且与前测投资给小组的金额相比较而言，当小组其他三人为内群体成员时，被试投资给小组的金额没有发生太大变化；但当小组其他三人为外群体成员时，被试投资给小组的金额就减少了。这一结果表明，即使个体的污名身份没有凸显出来，但当被试意识到多个信任对象都具有他们自己所不具备的某一优势特征时，也会自然将其归为一个优势群体，从而对其表现出信任下降。

本书探讨了被污名群体在污名信息启动条件下对内外群体成员的信任，结果发现，对于被污名群体而言，一旦意识到他们自己被污名的事实，他们对内群体成员的信任就会上升，对多个外群体成员的信任会下降。在现实生活中，一个工作团队的成员往往具有不同的学历背景、身份背景、性别背景、地域背景等，污名的存在会对团队工作的开展产生

• 第四章　胜任力公众污名对被污名群体的影响 •

非常大的影响。虽然对内群体成员的信任上升有利于被污名群体间的合作，但是也容易形成一些不良的小团体。对外群体成员的信任下降可能会导致彼此之间产生怀疑、猜忌、不信任、不合作等，甚至可能会产生群际冲突，这将严重阻碍团队工作的开展。

第五章

胜任力自我污名的干预

污名从本质上讲是对被污名群体的一种负性的消极态度①。当个体长期遭遇社会对其的污名后，他自己往往会认同这一污名，认为自己确实具有某些不被社会所欢迎和接纳的特征，从而出现自我污名。高自我污名者具有一系列关于自我的消极认知偏差，如负性的自我概念、低自尊、低自我认同等②。此外，被污名个体常常会出现行为表现下降③，在社会交往中会采用退缩、回避等消极应对策略④。对污名进行干预也成了研究者关心的热点问题。

---

① 张宝山、俞国良：《污名现象及其心理效应》，《心理科学进展》2007年第6期。
② P. W. Corrigan, A. C. Watson, L. Barr, "The Self-stigma of Mental Illness: Implications for Self-esteem and Self-efficacy", *Journal of Social and Clinical Psychology*, 2006, Vol. 25, No. 8, pp. 875–884; M. H. Schafer and K. F. Ferraro, "The Stigma of Obesity: Does Perceived Weight Discrimination Affect Identity and Physical Health?", *Social Psychology Quarterly*, 2011, Vol. 74, No. 1, pp. 76–97.
③ M. Angelica, M. Cadinua, M. Anne, "Women Drive Better if not Stereotyped", *Accident Analysis & Prevention*, 2015, Vol. 85, pp. 199–206；王琦、俞国良：《刻板印象威胁对学习困难中学生成就动机的影响》，《心理发展与教育》2017年第4期。
④ R. Vauth, B. Kleim, M. Wirtz, P. W. Corrigan, "Self-efficacy and Empowerment as Outcomes of Self-stigmatizing and Coping in Schizophrenia", *Psychiatry Research*, 2007, Vol. 150, No. 1, pp. 71–80.

第五章　胜任力自我污名的干预

第一节　污名的干预

污名分为公众污名和自我污名[①]，对污名的干预一般也分为对公众污名的干预和对自我污名的干预。

其中，公众污名是指一般社会公众根据污名对被污名群体成员做出的反应，施加污名者为社会公众。因此对公众污名的干预，所针对的对象是普通社会公众。

抗议、教育和接触是十分常用的减少公众污名的干预方式。研究发现，接触干预的效果最佳[②]，教育干预的效果次之[③]，而抗议干预的效果最差，甚至可能会加重污名化态度[④]。抗议是指通过强调污名的各种不公平形式，责备对被污名群体持有刻板印象、歧视行为的人来减少污名的方式。由于其效果不佳，近年来，少有研究探讨抗议对减少公众污名的效果。教育是指通过提供正确的信息来改变社会公众对被污名群体错误的认识以减少公众污名的方式。如通过教育引导公众对种族差异进行非道德归因，树立民族平等的道德信念等有利于降低种族偏见[⑤]；Popiolek等在传统的课程中加入了与偏见有关的内容，使学生看到他们自己与外群体成员的相似性，从而引导学生减少偏见和歧视[⑥]；课堂讲

[①] P. W. Corrigan, "How Stigma Interferes with Mental Health Care", *American Psychologist*, 2004, Vol. 59, No. 7, pp. 614–625.

[②] P. W. Corrigan, "Lessons Learned from Unintended Consequences about Erasing the Stigma of Mental Illness", *World Psychiatry: Official Journal of the World Psychiatric Association (WPA)*, 2016, Vol. 15, No. 1, pp. 67–73.

[③] P. W. Corrigan, S. B. Morris, P. J. Michaels, J. D. Rafacz, N. Rüsch, "Challenging the Public Stigma of Mental Illness: A Meta-analysis of Outcome Studies", *Psychiatric Services*, 2012, Vol. 63, No. 10, pp. 963–973.

[④] P. W. Corrigan and J. R. Shapiro, "Measuring the Impact of Programs that Challenge the Public Stigma of Mental Illness", *Clinical Psychology Review*, 2010, Vol. 30, No. 8, pp. 907–922.

[⑤] 杨廣、胡金生：《内隐种族偏见的干预策略》，《心理科学进展》2013年第11期。

[⑥] K. Popiolek, M. Wójcik, "Psychologically Based Anti-prejudice Educational Intervention-project", *Polish Psychological Bulletin*, 2012, Vol. 43, No. 4, pp. 223–232.

授结合团体辅导的多元化教育训练方式可以有效减少大学生的敌意与善意性别偏见①;通过向年轻人介绍有关老化的相关知识,接受老化教育,可以减轻他们对老年人的消极态度②。接触是指通过增加社会公众与被污名群体的互动来减少公众污名的方式③。

群际接触理论(intergroup contact hypothesis)认为,简单的接触就能减少偏见,促进群际交往,改善群际关系④。研究发现,直接接触(即使是短暂的接触)能有效减少公众污名,如志愿者与精神障碍患者每周相处一次,在历时 6 个月后,他们对精神障碍患者的污名减少了⑤;残奥会志愿者在与残疾人短暂接触后,对残疾人的评价变得更加积极⑥;与从小在民族学校学习的维吾尔族学生相比,从小在汉族学校学习的维吾尔族学生与汉族学生更易发展出亲密友谊⑦。由于直接接触费时费力且难以实现,研究者更多地关注间接的接触形式。研究发现,间接接触能有效降低污名。如当健全被试在观看有关智障人群与健全人群合作举办乐队演出的影片后,对智障人群的认可度更高了⑧;当英国儿童在听到了描述英国儿童与难民儿童积极交往的故事后,对难民儿童的

---

① 贾凤芹:《教育干预对减少大学生矛盾性别偏见的效果研究》,《江苏理工学院学报》2016 年第 6 期。
② 姜兆萍、周宗奎:《老年歧视的特点、机制与干预》,《心理科学进展》2012 年第 10 期。
③ 赵鹤宾、夏勉、曹奔等:《接触干预在减少精神障碍公众污名中的应用》,《心理科学进展》2019 年第 5 期。
④ 高承海、万明钢:《群际接触减少偏见的机制:一项整合的研究》,《心理科学》2018 年第 4 期;李森森、龙长权、陈庆飞等:《群际接触理论——一种改善群际关系的理论》,《心理科学进展》2010 年第 5 期。
⑤ S. M. Couture and D. L. Penn, "The Effects of Prospective Naturalistic Contact on the Stigma of Mental Illness", *Journal of Community Psychology*, 2006, Vol. 34, No. 5, pp. 635-645.
⑥ P. A. Roper, "Special Olympics Volunteers' Perceptions of People with Mental Retardation", *Education & Training in Mental Retardation*, 1990, Vol. 25, No. 2, pp. 164-175.
⑦ 王晓玲:《论群际接触对跨文化敏感的影响——一项基于民族院校和非民族院校学生的实证研究》,《宁夏社会科学》2012 年第 1 期。
⑧ J. Walker and K. Scior, "Tackling Stigma Associated with Intellectual Disability among the General Public: A Study of Two Indirect Contact Interventions", *Research in Developmental Disabilities*, 2013, Vol. 34, No. 7, pp. 2200-2210.

• 第五章　胜任力自我污名的干预 •

态度变得更加积极了①；当个体通过视频得知内群体成员与外群体成员（精神分裂症患者）之间存在友谊关系后，他对精神障碍患者的偏见减少了②；甚至当个体身边仅仅存在跨民族婚姻的案例时，该个体也更能接受与其他民族的人约会，也会拥有更多的其他民族的朋友③。此外，想象接触由于其具有较强的灵活性以及低成本的特点，也受到了研究者的关注。研究发现，想象与穆斯林陌生人进行接触能显著减少种族偏见④；想象与精神障碍患者进行积极的、轻松的、舒适的互动⑤可以减少对精神障碍患者的偏见。

公众污名的产生开始于对外群体的负性刻板印象，即对某一群体特有的、较为固定的、负面的看法和观点。因此，对刻板印象的干预就是对公众污名的一种间接干预。有研究者提出，不要等到刻板印象形成后才有意识地控制它，而是应该在第一时间就阻止刻板印象的激活⑥。研究者探索出了一些可行的刻板印象干预策略，如训练策略、意识性抑制策略、树立无偏见信念策略等⑦。在训练策略方面，训练被试关注差异性的比较思维、对消极刻板行为进行情景归因都能够有效降低刻板印象。在意识性抑制策略方面，有意识的反刻板印象想象、通过指导语

---

① L. Cameron and A. Rutland, "Extended Contact Through Story Reading in School: Reducing Children's Prejudice toward the Disabled", *Journal of Social Issues*, 2010, Vol. 62, No. 3, pp. 469-488.

② K. West and R. Turner, "Using Extended Contact to Improve Physiological Responses and Behavior toward People with Schizophrenia", *Journal of Experimental Social Psychology*, 2014, Vol. 50, pp. 57-64.

③ J. L. Paterson, R. N. Turner, M. T. Conner, "Extended Contact Through Cross-group Romantic Relationships", *Journal of Applied Social Psychology*, 2015, Vol. 45, No. 9, pp. 489-497.

④ R. N. Turner and R. J. Crisp, "Imagining Intergroup Contact Reduces Implicit Prejudice", *British Journal of Social Psychology*, 2010, Vol. 49, No. 1, pp. 129-142.

⑤ J. J. Na and A. L. Chasteen, "Does Imagery Reduce Stigma against Depression? Testing the Efficacy of Imagined Contact and Perspective-taking", *Journal of Applied Social Psychology*, 2016, Vol. 46, No. 5, pp. 259-275.

⑥ G. V. Bodenhausen and C. N. Macrae, "Stereotype Activation and Inhibition", In R. S. J. Wyer, ed., *Advances in Social Cognition*, Mahwah, NJ: Erlbaum, 1998, pp. 1-52.

⑦ 庞小佳、张大均、王鑫强、王金良：《刻板印象干预策略研究述评》，《心理科学进展》2011 年第 2 期。

• 胜任力污名及其干预 •

(如在指导语中明确告知被试"尽可能做到没有男强女弱的刻板印象")唤醒被试克服刻板印象的意图、提供反刻板印象的信息和反刻板印象的榜样,一个简单的想法替代任务[用无威胁性的想法(如关于自己个性特征的想法)替代与刻板印象相关的紧张、焦虑]、鼓励个体从宏观价值观层面持有一种长期公正、无偏见的信念都能够明显削弱刻板印象。

本章主要关注自我污名及其干预。自我污名是被污名群体成员将污名化态度指向他们自己而产生的反应。自我污名的施加者和被污名者为同一个人,对自我污名的干预,其针对的对象是被污名者本人。由于自我污名是在公众污名的基础上发展起来的,只要消除或降低了公众污名,自我污名自然会逐渐消除和降低。因此,对公众污名的干预方法可以起到间接干预自我污名的作用。

从自我污名的产生过程来看,个体首先感知到社会公众对他自己的负性刻板印象并认同这种刻板印象,进而对他自己形成偏见和歧视,自我污名就产生了。公众对某个个体或群体的刻板印象会对其造成刻板印象威胁,对刻板印象威胁的干预方法也可以起到间接干预自我污名的作用。研究者探索出了一些可行的刻板印象威胁干预策略,主要有基于图式的、基于自我的以及基于情境因素的干预策略[1]。在基于图式的刻板印象威胁干预策略方面,引导被试将任务上的困难进行外归因(如明确告知女性,数学成绩差源于"女性数学能力差"这一消极刻板印象所引发的焦虑情绪,而非她们的实际能力体现)、提供内群体成员成功的角色榜样(如为女性提供在数学、物理等其他自然科学领域有卓越成就的女性榜样)、抑制消极的社会身份特征或启动积极的身份特征(如通过阅读记忆力不受老化影响的资料来启动老年人的积极身份特征)都能有效降低刻板印象威胁效应。在基于自我的刻板印象威胁干预策略方面,鼓励被刻板印象威胁的个体进行自我肯定(如通过写日记的形式来

---

[1] 张宝山、袁菲、徐靓鸽:《刻板印象威胁效应的消除:干预策略及其展望》,《心理科学》2014年第1期。

• 第五章 胜任力自我污名的干预 •

加强拉美裔中学生的自我肯定)、强调智力增长观都能有效降低刻板印象威胁效应。在基于情境因素的刻板印象威胁干预策略方面,采用不包含刻板印象信息的语言来描述任务或将任务描述为是对个体的一种挑战(如将数学测验描述为可以通过测验学到很多东西,而非描述为数学能力诊断性测验)都能有效降低刻板印象威胁效应。

对自我污名者进行教育也是一种有效的自我污名的干预方法。这种方法通过教育使自我污名者掌握有关自我污名产生的相关知识、应对自我污名的有效方法等来减少自我污名。如 Griffiths 等通过让抑郁症患者阅读学习有关应对自我污名的认知行为技术,有效降低了抑郁症患者的自我污名[1];Hammer 等通过向男性抑郁症患者发放有关抑郁症的学习手册,让他们阅读学习手册,结果发现患者的自我污名显著降低了[2]。

对自我污名的干预,主要采取团体辅导的形式[3]。在对自我污名进行干预的团体辅导中,有效的干预方法和技术有认知行为疗法[4]、终结自我污名技术[5]、叙事增强与认知技术[6]、重拾自信技术[7]、接受与

---

[1] K. M. Griffiths, H. Christensen, A. F. Jorm, K. Evans, C. Groves, "Effect of Web-based Depression Literacy and Cognitive-behavioural Therapy Interventions on Stigmatising Attitudes to Depression: Randomised Controlled Trial", *The British Journal of Psychiatry*, 2004, Vol. 185, No. 4, pp. 342-349.

[2] J. H. Hammer and D. L. Vogel, "Men's Help Seeking for Depression: The Efficacy of a Male-sensitive Brochure about Counseling", *The Counseling Psychologist*, 2010, Vol. 38, No. 2, pp. 296-313.

[3] K. M. T. Fung, H. W. H. Tsang, W. M. Cheung, "Randomized Controlled Trial of the Self-stigma Reduction Program among Individuals with Schizophrenia", *Psychiatry Research*, 2011, Vol. 189, No. 2, pp. 208-214.

[4] 郭月婷:《认知行为疗法降低事实孤儿自我污名水平的干预研究》,硕士学位论文,南京理工大学,2017年。

[5] Lucksted, A. Drapalski, C. Calmes, C. Forbes, B. Deforge, J. Boyd, "Ending Self-stigma: Pilot Evaluation of a New Intervention to Reduce Internalized Stigma among People with Mental Illnesses", *Psychiatric Rehabilitation Journal*, 2011, Vol. 35, No. 1, pp. 51-54.

[6] P. T. Yanos, D. Roe, P. H. Lysaker, "Narrative Enhancement and Cognitive Therapy: A New Group-based Treatment for Internalized Stigma among Persons with Severe Mental Illness", *International Journal of Group Psychotherapy*, 2011, Vol. 61, No. 4, pp. 577-595.

[7] P. W. Corrigan, K. A. Kosyluk, N. Rüsch, "Reducing Self-stigma by Coming out Proud", *American Journal of Public Health*, 2013, Vol. 103, No. 5, pp. 794-800.

实现疗法①等。

第二节　非名校学生胜任力自我污名的干预研究

研究发现，非名校大学生存在胜任力自我污名，即认为他们自己工作能力差；非名校学生胜任力自我污名会对求职行为产生消极影响；胜任力学校污名信息会对被污名群体的认知、情绪和行为产生负面的影响。本部分研究将采用团体辅导的方式，综合运用叙事增加与认知技术、重拾自信技术、接受与实现疗法技术等心理辅导技术以及教育、反刻板印象信息（榜样）等污名干预技术对非名校学生胜任力自我污名进行干预，以期探讨有效的干预方法。

一　引言

综合而言，公众污名和自我污名在干预方法和技术上有以下一些共同的地方：第一，从宏观层面来看，树立正确的价值信念对污名的干预具有重要的意义。针对公众污名而言，应该引导公众树立人人平等的无偏见价值信念；针对自我污名，应该引导被污名个体树立某些污名特征可以改变（或部分改变），不要自轻自贱的价值信念。第二，从知识层面来看，通过教育等方式帮助社会公众和被污名个体掌握有关污名特征的科学知识、应对污名的方式等有助于降低污名。第三，从技术操作层面来看，提供反刻板印象的信息（榜样）、归因训练（引导社会公众对被污名群体的行为进行情景归因、非道德归因；引导被污名群体对任务上的困难进行外归因）、启动积极身份特征等都是有效的污名干预技术。第四，从干预的形式来看，团体辅导是污名干预的常用形式。

---

① 王江洋、张楚、高亚华、温文娟、王非：《基于接受与实现疗法技术对高自我污名初中孤儿的团体干预》，《中国特殊教育》2016 年第 4 期。

二 方法

（一）被试

实验组被试 22 人（女生 16 人，男生 6 人），对照组被试 24 人（女生 16 人，男生 8 人）。

（二）研究工具

1. 非名校学生胜任力自我污名问卷

采用自编胜任力自我污名问卷，该问卷共 15 个项目，分为预见污名、刻板印象认同、自我污名体验三个维度，采用 Likert 5 级计分方法进行评价，1—5 对应"非常不符合"到"非常符合"，分数越高，表示胜任力自我污名的程度越深。经检验，该问卷具有良好的信度和效度。示例条目为"无论我怎么努力，用人单位也会因为我是非重点高校的学生而拒绝我"。

2. 非名校学生胜任力自我污名去污化团体辅导方案

胜任力自我污名由刻板印象认同（认知维度）、自我污名体验（情绪维度）、预见污名（预期用人单位的歧视）三个维度构成。本次团体辅导的方案，分别针对这三个维度展开。针对刻板印象认同，共设计了找到自信、提升自我两次活动；针对自我污名体验，设计了积极接纳训练一次活动；针对预见污名，设计了价值观训练一次活动。在实施正式团体辅导之前，请三名心理学专业教师对方案的适用性进行评定，修改部分不适合的活动，形成了最终干预方案（见表 5-1）。

（三）实验设计

采用实验组对照组前测后测实验设计。具体实验设计模式如下：

实验组　前测 O1　实验处理 X　即时后测 O3　延时后测 O5
对照组　前测 O2　不做处理　　即时后测 O4　延时后测 O6

• 胜任力污名及其干预 •

表 5-1　　非名校学生胜任力自我污名去污化团体辅导方案

主题	活动目标	具体活动	技术
1. 相识之初	帮助团体成员相互了解和熟悉，消除陌生感，建立良好的团队关系	1. 团队简介 2. 签订团队协议 3. 认识和熟悉团队成员 4. 期待下次活动 5. 布置作业：我的大学（理想中的大学与现实中的大学）	心理教育
2. 积极接纳训练	帮助团队成员正确认识他们的大学，更好地接纳他们是非名校大学的学生身份	1. 分享"我的大学" 2. 积极接纳 3. 分享活动感受 4. 布置作业：阅读国家奖学金获得者事迹	接纳 认知解读
3. 找到自信	帮助成员找到自信，降低刻板印象认同	1. 分享阅读国家奖学金获得者事迹的感受 2. 优秀校友现场访谈 3. 分享活动感受 4. 布置作业：阅读"你只代表你自己"	反刻板印象 榜样 重拾自信
4. 价值观训练	帮助成员形成正确的就业价值观，明白用人单位在招聘人员时关键看实力	1. 分享阅读"你只代表你自己"的感受 2. 我的就业价值观 3. 分享活动感受 4. 布置作业：寻找大学资源，阅读资料"草根大学的学生如何读大学"	教育 叙事
5. 提升自我	帮助团队成员更好地发现大学的各种资源，并学会利用这些资源提升自我	1. 分享阅读"草根大学的学生如何读大学"的感受 2. 分享寻找到的大学资源 3. 设立目标，采取行动 4. 分享活动感受 5. 布置作业：畅想四年后的自己	活在当下 采取行动
6. 珍重再见	回顾团辅过程，分享自己的成长变化，再次体会团体的温暖，结束团辅	1. 分享成长变化 2. 分享四年后的自己 3. 寄语四年后的自己 4. 赠送分别礼物	结束

说明：该方案中的"你只代表你自己"和"草根大学的学生如何读大学"选自《读大学，究竟读什么》（覃彪喜，南方日报出版社 2005 年版）一书中的文章《学校：草根照样伤不起，名校也许是浮云》。

第五章 胜任力自我污名的干预

(四) 研究过程

1. 筛选被试、分组及等组检验

通过以下步骤对被试进行筛选：第一步，2018 年 9 月，整群抽取某省属高校四个专业 426 名新生进行"非名校学生胜任力自我污名问卷调查"。第二步，计算出每个被试胜任力自我污名平均分及其 Z 分数，随后筛选出 Z 分数大于 2 的学生共 46 人。第三步，向这 46 名学生发出邀请，请他们来参加"新生适应性团体辅导"活动（该团体辅导实则是"胜任力自我污名去污化团体辅导"）。最终，有 22 人愿意参加活动。愿意参加活动的 22 人为本书的实验组被试，其余不愿意参加活动的 24 人为本书的对照组被试。在分组的基础上，对实验组、对照组被试的胜任力自我污名总分进行独立样本 t 检验，检验两组的同质性。

2. 对实验组进行团体辅导

采用"非名校学生胜任力自我污名去污化团体辅导方案"对实验组被试进行团体干预。由一名心理学专业教师担任团体干预的指导教师，一名心理学专业的研究生担任团体干预的助手。在团体干预过程中，指导教师按照团体辅导方案带领团队成员进行团体活动，助手协助指导教师开展活动并观察记录团队成员的表现。

为了保证团体干预的正常开展，将实验组被试随机分成两组，每组 11 人，对两组实施同样的干预。干预活动从 2018 年 10 月中旬开始，2018 年 12 月底结束，每两周开展一次干预活动。每次干预约 90 分钟，共 6 周。

在这期间，对照组不参加任何心理学的团体辅导活动。

3. 后测

团体干预结束后和团体干预结束后半年（2019 年 6 月），采用"非名校学生胜任力自我污名问卷"对实验组和对照组被试进行即时后测和延时后测。

4. 简单访谈

在实施即时后测和延时后测时，均对被试进行简单访谈。在进行即时后测时,访谈的问题主要有:团体辅导的哪些活动让你印象深刻?为什么?对你有什么影响?在进行延时后测时,访谈的主要问题有:在从团体辅导结束至今的近半年时间里,你的大学生活如何?主要做些什么?团体辅导对你有什么影响?

三 结果

(一) 非名校学生胜任力自我污名前测的等组检验

为了检验实验组、对照组被试在胜任力自我污名前测中的差异,将两组被试在胜任力自我污名及其各维度上的得分进行独立样本 t 检验,结果如表5-2所示。从表5-2可知,实验组与对照组在刻板印象认同、自我污名体验、预见污名三个维度及总体胜任力自我污名上均无显著性差异(均为 $p>0.05$)。这表明实验组与对照组被试在胜任力自我污名前测上属于等组,可以进行下一步的团体干预实验。

表5-2　　　　**实验组、对照组被试胜任力自我污名前测结果**

	实验组		对照组		t
	M	SD	M	SD	
刻板印象认同	3.85	0.45	3.87	0.32	-0.185
自我污名体验	3.91	0.47	3.97	0.52	-0.407
预见污名	4.28	0.43	4.16	0.42	0.959
总体胜任力自我污名	4.04	0.32	4.01	0.25	0.302

此外,将实验组被试刻板印象认同、自我污名体验、预见污名及总体胜任力自我污名的得分分别与分值3.5进行单样本 t 检验,结果发现,刻板印象认同、自我污名体验、预见污名及总体胜任力自我污名的平均分均显著高于3.5 [$t_{(21)} = 3.608$, $p = 0.002 < 0.01$; $t_{(21)} = 4.059$, $p = 0.001 < 0.01$; $t_{(21)} = 8.554$, $p = 0.000 < 0.001$; $t_{(21)} = 7.868$, $p = 0.000 <$

0.001],且预见污名的得分显著高于 4 [$t_{(21)}$ = 3.077,p = 0.006 < 0.01]。这表明实验组被试具有比较强烈的刻板印象认同、自我污名体验以及总体的胜任力自我污名;预见污名的程度更高,介于比较强烈和非常强烈之间。以上结果说明,实验组被试确实具有较高程度的胜任力自我污名,需要进行一定的干预。

(二) 非名校学生胜任力自我污名后测结果

在团体干预结束后,实验组、对照组被试胜任力自我污名即时后测和延时后测的结果如表 5-3 所示。

表 5-3 实验组、对照组被试刻板印象认同后测结果

		实验组		对照组		t
		M	SD	M	SD	
刻板印象认同	即时后测	3.07	0.32	3.86	0.34	-8.057***
	延时后测	2.99	0.38	3.88	0.32	-8.637***
自我污名体验	即时后测	3.01	0.53	3.90	0.46	-6.084***
	延时后测	3.00	0.60	3.93	0.40	-6.195***
预见污名	即时后测	4.22	0.35	4.13	0.35	0.848
	延时后测	4.14	0.38	4.10	0.31	0.395
总体胜任力自我污名	即时后测	3.52	0.25	3.98	0.23	-6.640***
	延时后测	3.45	0.27	3.98	0.20	-7.602***

说明:*** 表示 $p<0.001$。

从表 5-3 可知,在即时后测和延时后测中,实验组被试在刻板印象认同、自我污名体验、总体胜任力污名上的得分均显著低于对照组被试(均为 $p<0.001$);但在即时后测和延时后测中,实验组被试在预见污名上的得分与对照组均没有显著差异(均为 $p>0.05$)。

(三) 实验组团体干预效果的追踪分析

为了进一步追踪非名校学生胜任力自我污名去污化团体干预的效

果，分别对刻板印象认同、自我污名体验、预见污名及总体胜任力自我污名在前测、即时后测、延时后测三个时间点上的变化做单因素重复测量方差分析，结果如表5-4所示。从表5-4可知，刻板印象认同、自我污名体验、预见污名、总体胜任力自我污名的时间变量主效应均显著（均为$p<0.05$）。

表5-4　　　　　　　　实验组团体干预效果的追踪分析

	SS	df	MS	F
刻板印象认同	9.783	2	4.892	123.988***
自我污名体验	11.972	2	5.986	80.792***
预见污名	0.207	2	0.104	4.709*
总体胜任力自我污名	4.494	2	2.247	135.203***

说明：* 表示 $p<0.05$；*** 表示 $p<0.001$。

进一步进行多重比较的结果如表5-5所示。从表5-5可知，刻板印象认同即时后测和延时后测的得分均显著低于前测（均为$p<0.001$），即时后测与延时后测的得分没有显著差异（$p>0.05$）；自我污名体验即时后测和延时后测的得分均显著低于前测（均为$p<0.001$），延时后测与即时后测的得分没有显著差异（$p>0.05$）；预见污名即时后测与前测、即时后测与延时后测的得分均不存在显著差异（均为$p>0.05$），延时后测的得分显著低于前测（$p<0.05$）；总体胜任力自我污名即时后测和延时后测的得分均显著低于前测（均为$p<0.001$），延时后测与即时后测的得分没有显著差异（$p>0.05$）。

刻板印象认同、自我污名体验、预见污名、总体胜任力自我污名在前测、即时后测、延时后测三个时间点上的变化趋势如图5-1所示。从图5-1可知，刻板印象认同、自我污名体验、总体胜任力自我污名在前测与即时后测之间呈快速持续下降趋势，即时后测与延时后测呈现缓慢下降趋势；预见污名在前测、即时后测、延时后测之间呈缓慢下降趋势。

表 5-5　　实验组胜任力自我污名时间变量上的多重比较

	时间变量（I）	时间变量（J）	MD（I—J）
刻板印象认同	前测	即时后测	0.78***
	前测	延时后测	0.86***
	即时后测	延时后测	0.08
自我污名体验	前测	即时后测	0.9***
	前测	延时后测	0.91***
	即时后测	延时后测	0.01
预见污名	前测	即时后测	0.06
	前测	延时后测	0.14*
	即时后测	延时后测	0.08
总体胜任力自我污名	前测	即时后测	0.52***
	前测	延时后测	0.59***
	即时后测	延时后测	0.07

说明：* 表示 $p<0.05$；*** 表示 $p<0.001$。

四　讨论

本书结果显示，实验组被试经过胜任力自我污名去污化团体辅导干预后，在刻板印象认同、自我污名体验及总体胜任力自我污名上的即时后测得分和延时后测得分均有了显著降低；且在刻板印象认同、自我污名体验、总体胜任力自我污名上，实验组在即时后测和延时后测上的得分均显著低于对照组。以上结果表明，非名校学生胜任力自我污名去污化团体辅导活动能够有效降低胜任力自我污名个体的刻板印象认同、自我污名体验、总体胜任力自我污名，且这种干预效果具有持续性，时间最少可以持续 6 个月。

在即时后测时对实验组被试的访谈也充分证明了干预效果的有效

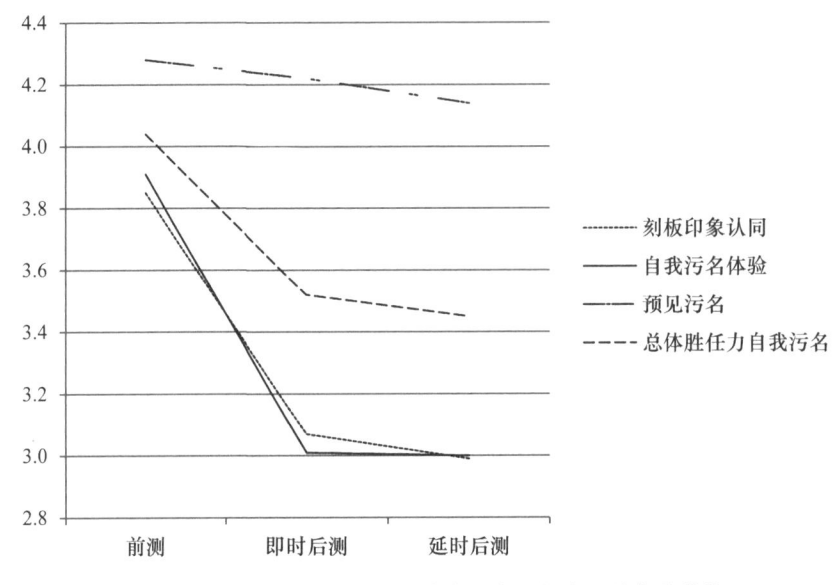

图 5-1　实验组胜任力自我污名在三个时间点上的变化曲线

性。绝大多数实验组被试在即时后测时的访谈中提到类似这样的话语："优秀校友（国家奖学金获得者）的事迹给了我很大的触动，他们的事迹让我认识到非名校的学生也能成就一番大事业""虽然理想中的大学与现实中的大学存在一定的差距，但我现在更能坦然接受自己的大学了""经过与同学和老师的讨论分享，对于我没有上名校这件事情，我不再遗憾和自卑了。毕竟成功取决于能力，而不取决于所读的学校""通过寻找大学资源，我发现了很多我可以利用的资源，我不再单纯地抱怨学校不好了，我要好好利用这些资源，提升自己。"

在延时后测时对实验组被试的访谈也充分证明了干预效果的持续性。绝大多数实验组被试在延时后测时的访谈中提到类似这样的话语："这半年来，学校名气不再困扰我了。我逐渐找到了自信，也明白了自己该做些什么。""我不再纠结于没考上名校这个问题了。虽然有点小遗憾，但我想通过自己的努力，让四年后的自己不再遗憾。""课余时

第五章　胜任力自我污名的干预

间,我一直在学校图书馆上自习,也在积极与专业老师沟通,希望获得更多专业学习锻炼的机会。我逐渐找到了自我,不再迷茫和困惑了。""优秀校友的事迹一直激励着我。不自轻自贱、用实力证明自己。"

研究发现,在预见污名方面,实验组被试在即时后测和延时后测中的得分与对照组均没有显著差异,实验组被试即时后测的得分与前测的得分也不存在显著差异。这一结果表明,胜任力自我污名去污化团体辅导活动对预见污名似乎没有什么效果。针对预见污名,干预方案设计了价值观训练一次活动。本次活动主要是通过被试阅读并分享"你只代表你自己"这一材料,帮助他们形成正确的就业价值观,明白招聘单位在录用人员时关键看实力。这一材料对被试确实有一定的触动,他们均表示看到了一丝希望。但是他们也流露出了担忧和顾虑,毕竟,第一学历歧视是客观存在的,在毕业找工作时难免会遭遇偏见和歧视。因为这样的担忧和顾虑,实验组预见污名几乎没有变化,干预活动对预见污名没有效果。可喜的是,在延时后测时,预见污名的得分相较于前测时有了一定的下降。这说明在干预活动结束6个月后,干预活动对预见污名产生了一定的效果。这可能是因为在干预活动结束后,实验组被试对大学的看法发生了改变,加之充分利用学校资源不断提升其自己,逐渐找到的自信以及拥有的实力让他们的预见污名降低了。

虽然本书在一定程度上表明了非名校学生胜任力自我污名去污化团体辅导活动对胜任力自我污名干预的有效性,但也要注意到其局限性。总体胜任力自我污名在即时后测和延时后测时依旧处于相对较高的水平。这表明虽然与前测时相比较而言,总体胜任力自我污名在即时后测和延时后测时均有了显著下降,但其水平还介于中等程度和比较强烈之间。

第六章

总体讨论与结论

第一节 总体讨论

一 胜任力学校污名的证据

本书通过外显测验以及内隐联想测验、刻板解释偏差的方法来寻找胜任力学校污名的证据。结果表明，在外显层面上，大学生对求职者不存在胜任力污名，名校求职者与非名校求职者工作能力相差无几，非名校求职者的工作能力并不比名校求职者弱。在内隐层面上，大学生对求职者存在胜任力污名，他们均认为名校求职者工作能力较强，非名校求职者工作能力较弱。名校大学生对非名校求职者存在胜任力公众污名，非名校求职者存在胜任力自我污名。大学生倾向于将名校求职者的积极行为归因为内部因素，而将其消极行为归因为外部因素；将非名校求职者的积极行为归因为外部因素，而将其消极行为归因为内部因素。名校大学生存在内群体偏爱，非名校大学生存在外群体偏爱。

对于非名校学生来说，他们承受着胜任力公众污名和自我污名的双重压力，这给非名校学生的就业造成了诸多困境。第一，非名校学生缺少公平竞争的机会。由于对非名校学生存在胜任力公众污名，招聘单位

• 第六章　总体讨论与结论 •

往往会采取定向招聘的方式进行人员招聘，即直接进入名校选拔人才①，这使得原本就很稀缺的就业机会往往被名校大学生所占据。甚至有的用人单位只将招聘信息定向投放给名校学生，这致使非名校学生很可能连相关信息也接收不到②。此外，很多招聘单位在筛选简历时奉行"院校出身"这一隐形标准，这导致非名校学生连简历都投递不出去③。第二，非名校学生消极对待求职机会。胜任力学校污名会让非名校学生在就业时降低自尊，认为他们自己很差劲，在求职时应付了事，甚至主动放弃求职机会。此外，由于非名校学生会遭遇"简历关"这道门槛，这让有的学生在制作求职简历时失去诚信，给简历"注水"④或者在简历中造假⑤。第三，非名校学生缺乏努力奋斗的动力。污名具有外溢效应⑥，即只要个体遭遇了污名，个体在其他任务中也依然会表现出行为上的损害⑦。虽然胜任力学校污名是针对求职情境而言的，但由于外溢效应的存在，会导致非名校大学生在非工作行为、非求职行为上也表现出行为的损害。加之由于非名校学生身份从踏进大学校门开始就固定了，没法改变，不少非名校学生感到前途渺茫、觉得他们自己无论怎么努力都无法改变其非名校学生身份，从而在日常的学习和生活中表现出学习动力不足、自暴自弃等不良行为⑧。

胜任力学校污名对于名校大学生而言是否有诸多好处呢？事实也不尽然。污名起源于刻板印象。与非名校学生遭遇胜任力学校污名相对

---

① 赵雅儒：《中国百强企业校园招聘九成偏爱"985""211"》，《华西都市报》2012年12月13日第12版。
② 罗筱晓：《"非重点"院校毕业生遭遇简历"门槛"》，《工人日报》2015年12月22日第6版。
③ 程远州：《求职，请多给我们点机会》，《人民日报》2016年1月12日第9版。
④ 程远州：《求职，请多给我们点机会》，《人民日报》2016年1月12日第9版。
⑤ 针未尖：《谁解简历"吹牛"背后的求职焦虑》，《西宁晚报》2016年1月8日第B7版。
⑥ M. Inzlicht and S. K. Kang, "Stereotype Threat Spillover: How Coping with Threats to Social Identity Affects Aggression, Eating, Decision Making, and Attention", *Journal of Personality and Social Psychology*, 2010, Vol. 99, No. 3, pp. 467–481.
⑦ 管健、柴民权：《刻板印象威胁：新议题与新争议》，《心理科学进展》2011年第12期。
⑧ 程斯辉：《校历歧视不断蔓延　社会危害大》，《中国教育报》2013年7月19日第6版。

应,人们对名校学生往往存在着胜任力正性刻板印象,即认为他们工作胜任力强。研究发现,正性刻板印象会导致目标群体成员的表现上升,这被称为刻板印象威胁的促进效应(stereotype threat boost effects)[1]。但也有研究发现,并非所有正性刻板印象目标群体的成员都会表现出刻板印象威胁的促进效应,有的也会出现与面对刻板印象威胁类似的行为损害[2]。这种与促进效应相反的现象被认为是刻板印象威胁的窒息(stereotype threat choking),即由于个体担心不能验证积极刻板印象而引发的消极后果[3]。对于名校学生而言,虽然胜任力学校污名会让他们在就业时占据很大优势,但也可能会给他们带来窒息效应。事实上,在找工作时,不少名校学生表示因为承受着名校学子的压力,也会担心他们自己的表现名不副实,从而导致在应聘中甚至在今后的工作中表现不佳。

二 非名校学生胜任力自我污名对求职行为的影响及其作用机制

本书通过大规模的问卷调查探讨了非名校学生胜任力自我污名对求职行为的影响及其作用机制。结果表明,非名校学生胜任力自我污名对其求职行为会产生负面影响。非名校大学生在求职时,由于对其自身胜任力存在污名态度,认为他们自己能力不行,进而影响其求职行为。最典型的表现是消极对待求职机会。非名校大学生在求职时遭遇了第一学历歧视,屡次受挫会让他们在求职时没有信心,认为他们自己就是很糟糕,从而产生胜任力自我污名。由于担心他们在求职时会再次遭到拒绝,不少非名校大学生在求职时信心不足,应付了事,甚至主动放弃求职机会。在现实生活中我们也发现,不少非名校大学生一说到找工作就

---

[1] 管健、柴民权:《刻板印象威胁:新议题与新争议》,《心理科学进展》2011年第12期。

[2] B. E. Armenta, "Stereotype Boost and Stereotype Threat Effects: The Moderating Role of Ethnic Identification", *Cultural Diversity and Ethnic Minority Psychology*, 2010, Vol. 16, No. 1, pp. 94-98; J. P. Jamieson and S. G. Harkins, "The Effect of Stereotype Threat on the Solving of Quantitative GRE Problems: A Mere Effort Interpretation", *Personality and Social Psychology Bulletin*, 2009, Vol. 35, No. 10, pp. 1301-1314.

[3] 管健、柴民权:《刻板印象威胁:新议题与新争议》,《心理科学进展》2011年第12期。

第六章 总体讨论与结论

灰心丧气,还没开始找工作就断定他们一定会失败;有的学生即使勉勉强强参加了招聘会,也畏畏缩缩,不积极主动推荐他们自己;有的学生因为对其自己信心不足,错过了不少求职机会。另外,为了应对第一学历歧视,有的非名校大学生在求职时失去诚信。由于非名校学生在求职时会遭遇"简历关"这道门槛,这让有的学生不惜"铤而走险","注水"简历(伪造实习经历、学生干部经历和奖学金),以求得笔试面试的机会[1]。甚至有学生认为"简历不造假,十足一大傻"[2]。非名校大学生在求职时原本就缺少机会,而消极对待求职机会让他们在求职的道路上更加举步维艰。这一结果启示我们,在对大学生进行就业指导时,要特别注意非名校学生胜任力自我污名的负面影响。虽然大学生在求职时是否会遭遇"第一学历歧视"是学校及学生很难控制的,但学校可以采取一些干预手段降低非名校学生胜任力自我污名,以此来帮助大学生就业。

本书还发现,在非名校学生胜任力自我污名对求职行为的影响作用模型中,求职自我效能感是一个显著的中介变量。也就是说,非名校学生胜任力自我污名通过影响求职效能感进而影响求职行为。这一结果启示我们,可以通过采取提升求职自我效能感的方法来帮助大学生就业。此外,本书还发现,在求职自我效能感中介非名校学生胜任力自我污名对求职行为的模型中,消极污名应对方式调节着中介模型的前半段路径(胜任力自我污名→求职自我效能感)。对于消极污名应对方式较高的个体来说,胜任力自我污名对求职自我效能感的影响不大;但是对于消极污名应对方式较低的个体来说,胜任力自我污名对求职自我效能感具有显著的负向预测作用。非名校学生胜任力自我污名并不是对所有求职者来说都能够预测求职自我效能感,非名校学生胜任力自我污名与求职自我效能感之间的负相关关系只有在那些消极污名应对方式较低的个体

---

[1] 程远州:《求职,请多给我们点机会》,《人民日报》2016年1月12日第9版。
[2] 针未尖:《谁解简历"吹牛"背后的求职焦虑》,《西宁晚报》2016年1月8日第B7版。

中才能发现。面对胜任力自我污名,较多使用消极污名应对方式的个体往往倾向于抱怨、自责、退避、幻想等,这些应对方式都不利于问题的解决;而较少使用消极污名应对方式的个体能够更积极地寻求帮助,着眼于问题的解决。非名校学生胜任力自我污名对求职自我效能感的影响有很重要的一个方面是通过影响胜任力学校污名应对方式这一途径进行的,因此胜任力学校污名应对方式会在很大程度上限制非名校学生胜任力自我污名的影响作用。这一结果启示我们,在指导学生就业时,可以从胜任力污名应对方式入手,引导学生少采用消极的污名应对方式。

本书还发现,在求职自我效能感中介非名校学生胜任力自我污名对求职行为的模型中,家庭社会经济地位调节着中介模型的后半段路径(求职自我效能感→求职行为)。无论是高家庭社会经济地位的个体还是低家庭社会经济地位的个体,求职自我效能感的中介作用都很显著,只是对于低家庭社会经济地位的个体而言,求职自我效能感的中介作用更大。研究发现,在大学生就业时,与弱社会关系相比较而言,强社会关系的力量更强,强的社会关系有助于大学生就业机会的获得[①]。家庭社会经济地位较高的大学生,在求职时可以依靠家庭关系来帮助他们获得职位,此时其自身的求职自我效能感变得无关紧要。而对于家庭社会经济地位较差的大学生而言,他们只能依靠他们自己,此时求职自我效能感的作用就非常大了。这一结果也启示我们,对于家庭社会经济地位较低的大学生来说,他们应该努力提高其求职自我效能感,以弥补家庭社会经济地位较低这一难以改变要素的缺憾。对于家庭社会经济地位较高的大学生来说,他们也不能盲目自信,好的家庭社会经济地位只是为他们提供了一个较好的求职平台,并不意味着一定能成功。

整体而言,本书提出的有调节的中介模型比较深入地揭示了非名校学生胜任力自我污名对求职行为的影响及其作用机制:非名校学生胜任

---

① 苏丽锋、孟大虎:《强关系还是弱关系:大学生就业中的社会资本利用》,《华中师范大学学报》(人文社会科学版) 2013 年第 5 期。

第六章　总体讨论与结论

力自我污名通过求职自我效能感影响求职行为，消极污名应对方式调节着这一中介模型的前半段，家庭社会经济地位调节着这一中介模型的后半段。这一模型既阐释了非名校学生胜任力自我污名如何影响大学生求职行为的过程（"怎样发挥作用"），还阐明了非名校学生胜任力自我污名影响求职行为的条件（"何时作用更大"）。该模型在一定程度上扩展了相关研究成果并具有一定的实践意义。首先，求职自我效能感在非名校学生胜任力自我污名与求职行为之间起中介作用，这一中介模型考察了非名校学生胜任力自我污名通过求职自我效能感对求职行为产生影响，在一定程度上扩展了自我污名相关研究成果。自我污名相关研究表明，自我污名会对个体的行为产生影响，本书的中介模型表明，自我污名会通过影响个体的自我效能感进而影响其行为。其次，求职自我效能感在非名校学生胜任力自我污名与求职行为的中介效应的前半段路径受到胜任力污名应对方式的调节，这一调节模型进一步扩展了自我污名对自我效能感影响的相关研究成果。本书指出了自我污名对自我效能感的影响受到污名应对方式的调节，即对于较少使用消极污名应对方式的个体来说，自我污名对自我效能感的影响比较显著；对于较多使用消极污名应对方式的个体来说，自我污名对自我效能感的影响不显著。因此，我们在探讨自我污名对自我效能感的影响时需要考虑污名应对方式的调节作用，不能一概而论。最后，求职自我效能感在非名校学生胜任力自我污名与求职行为的中介效应的后半段路径受到家庭社会经济地位的调节，这一调节模型进一步扩展了自我效能感理论、目标层次理论。自我效能感理论、目标层次理论从"自我效能感—行为"这一模式来论述求职自我效能感对求职行为的影响，本书进一步指出了求职自我效能感对求职行为的影响受到家庭社会经济地位的调节，即对于家庭社会经济地位较低的个体来说，求职自我效能感对求职行为的影响较显著；对于家庭社会经济地位较高的个体来说，求职自我效能感对求职行为的影响不显著。因此，我们在探讨求职自我效能感对求职行为的影响时需要考虑家庭社会经济地位的调节作用，需要考虑自我效能感理论、目标层次理论在不同个体身上的适用性。

三 非名校学生胜任力公众污名对被污名群体的影响

本书通过采用污名/反污名/中性信息启动的实验方法，探讨了非名校学生胜任力公众污名对被污名群体注意偏向、情绪体验、群际信任的影响。结果表明，当污名身份凸显时，被污名群体表现出对消极信息更多的注意偏向，体验到较高程度的负性情绪，对内群体成员的信任增加。这一结果与以往同类研究有相似之处[①]。在现实生活中，非名校大学生在面对胜任力学校污名时，会对某些消极的就业信息出现注意偏向。如很多非名校大学生会更多地注意就业中关于"第一学历歧视"的信息，甚至会将某些中性的信息解读归因为"第一学历歧视"，这给非名校学生就业带来很大的负面影响。过多地注意有关"第一学历歧视"的信息，会让非名校大学生的求职信心受到打击，缺乏就业动力。在面对胜任力学校污名信息时，非名校大学生体验到了较高程度的难过、生气、焦虑、迷茫等负性情绪；但是在面对反胜任力学校污名信息时，非名校大学生体验到的高兴、满意、激动等正性情绪却只是中等程度的。在现实生活中，非名校大学生在面对胜任力学校污名信息时，往往会产生比较强烈的负性情绪，显得非常生气、愤怒、难过。但面对反胜任力学校污名信息时，非名校大学生却不会产生同等程度的高兴、满意，他们甚至会质疑反胜任力学校污名信息的真实性与普遍性。在面对胜任力学校污名信息时，非名校大学生倾向于更加信任内群体成员（非名校大学生）。尤其是当信任对象为多个个体时，非名校大学生对外群体成员（名校大学生）的信任下降了。在现实生活中，当感受到胜任力学校污名时，不少非名校大学生表现出对非名校大学生的好感和接

[①] R. P. Blackstone, "Prejudice, Discrimination, and the Preferred Approach to the Patient with Obesity", *Obesity*, 2016, No. 8, pp. 22-39; J. R. H. Wakefield, N. Hopkins, R. M. Greenwood, "Thanks, But No Thanks Women's Avoidance of Help-seeking in the Context of a Dependency - related Stereotype", *Psychology of Women Quarterly*, 2012, Vol. 36, No. 4, pp. 423-431.

• 第六章　总体讨论与结论 •

纳，表现出对名校大学生的敌意和排斥。

事实上，求职者是名校大学生还是非名校大学生，主要是由高考的分数决定的，高考的分数并不能代表其大学毕业时的工作胜任力。但是当我们戴着"有色眼镜"看待他们时，往往不能全面客观地评价他们。这种戴着"有色眼镜"的看待方式会给非名校大学生认知、情绪、行为造成影响。促进大学生就业，不仅需要大学生个人的主观努力，国家相关政策的推进，还需要公众消除对非名校大学生胜任力的污名，不要戴着"有色眼镜"看待他们。

四　非名校学生胜任力自我污名的干预

本书采用实验组对照组前测后测实验设计，通过胜任力自我污名去污化团体辅导对非名校学生胜任力自我污名进行干预，结果表明，该团体辅导方案能够有效降低非名校学生胜任力自我污名个体的刻板印象认同、自我污名体验、总体胜任力自我污名，且这种干预效果具有持续性，时间最少可以持续6个月。

反思整个团体干预活动，我们发现，在找到自信环节中，反刻板印象榜样在帮助个体改变认知、重拾自信方面的效果比较好。以往的研究表明，反刻板印象榜样能够明显减弱刻板印象，并提高被污名群体在相关行为中的表现[1]。在干预活动中，被试也反映说，国家奖学金获得者的事迹以及与优秀校友的访谈对其触动很大。反刻板印象榜样在很大程度上改变了被试的认识，让被试认识到"名牌大学并不是成功的保险柜。如果说成功真有保险柜的话，那绝不是名牌大学，而是加倍地付出"。此外，在提升自我的环节中，活在当下、采取行动的技术对干预具有持续效果。具体而言，通过让被试阅读"草根大学的学生如何读大学"并寻找大学资源，绝大多数被试都发现在大学里他们自己可以利用

---

[1] 宋淑娟、刘华山：《反刻板印象信息对减弱数学—性别刻板印象威胁效应的作用》，《中国临床心理学杂志》2014年第3期；王美芳、杨峰、顾吉有等：《反刻板印象对内隐性别刻板印象的影响：情绪的调节作用》，《中国临床心理学杂志》2015年第3期。

的各种资源,对他们自己的大学不再是一味地否定和排斥。在寻找资源的基础上,通过设立目标、采取行动,进一步让被试明确了他们自己能做些什么,为付诸行动打下良好的基础。更为重要的是,在干预结束后,实验组很多被试依旧在利用当初发现的大学资源来促进他们自己的成长,依旧将当初制订的行动计划付诸实践。这可能也是延时后测时刻板认同和总体胜任力污名的得分均显著低于即时后测得分的原因之一。

五 胜任力学校污名背景下大学生就业的一些思考

从微观层面来看,胜任力学校污名违反了公平竞争原则,直接损害了非名校大学生的切身利益,还间接导致了人们疯狂追求名校,从而出现了"新"高考复读生[1]。从宏观层面来看,"第一学历歧视"(胜任力学校污名)不利于社会选拔多样化人才,也不利于社会阶层流动,对实现高等教育结果公平会产生十分消极的影响[2]。在胜任力学校污名这一背景下,必须思考大学生就业的出路。

第一,法律保障,营造公平的就业环境。胜任力学校污名是对非名校学生权利的一种侵犯,因此首先应该从法律上保障非名校学生的合法权益。当前,我国的就业平等权在很大程度上还是一项停留在纸面上的权利,主要体现在立法不完善以及法律实施不理想两个方面[3]。虽然在《中华人民共和国劳动法》《中华人民共和国就业促进法》等法律中有反就业歧视的相关法律条款,但还没有专门针对就业歧视方面的法律法规出台。因此,政府应该加强反就业歧视的立法工作,从法律上保障每个人(包括非名校大学生、女性、残疾人等弱势群体)享有同等的就业机会和条件。同时,政府应该加强监管,对于各种显性或隐性的就业歧视行为给予严厉的处罚,切实营造公平的就业环境。

---

① 诸葛亚寒、李晨赫:《"新"高考复读生》,《中国青年报》2015年8月17日第9版。
② 唐湘岳、张灿强:《院校歧视"任性"违背社会公平》,《光明日报》2015年3月24日第1版。
③ 朱宁宁:《是时候出台反就业歧视法了》,《法治日报》2016年1月26日第9版。

• 第六章　总体讨论与结论 •

第二，消除偏见，不戴"有色眼镜"看学生。作为用人单位，不要以校取人，要消除对非名校学生的负性刻板印象、偏见和歧视。大学生毕业于名校还是非名校，是由多因素综合作用的结果，有高考分数的原因，也包含运气等成分。因此，根据毕业院校来判断一个人的工作胜任力并不科学。因此，用人单位要勇于摘下"有色眼镜"，不要"一棍子打死"所有非名校学生，而是要根据具体工作任务、具体岗位需求，制定出相关胜任力选拔标准，通过公平、严格的考核，择优录取。

第三，就业指导，为学生就业保驾护航。作为高校，应该为学生提供就业指导，为学生就业保驾护航。首先，给学生普及就业的相关法律法规，让学生学会识别和应对就业中的各种歧视（包括性别歧视、第一学历歧视、户籍歧视等），引导学生学会用法律武器保护他们自己的合法权益。其次，提升非名校学生求职自我效能感，降低胜任力自我污名，增加有效的求职行为。如可以为毕业生安排优秀校友和优秀学生案例分享、自信心训练、求职技巧培训（如面试技巧、简历制作等）。

第四，提升自己，用实力打破胜任力学校污名。作为非名校学生，面对第一学历歧视，面对胜任力学校污名，抱怨不公平、责怪他们自己当初不努力等都无济于事，用实力证明他们才是唯一的出路。非名校大学生不要自轻自贱，而是要扎扎实实提高他们各方面的能力，拥有较强的实力才是打破胜任力学校污名的真正利器。

第二节　本书的不足及未来研究展望

虽然本书在寻找胜任力学校污名的基础上，编制了有效的测量工具，并进一步探索了非名校学生胜任力自我污名对求职行为的影响及其作用机制，探索了非名校学生胜任力公众污名对被污名群体的影响以及非名校学生胜任力自我污名的干预，但本书也存在一些问题，需要在未来研究中加以不断完善和发展，具体表现在以下几个方面：

第一，对于名校、非名校的分类有点简单化。本书采用了是否为

985、211高校作为区分名校与非名校的标准，这一分类标准有点简单化。事实上，在某些发达地区，一些非985、211高校在人才培养、专业建设、社会影响等方面发展较为迅速，形成了它们自己的办学特色，具有较好的社会声誉。在今后的研究中，在区分名校与非名校时，应综合考虑学科评价、"双一流"建设指标、大学的综合声誉等因素，进行更为细致和规范的分类。

第二，研究方法较为单一，未能采用较为先进的研究方法。如在研究三探讨胜任力学校污名/反污名信息对被污名群体情绪的影响研究中，对被污名群体情绪的测量采用自我报告法。自我报告法是情绪测量中最简便易行的方法，最常用来测量被试的主观情绪体验[1]。但是已有研究表明，基于当前情绪体验的自我报告存在一定的偏差，如社会期许性高的个体更不愿意报告消极的情绪体验[2]。在未来的研究中可以考虑采用脑电图、功能性磁共振成像或正电子发射断层扫描等神经影像学技术来对情绪进行测量。此外，在研究三探讨胜任力学校污名/反污名信息对被污名群体群际信任的影响研究中，对群际信任的测量采用的是纸笔式的困境游戏，且采用的是单次博弈游戏，这样的测量方式缺乏真实的情境感。目前，在信任博弈游戏中，一般都会利用计算机软件编写博弈游戏模拟真实的博弈情境，且一般会设计多轮博弈游戏[3]。此外，信任修复、信任违背是信任研究的趋势[4]。在未来的研究中可以考虑增加信任修复、信任违背等元素，采用更符合真实情境的博弈游戏，以便提高实验的生态化效度。

---

[1] 谢晶、方平、姜媛：《情绪测量方法的研究进展》，《心理科学》2011年第2期。
[2] J. W. Welte and M. Russell, "Influence of Socially Desirable Responding in a Study of Stress and Substance Abuse", *Alcoholism Clinical and Experimental Research*, 1993, Vol. 17, No. 4, pp. 758-761.
[3] 王沛、陈莉：《惩罚和社会价值取向对公共物品两难中人际信任与合作行为的影响》，《心理学报》2011年第1期；王益文、张振、原胜等：《重复信任博弈的决策过程与结果评价》，《心理学报》2015年第8期。
[4] 严瑜、吴霞：《从信任违背到信任修复：道德情绪的作用机制》，《心理科学进展》2016年第4期；袁博、董悦、李伟强：《道歉在信任修复中的作用：来自元分析的证据》，《心理科学进展》2017年第7期。

• 第六章　总体讨论与结论 •

第三，被试的代表性不够充分。在研究三、研究四中，所有被试全部为西南科技大学的学生；在研究二中，被试主要为四川省内几所非名校。这样选取被试的代表性不够充分。在未来的研究中应该进一步制定科学的抽样方案，扩大样本量，增强被试的代表性，最好能够兼顾各个地区、各种类型的非名校。此外，在非名校学生胜任力自我污名的干预研究中，干预的对象为大一的学生。对大一学生实施的有效干预措施是否对大四学生有效，目前还不得而知。此外，实验组的学生经过干预后，胜任力自我污名降低了，但是，当他们到大四真正面对胜任力污名、遭遇"第一学历歧视"时，胜任力自我污名是否会再次升高，目前也不得而知。未来的研究可以考虑在大四学生中实施干预，探索出适合非名校大四学生的胜任力自我污名干预方案，以便能更好地为处于求职关键期的毕业生服务。或者对大一学生进行更长时间的干预追踪，以便探索出适合每个年级段的更加有效的干预方案。

第四，研究内容不够深入。在研究一胜任力公众污名的探讨中，由于选取的被试为名校大学生，因此仅仅探讨了名校大学生对非名校大学生的胜任力公众污名。事实上，胜任力公众污名可能更多地来自用人单位。未来的研究可以考虑以用人单位负责招聘的工作人员、公司负责人等为被试，进一步探索胜任力公众污名的存在及其表现形式等问题。在研究二中，重点关注了非名校学生胜任力自我污名对求职行为的影响，并进一步探讨了求职自我效能感的中介作用以及胜任力学校污名应对方式和社会资本的调节作用。事实上，影响大学生求职行为的因素是多方面的，因素之间的作用机制也是比较复杂的[①]。研究二虽然澄清了一些问题，得出了一些结论，但对于复杂的大学生求职行为显然是不充分的。此外，从研究设计来看，研究二本质上属于横断研究设计，因而无

---

① 曹科岩、戴健林：《主动性人格对大学生求职行为影响机制的追踪研究》，《心理学探新》2016年第4期；叶宝娟、郑清、陈昂等：《职业使命感对大学生求职行为的影响：求职效能感的中介作用及情绪调节的调节作用》，《中国临床心理学杂志》2016年第5期。

法对非名校学生胜任力自我污名对求职行为的影响进行因果性的关系推论，仅能得出相关性的结论和建议。未来的研究可以在现有研究框架的基础上，进一步增加其他一些因素如求职清晰度、职业规划、人格因素等，并采用追踪研究设计或交叉研究设计，以期建构影响求职行为的多层次、综合性的模型机制。

第五，研究的规范性有待进一步提高。在研究二中，编制了"非名校学生胜任力自我污名问卷"和"胜任力学校污名应对方式问卷"。在问卷编制过程中，对问卷的心理测量学特征分析不够充分，如由于没有使用效标问卷，因此没有检验会聚效度、区分效度等测量学指标。在未来的研究中可以引入效标问卷，充分分析问卷的各项测量学指标，进一步修改、完善问卷。

第三节　研究结论

本书通过寻找胜任力学校污名证据，编制了有效的测量工具，并进一步探索了非名校学生胜任力自我污名对求职行为的影响及其作用机制，探索了非名校学生胜任力公众污名对被污名群体的影响以及非名校学生胜任力自我污名的干预，得出了以下一些研究结论：

第一，在外显层面上，大学生对求职者不存在胜任力污名。在内隐层面上，名校大学生对非名校求职者存在胜任力公众污名，非名校求职者存在胜任力自我污名。他们均认为名校求职者工作胜任力较强，非名校求职者工作胜任力较弱。大学生倾向于将名校求职者的积极行为归因为内部因素，而将其消极行为归因为外部因素；将非名校求职者的积极行为归因为外部因素，而将其消极行为归因为内部因素。名校大学生存在内群体偏爱，非名校大学生存在外群体偏爱。

第二，自编"非名校学生胜任力自我污名问卷"由 15 个项目构成，分为刻板印象认同、自我污名体验、预见污名三个维度。自编"胜

第六章　总体讨论与结论

任力学校污名应对方式问卷"由20个项目构成，分为解决问题、求助、自责抱怨、幻想、退避五个维度。这两个自编问卷均具有良好的信度和效度，可以作为测量非名校学生胜任力自我污名和胜任力学校污名应对方式的有效工具。

第三，非名校学生胜任力自我污名可以通过求职自我效能感的中介作用对求职行为进行预测。在求职自我效能感中介非名校学生胜任力自我污名对求职行为影响方面，积极的污名应对方式不起调节作用，消极的污名应对方式起着调节作用，并且调节着中介模型的前半段路径（非名校学生胜任力自我污名→求职自我效能感）；对于消极污名应对方式较低的大学生，非名校学生胜任力自我污名对求职自我效能感的影响显著。在求职自我效能感中介非名校学生胜任力自我污名对求职行为影响方面，基于学校的人际交往不起调节作用，家庭社会经济地位起着调节作用，并且调节着中介模型的后半段路径（求职自我效能感→求职行为）；对于家庭社会经济地位较低的大学生，求职自我效能感对求职行为的影响较大。

第四，当非名校学生胜任力污名身份凸显时，被污名群体表现出对消极信息更多的注意偏向，体验到较高程度的负性情绪，对内群体成员的信任增加，对单个外群体成员的信任没有太大变化，对多个外群体成员的信任下降。当反非名校学生胜任力污名身份凸显时，被污名群体表现出对积极信息更多的注意偏向，体验到中等程度的正性情绪，对内群体成员、外群体成员、陌生人具有同等程度的信任。

第五，非名校学生胜任力自我污名去污化团体辅导干预方法能有效降低实验组被试的刻板印象认同、自我污名体验及总体胜任力自我污名，但对预见污名干预效果不明显。

附　录

附录1　外显胜任力的测量材料

一　非名校求职者简历（正式施测时简历上有学校名称的水印）

求　职　简　历

姓名	小王	出生年月	1990.10	学历	本科	
毕业学校	宁波大学					
英语水平	CET-6 英语阅读和写作能力不错，听说能力还有待加强					
计算机水平	二级（C语言） 能熟练运用Office、Photoshop等软件					
在校期间的工作	大一——大四：班级宣传委员 大二：学院学生会宣传部干事					
获奖情况	2011—2012学年度，被评为学院优秀学生干部 2012—2013学年度，被评为学院三好学生					
实践经历	大学期间一直参加学院组织的各种青年志愿者活动					
自我评价	认真负责、吃苦耐劳、为人诚恳					

• 附 录 •

二 名校求职者简历(正式施测时简历上有学校名称的水印)

求 职 简 历

姓名	小王	出生年月	1990.10	学历	本科	
毕业学校		复旦大学				
英语水平		CET-6 英语阅读和写作能力不错,听说能力还有待加强				
计算机水平		二级(C语言) 能熟练运用Office、Photoshop等软件				
在校期间的工作		大一—大四:班级宣传委员 大二:学院学生会宣传部干事				
获奖情况		2011—2012学年度,被评为学院优秀学生干部 2012—2013学年度,被评为学院三好学生				
实践经历		大学期间一直参加学院组织的各种青年志愿者活动				
自我评价		认真负责、吃苦耐劳、为人诚恳				

附录2 IAT实验的概念词和属性词

一 概念词

名校概念词:复旦大学、北京大学、同济大学、南京大学、中山大学、清华大学、四川大学、武汉大学、浙江大学、南开大学

非名校概念词:宁波大学、昆明大学、成都大学、长春大学、扬州大学、延安大学、青岛大学、南通大学、汕头大学、长沙大学

二 属性词

分类	积极词	消极词
工作技能	博学多才、精明能干、德才兼备、才高八斗、足智多谋	才疏学浅、愚昧无知、无德无能、不学无术、胸无点墨
工作态度	兢兢业业、脚踏实地、持之以恒、精益求精、雷厉风行	马马虎虎、好高骛远、半途而废、敷衍了事、优柔寡断
工作创新	高瞻远瞩、见多识广、推陈出新、标新立异、独树一帜	墨守成规、生搬硬套、孤陋寡闻、因循守旧、故步自封
工作成效	功成名就、前程似锦、大有可为、前途无量、出类拔萃	碌碌无为、无所作为、平平庸庸、相形见绌、滥竽充数

附录3 SEB问卷

一 SEB问卷1

1. 毕业于复旦大学的小王，多次被评为公司先进工作者。

2. 宁波大学的小杨，被微软公司录用。

3. 小张昨天晚上打了一个通宵的网络游戏。

4. 昆明大学毕业的小谢，年终考核不合格。

5. 成都大学毕业的小张，工作不久就得到了公司高层的赏识。

6. 北京大学毕业的小赵，带领大家将一小企业发展为国内龙头企业。

7. 毕业于同济大学的小孙，撰写的活动方案被否定。

8. 小江今天上街买了很多新潮的衣服。

9. 南京大学的小周，毕业三年未找到工作。

10. 小李在家做了个大扫除。

11. 长春大学的小刘，多次应聘均被拒。

12. 小王出去大吃了一顿。

二 SEB 问卷 2

1. 小张昨天晚上打了一个通宵的网络游戏。
2. 毕业于扬州大学的小姚，多次被评为公司先进工作者。
3. 中山大学毕业的小冯，工作不久就得到了公司高层的赏识。
4. 毕业于延安大学的小潘，撰写的活动方案被否定。
5. 小李在家做了个大扫除。
6. 清华大学的小陈，被微软公司录用。
7. 小王出去大吃了一顿。
8. 四川大学毕业的小吴，年终考核不合格。
9. 武汉大学的小何，多次应聘均被拒。
10. 青岛大学毕业的小李，带领大家将一小企业发展为国内龙头企业。
11. 小江今天上街买了很多新潮的衣服。
12. 南通大学的小曹，毕业三年未找到工作。

附录 4 非名校学生胜任力自我污名初始问卷

维度 1：刻板印象认同

5. 非重点高校的学生难以找到工作。
6. 非重点高校的学生以后难以胜任工作。
9. 读重点高校还是非重点高校并不重要，重要的是能力。
10. 非重点高校的学生很糟糕。
15. 非重点高校的学生各方面能力都很差。
16. 重点高校的学生比非重点高校的学生综合素质强。
17. 重点高校的学生很优秀。
20. 非重点高校学生的能力不如重点高校的学生。

维度 2：自我污名体验

2. 找工作时，在重点高校学生面前，我感觉很自卑。

4. 虽然我是非重点高校的学生，但我并不差。

8. 我很后悔当初没有考上重点高校。

11. 虽然读的是非重点高校，但我很有自信。

18. 对于自己是非重点高校的学生，我一直觉得遗憾。

19. 非重点高校是我求学路上的一大痛点。

21. 我很讨厌自己是非重点高校的学生。

23. 求职时，我会因为自己是非重点高校的学生而感觉低人一等。

维度 3：预见污名

1. 无论我怎么努力，用人单位也会因为我是非重点高校的学生而拒绝我。

3. 即使我很优秀，求职时也会因为是非重点高校的学生而吃闭门羹。

7. 用人单位会直接拒绝我们非重点高校的学生。

12. 我是非重点大学的学生，我担心这会影响我找工作。

13. 我担心用人单位会因为我是非重点高校的学生而歧视我。

14. 我想招聘人员一定会因为我是非重点高校的学生而瞧不起我。

22. 学校是不是重点高校，并不影响我找工作。

24. 我可以预见，用人单位不太喜欢我们非重点高校的学生。

附录5　胜任力学校污名应对方式初始问卷

维度 1：解决问题

1. 努力学习，提高自己各方面的能力。

22. 认真准备简历，提升面试技巧。

16. 想尽一切办法向用人单位展示自己的能力。

17. 积极与用人单位联系，为自己争取机会。

10. 为面试做好一切准备。

23. 考各种资格证，为找工作打下基础。

维度 2：求助

11. 向老师、师兄师姐等讨教求职经验。

5. 与同学、朋友讨论求职的经验教训。

25. 找朋友聊天，倾诉自己的遭遇。

12. 不愿意让别人知道自己在求职中的遭遇。

24. 向有经验的同学学习如何制作简历。

2. 独自一人面对求职中的各种失败。

维度 3：抱怨

8. 抱怨自己运气不佳。

27. 埋怨用人单位畸形的招聘制度。

20. 抱怨自己能力不强。

26. 抱怨自己生不逢时。

9. 抱怨社会不公平。

维度 4：自责

13. 责备自己当初没有考上重点大学。

21. 后悔自己当初没有考上重点大学。

28. 责怪用人单位狗眼看人低。

3. 后悔大学期间没有努力提高自己的能力。

29. 后悔自己当初没有复读考重点大学。

维度 5：退避

7. 让家里托关系，帮助自己找个好工作。

18. 不去找工作。

19. 用睡觉、打游戏、喝酒、抽烟等方式消除找工作的烦恼。

31. 什么也不做，自暴自弃、听之任之。

30. 不去想找工作的事情。

维度 6：幻想

4. 常常不相信自己会遭遇就业歧视这一事实。

6. 祈祷神灵保佑自己找到一份好工作。

14. 常常幻想自己已经找到了一份满意的工作。

15. 幻想自己读的是一所重点高校。

32. 幻想用人单位会放下偏见。

附录 6　求职自我效能感量表

1. 我知道怎么寻找职位空缺机会。
2. 我知道申请哪种类型的职位。
3. 我知道如何准备简历。
4. 我知道如何在面试中留下一个好印象。
5. 我知道如何联系用人单位。
6. 我知道求职中的基本礼仪。
7. 我知道我所申请的职位需要的技能。

附录 7　求职行为问卷

维度 1：预备期求职行为

1. 搜寻网络或报纸期刊上的用人信息。

2. 在网络、报纸或公告栏中登载个人求职信息。

3. 准备或修改个人简历。

4. 给用人单位发送个人简历。

5. 填写用人单位发放的求职申请表。

6. 阅读有关求职的书籍或文章。

维度2：行动期求职行为

7. 参加用人单位的招聘面试。

8. 和亲戚好友讨论可能的就业机会。

9. 与学校就业指导机构联系。

10. 与熟人联系，了解可能的就业机会。

11. 主动和用人单位电话联系。

12. 从导师或师兄师姐那里获取可能的就业机会。

附录8　基于学校的人际交往

1. 在校期间，我认识了许多对我的求职有帮助的人。

2. 在校期间，我可以从许多认识的人那里获得就业的相关信息。

3. 在校期间，我拥有一些关系，可以与他们探讨以帮助我找到工作。

4. 在校期间，我认识的对我求职有帮助的人，大部分是我非常熟悉和了解的人，例如朋友。

5. 在校期间，我认识的对我求职有帮助的人大部分是我经常讨论和聊天的对象。

6. 在校期间，我在与我认识的对我求职有帮助的人讨论和聊天时感到非常舒服，即使是讨论非常敏感易怒的话题。

7. 在校期间，我认识的对我求职有帮助的大部分人拥有良好的教育背景。

8. 在校期间，我认识的对我求职有帮助的大部分人拥有非常好的工作。

9. 在校期间，我认识的对我求职有帮助的大部分人在生活中也做得很好。

附录9　信息启动材料

一　胜任力学校污名信息启动材料

**在用人单位眼中，名校学生等于天才，
非名校高校学生绝大多数是蠢才！**

在用人单位眼中，国家重点大学（国家985、211工程大学和教育部直属院校）的学生拥有诸多优点，如专业基础扎实、知识面宽、善于合作、富有创造性、敢拼敢闯、具有领导才能、视野开阔等。与之相反，非重点高校的学生却被用人单位看作懒惰的、不善沟通合作的、没有真才实学的蠢才。甚至985或211院校的硕士或博士，因为其本科就读的是非985、211高校，也会被用人单位看作缺乏创造力的、只会死读书的书呆子。

上名校进名企，名校和名企之间也讲究"门当户对"

"上大学网"发布了"中国百强企业最爱的大学排行榜"。在进入榜单的493所高校名单中，95%都是全国重点大学（国家985、211工程大学和教育部直属院校），非重点高校不足30所。中国前100强的上市公司，超九成每年都会选择到国家985、211工程大学进行"校园招聘"，进驻非重点（二本及以下）高校的总共不足10家。不仅如此，重点大学毕业生起薪比普通大学毕业生高28%。在一些单位，第一学历成为提拔干部的主要依据之一。

二 反胜任力学校污名信息启动材料

非985、211高校的学生成功逆袭，拿到百强企业offer

小李是一所普通大学软件工程专业的学生。刚进大学时，小李因为学校不是985、211高校而郁闷、消沉了好长一段时间。他认为他自己"出身不好"，以后肯定前途渺茫、没有希望。慢慢地小李意识到，读什么样的大学已成定局，目前他自己唯一能做的就是用努力和汗水改变自己。

于是，小李积极探索，不断了解专业发展态势，很快明确了未来的规划：在计算机网络、编程方面有所突破。为此，小李在学好专业课程的同时，还加入了大学生创新实验室，参与一些软件工程项目，积极参加各种专业技能大赛。大四时，小李已经熟悉掌握了JAVA、C++等语言，先后获得了ACM-ICPC全国大赛银奖、大学生创新大赛（计算机类）全国铜奖等奖项。在找工作的时候，面对众多985、211高校的竞争者，小李凭借他自己一份漂亮的简历脱颖而出，顺利拿到了阿里巴巴的offer。

这再次证明了"学校不过是一张火车票，985、211是软卧，一本学校是硬卧，二本学校是硬座，三本学校是站票，专科学校的只能在厕所挤着。火车到站，都下车找工作，才发现老板并不关心你是怎么来的，只关心你会干什么"。

三 中性信息启动材料

生活因智能手机而改变

而今出门，人们可以不带钱包，但一定得带上智能手机。不知聚餐地点的路线，掏出手机导航；堵车时，掏出手机玩个小游戏；吃饭前，掏出手机拍张照片发个朋友圈；吃完饭，掏出手机扫一扫付钱。今天，手机已经渗透到人们生活的方方面面：手机导航、手机游戏、手机拍照、手机购物……手机已经不再单纯是打电话、发短信的通信设备，而是演变为一个智能的、方便携带的个人电脑——智能手机。有了智能手机后，人们的生活变得丰富多彩：玩游戏、看电影、逛商场。于是，人们感叹"一机在手，天下我有"。

智能手机极大地方便了人们的生活，同时也带来了一些新的问题，"低头一族"就是其典型的代表。"低头一族"在路上行走的时候低头看手机，在朋友聚会的时候低头看手机，在蹲厕所时低头看手机，甚至在与朋友拥抱的时候也不忘拿起手机看看。由于长时间玩手机，视力下降、颈椎疼痛已经成为"低头一族"的常见疾病。除此之外，由于沉迷于低头玩手机，忽视了与身边的人沟通交流，于是人们感叹："世界上最远的距离，不是生与死，而是我在你身边，你却在低头玩手机！"

附录10 情绪stroop实验的词语

消极情绪词（10个）：悲伤、愤怒、生气、歧视、讽刺、拒绝、排斥、郁闷、伤心、委屈

积极情绪词（10个）：开心、高兴、激动、包容、关照、欢迎、支持、欣慰、满意、畅快

中性情绪词（10个）：汽车、电脑、高楼、手机、水杯、电灯、书包、眼镜、筷子、雨衣

• 附 录 •

附录11 情绪形容词自评量表

污名信息启动组	反污名信息启动组
1. 看到这样的新闻，你的感受如何？（对新闻事件本身的情绪体验）	
难过	高兴
生气	满意
委屈	畅快
无奈	得意
麻木	激动
2. 看到这样的新闻，想想自己，你的感受如何？（对自己的情绪体验）	
焦虑	焦虑
迷茫	迷茫
后悔	后悔
自我怀疑	自我怀疑
3. 看到这样的新闻，你对用人单位的感受如何？（对用人单位的情绪体验）	
厌恶	欣赏
鄙视	佩服
理解	理解

附录12 信任行为实验材料

一 投资博弈游戏

现在请假想你正在实验室参加一个分配游戏。这个游戏由你和一个陌生人（前测）/成都大学的小李（内群体成员）/四川大学的小潘

(外群体成员)来共同完成。你们两个素不相识,以后也不会碰面,而且在游戏过程中既不能见面也不能交流协商。

你现在手上有10元钱,你要将钱分一部分给对方,分给对方的钱会在他手上翻三倍。对方拿到钱后,作为回报,会返一部分钱给你,但他到底返多少钱给你,你并不知道。

你会分多少钱给对方呢?

二 给一游戏

现在请假想你正在实验室参加另一个分配游戏。这个游戏由你和另外三位同学A、B、C(前测)/成都大学的小王、西华大学的小张、成都理工大学的小刘(内群体成员)/四川大学的小谢、电子科技大学的小陈、西南交通大学的小杨(外群体成员)来共同完成。你们四个人素不相识,你们以后也不会碰面,而且在游戏过程中既不能见面也不能交流协商。

现在你们四个人每个人手上都有10元钱。你们的任务是将10元钱分配到个人账户和小组账户中。个人账户只为你自己所有所用,而小组账户供小组四人共同所有所用。分配到个人账户中的钱将会如数留给你自己,而分配到小组账户中的钱将乘以2,然后在这四人中平均分配,而不论其他成员是否给小组账户分配了钱。

你会分配多少钱给小组账户呢?

参考文献

一 中文文献

(一) 著作

彭聃龄主编:《普通心理学(第 4 版)》,北京师范大学出版社 2012 年版。

[美] 欧文·戈夫曼:《污名——受损身份管理札记》,宋立宏译,商务印书馆 2009 年版。

(二) 论文

陈晓惠、方明、余益兵:《大学生内隐心理疾病污名的刻板解释偏差研究》,《中国临床心理学杂志》2012 年第 6 期。

陈云松、比蒂·沃克尔、亨克·弗莱普:《"关系人"没用吗?——社会资本求职效应的论战与新证》,《社会学研究》2014 年第 3 期。

冯彩玲、时勘、张丽华:《高校毕业生求职行为的影响机制研究》,《心理科学》2011 年第 1 期。

高承海、万明钢:《群际接触减少偏见的机制:一项整合的研究》,《心理科学》2018 年第 4 期。

管健、柴民权:《刻板印象威胁:新议题与新争议》,《心理科学进展》2011 年第 12 期。

胡援成、刘元秀、吴飞等:《高管薪酬、业绩与胜任力识别:一项行为金融实验——来自我国 2012 年沪深两市的经验证据》,《经济学》

（季刊）2017年第3期。

江求川、张克中：《中国劳动力市场中的"美貌经济学"：身材重要吗？》，《经济学》（季刊）2013年第3期。

姜兆萍、周宗奎：《老年歧视的特点、机制与干预》，《心理科学进展》2012年第10期。

李强、高文珺、龙鲸等：《心理疾病患者自我污名及影响初探》，《中国临床心理学杂志》2010年第3期。

李森森、龙长权、陈庆飞等：《群际接触理论——一种改善群际关系的理论》，《心理科学进展》2010年第5期。

连淑芳：《内隐刻板印象中反刻板印象信息的干预研究》，《心理学探新》2013年第6期。

庞小佳、张大均、王鑫强等：《刻板印象干预策略研究述评》，《心理科学进展》2011年第2期。

沈潘艳：《第一学历歧视背景下大学生就业的困境与出路——基于工作能力污名的视角》，《当代青年研究》2016年第6期。

沈潘艳、辛勇：《外显和内隐大龄未婚青年刻板印象的研究》，《青年研究》2013年第1期。

盛子桐、施俊琦：《求职自我效能对求职行动的影响：情绪调节能力的调节作用》，《北京大学学报》（自然科学版）2012年第3期。

时勘、王继承、李超平：《企业高层管理者胜任特征模型评价的研究》，《心理学报》2002年第3期。

宋淑娟、刘华山：《反刻板印象信息对减弱数学—性别刻板印象威胁效应的作用》，《中国临床心理学杂志》2014年第3期。

陶鹏：《公众污名、自我污名和媒介污名：虚拟社会泛污名化现象的三维解读》，《广东行政学院学报》2014年第1期。

汪栋、董月娟：《博士生就业市场"第一学历歧视"问题研究》，《中国青年研究》2014年第5期。

参考文献

王登峰、苏彦捷、崔红等：《工作绩效的结构及其与胜任特征的关系》，《心理科学》2007年第4期。

王美芳、杨峰、顾吉有等：《反刻板印象对内隐性别刻板印象的影响：情绪的调节作用》，《中国临床心理学杂志》2015年第3期。

王重鸣、陈民科：《管理胜任力特征分析：结构方程模型检验》，《心理科学》2002年第5期。

吴明证：《态度强度对内隐—外显态度关系的调节作用研究》，《心理科学》2005年第2期。

辛素飞、刘丽君、辛自强等：《中国大学生应对方式变迁的横断历史研究》，《心理与行为研究》2018年第6期。

辛素飞、明朗、辛自强：《群际信任的增进：社会认同与群际接触的方法》，《心理科学进展》2013年第2期。

熊丙奇：《如何治理"第一学历"歧视？》，《上海教育评估研究》2023年第6期。

杨金花、王沛、袁斌：《学生内隐艾滋病污名研究——来自IAT的证据》，《中国临床心理学杂志》2011年第3期。

杨柳、刘力、吴海铮：《污名应对策略的研究现状与展望》，《心理科学进展》2010年第5期。

姚翔、王垒、陈建红：《项目管理者胜任力模型》，《心理科学》2004年第6期。

于泳红：《大学生内隐职业偏见和内隐职业性别刻板印象研究》，《心理科学》2003年第4期。

翟学伟：《社会流动与关系信任——也论关系强度与农民工的求职策略》，《社会学研究》2003年第1期。

张宝山、俞国良：《污名现象及其心理效应》，《心理科学进展》2007年第6期。

张宝山、袁菲、徐靓鸽：《刻板印象威胁效应的消除：干预策略及其展望》,《心理科学》2014 年第 1 期。

张埼、冯江平、王二平:《群际威胁的分类及其对群体偏见的影响》,《心理科学进展》2009 年第 2 期。

张淑华、郑久华、时勘:《失业人员求职行为的影响因素及作用机制——基于沈阳市的一项研究》,《心理学报》2008 年第 5 期。

赵鹤宾、夏勉、曹奔等:《接触干预在减少精神障碍公众污名中的应用》,《心理科学进展》2019 年第 5 期。

赵延昇、周汝:《大学毕业生社会支持与求职行为的关系研究——基于职业决策自我效能、主动性人格和社会资本的作用机制》,《北京航空航天大学学报》(社会科学版) 2015 年第 5 期。

仲理峰、时勘:《胜任特征研究的新进展》,《南开管理评论》2003 年第 2 期。

佐斌、张阳阳、赵菊等:《刻板印象内容模型:理论假设及研究》,《心理科学进展》2006 年第 1 期。

二 英文文献

A. Bandura, *Self-efficacy: The Exercise of Control*, New York: Freeman, 1995.

A. G. Greenwald and M. R. Banaji, "Implicit Social Cognition: Attitudes, Self-esteem, and Stereotypes", *Psychological Review*, 1995, Vol. 102, No. 1.

A. G. Greenwald, D. E. McGhee, J. L. Schwartz, "Measuring Individual Differences in Implicit Cognition: The Implicit Association Test", *Journal of Personality and Social Psychology*, 1998, Vol. 74, No. 6.

A. J. C. Cuddy, M. I. Norton, S. T. Fiske, "This Old Stereotype: The Pervasiveness and Persistence of the Elderly Stereotype", *Journal of Social Issues*, 2005, Vol. 61, No. 2.

参考文献

B. Link, D. M. Castille, J. Stuber, "Stigma and Coercion in the Context of Outpatient Treatment for People with Mental Illnesses", *Social Science and Medicine*, 2008, Vol. 67, No. 3.

C. Columb and E. A. Plant, "Revisiting the Obama Effect: Exposure to Obama Reduces Implicit Prejudice", *Journal of Experimental Social Psychology*, 2011, Vol. 47, No. 2.

C. M. Steele and J. Aronson, "Stereotype Threat and the Intellectual Test Performance of African Americans", *Journal of Personality and Social Psychology*, 1995, Vol. 69, No. 5.

C. W. Leach, R. Spears, N. R. Branscombe, B. Doosje, "Malicious Pleasure: Schadenfreude at the Suffering of Another Group", *Journal of Personality and Social Psychology*, 2003, Vol. 84, No. 5.

D. C. McClelland, "Testing for Competence Rather than Intelligence", *American Psychologist*, 1973, Vol. 28, No. 1.

D. Graham and A. Edwards, "The Psychological Burden of Obesity: The Potential Harmful Impact of Health Promotion and Education Programmes Targeting Obese Individuals", *Journal of the Institute of Health Education*, 2013, Vol. 51, No. 3.

D. Sekaquaptewa, P. Espinoza, M. Thompson, P. Vargas, W. von Hippel, "Stereotypic Explanatory Bias: Implicit Stereotyping as a Predictor of Discrimination", *Journal of Experimental Social Psychology*, 2003, Vol. 39, No. 1.

G. Blau, "Testing a Two-dimensional Measure of Job Search Behavior", *Organizational Behavior and Human Decision Processes*, 1994, Vol. 59, No. 2.

Jr. L. M. Spencer and S. M. Spencer, *Competence at Work: Models for Superior Performance*, New York: John Wiley & Sons, Inc., 1993.

J. B. Ritsher, P. G. Otilingam, M. Grajales, "Internalized Stigma of Mental Illness: Psychometric Properties of a New Measure", *Psychiatry Research*, 2003, Vol. 121, No. 1.

J. H. Hammer and D. L. Vogel, "Men's Help Seeking for Depression: The Efficacy of a Male-sensitive Brochure about Counseling", *The Counseling Psychologist*, 2010, Vol. 38, No. 2.

J. Lillis, J. B. Luoma, M. E. Levin, S. C. Hayes, "Measuring Weight Self-stigma: The Weight Self - Stigma Questionnaire", *Obesity*, 2010, Vol. 18, No. 5.

J. R. H. Wakefield, N. Hopkins, R. M. Greenwood, "Thanks, But No Thanks Women's Avoidance of Help-seeking in the Context of a Dependency-related Stereotype", *Psychology of Women Quarterly*, 2012, Vol. 36, No. 4.

J. T. Jost, B. W. Pelham, M. R. Carvallo, "Non-conscious Forms of System Justification: Implicit and Behavioral Preferences for Higher Status Groups", *Journal of Experimental Social Psychology*, 2002, Vol. 38, No. 6.

K. M. T. Fung, H. W. H. Tsang, W. M. Cheung, "Randomized Controlled Trial of the Self-stigma Reduction Program among Individuals with Schizophrenia", *Psychiatry Research*, 2011, Vol. 189, No. 2.

L. E. Durso, J. D. Latner, K. Hayashi, "Perceived Discrimination is Associated with Binge Eating in a Community Sample of Non-overweight, Overweight, and Obese Adults", *Obes Facts*, 2012, Vol. 5, No. 6.

L. H. Yang, A. Kleinman, G. B. Link, et al., Culture and Stigma: Adding Moral Experience to Stigma Theory, *Social Scienceand Medicine*, 2007, No. 7.

M. H. Schafer and K. F. Ferraro, "The Stigma of Obesity: Does Perceived Weight Discrimination Affect Identity and Physical Health?", *Social Psychology Quarterly, 2011, Vol. 74, No. 1.

M. Shih, D. T. Sanchez, G. C. Ho, "Costs and Benefits of Switching among Multiple Social Identities", *The Psychology of Social and Cultural Diversity*, 2010, No. 7.

P. W. Corrigan and A. C. Watson, "The Paradox of Self-stigma and Mental Illness", *Clinical Psychology: Science and Practice*, 2002, Vol. 9, No. 1.

P. W. Corrigan, A. C. Watson, L. Barr, "The Self-stigma of Mental Illness: Implications for Self-esteem and Self-efficacy", *Journal of Social and Clinical Psychology*, 2006, Vol. 25, No. 8.

P. W. Corrigan, A. Kerr, L. Knudsen, "The Stigma of Mental Illness: Explanatory Models and Methods for Change", *Applied and Preventive Psychology*, 2005, Vol. 11, No. 3.

P. W. Corrigan, "How Stigma Interferes with Mental Health Care", *American Psychologist*, 2004, Vol. 59, No. 7.

R. C. Mayer, J. H. Davis, F. D. Schoorman, "An Integrative Model of Organizational Trust", *Academy of Management Review*, 1995, Vol. 20, No. 3.

R. E. Boyatzis, *The Competent Manager: A Model for Effective Performance*, New York: John Wiley & Sons, Inc., 1982.

R. Hastie, "Causes and Effects of Causal Attribution", *Journal of Personality and Social Psychology*, 1984, Vol. 46, No. 1.

R. J. Ely, H. Ibarra, D. M. Kolb, "Taking Gender into Account: Theory and Design for Women's Leadership Development Programs", *Academy of Management Learning and Education*, 2011, Vol. 10, No. 3.

R. Kanfer, C. R. Wanberg, T. M. Kantrowitz, "Job Search and Employment: A Personality-motivational Analysis and Meta-analytic Review",

Journal of Applied Psychology, 2001, Vol. 86, No. 5.

R. P. Blackstone, "Prejudice, Discrimination, and the Preferred Approach to the Patient with Obesity", *Obesity*, 2016, No. 8.

R. Vauth, B. Kleim, M. Wirtz, P. W. Corrigan, "Self-efficacy and Empowerment as Outcomes of Self-stigmatizing and Coping in Schizophrenia", *Psychiatry Research*, 2007, Vol. 150, No. 1.

S. Folkman and R. S. Lazarus, "An Analysis of Coping in a Middle-aged Community Sample", *Journal of Health and Social Behavior*, 1980, Vol. 21, No. 3.

S. Noh and V. Kaspar, "Perceived Discrimination and Depression: Moderating Effects of Coping, Acculturation, and Ethnic Support", *American Journal of Public Health*, 2003, Vol. 93, No. 2.

W. C. Tsai, T. C. Huang, H. H. Yu, "Investigating the Unique Predictability and Boundary Conditions of Applicant Physical Attractiveness and Nonverbal Behaviours on Interviewer Evaluations in Job Interviews", *Journal of Occupational and Organizational Psychology*, 2012, Vol. 85, No. 1.

Z. Song, C. Wanberg, X. Niu, Y. Xie, "Action-state Orientation and the Theory of Planned Behavior: A Study of Job Search in China", *Journal of Vocational Behavior*, 2006, Vol. 68, No. 3.